從文本比較看高鶚紅樓夢後四十回續書

郁　丁著

文史哲學集成
文史哲出版社印行

國家圖書館出版品預行編目資料

從文本比較看高鶚紅樓夢後四十回續書 / 郁丁著. --初版 --臺北市：文史哲,民 98.08
頁； 公分. --（文史哲學集成；568）

ISBN 978-957-549-855-9 (平裝)

1.紅學 2.研究考訂 3.比較研究

857.49 98013230

文史哲學集成 568

從文本比較看高鶚紅樓夢後四十回續書

著　者：郁　丁
出版者：文史哲出版社
http:// www.lapen.com.tw
e-mail：lapen@ms74.hinet.net
登記證字號：行政院新聞局版臺業字五三三七號
發行人：彭正雄
發行所：文史哲出版社
印刷者：文史哲出版社
臺北市羅斯福路一段七十二巷四號
郵政劃撥帳號：一六一八〇一七五
電話886-2-23511028・傳真886-2-23965656

實價新臺幣四二〇元

中華民國九十八年（2009）八月初版

ISBN 978-957-549-855-9 00568

前言

在討論續書之前，先要弄明白幾個與原著有關的問題：第一，曹雪芹為什麼要寫紅樓夢這部書，第二，抱什麼樣的態度寫這部書，第三，原計畫中的紅樓夢是一部什麼樣的書。要捕捉作者的創作動機，並不是一件易與的事，尤其是紅樓夢這樣的作品，一開始作者便表明了，他的作品是以假語村言敷衍出來的。但他又說將「真事」隱去，這麼說，他作品中確實也存在著某些真事，只是這些事實所敘述的方式，或呈現出的面貌，被變形，被替換而已。

作者自道的寫作動機是因為自己曾經歷過一番夢幻，平生所見過的幾個女子，其行止見識皆出作者之上。因閨閣中歷歷有人，不忍因己之不肖，而任其泯滅，編述一集，以告天下。這些話既非經世濟國偉論，也沒有什麼微言大義，可見作者動筆之初，並未抱著擎天的理想，但不可否認的，作者的寫作動機已說得非常明白，為了閨閣中歷歷的幾個人，幾個作者難以忘懷的人，而有此紅樓夢集。

當作者用慧筆紀述這些人和事的時候，其心境或態度是很不一樣的。其中有孺慕思念，有蝕心痛苦，有怨懟不滿，有慍怒抑制，有揭發暴露，把個人的抑鬱感觸，借此假語村言寫了出來，作了一次總的表白。

為便於說明計畫中的紅樓夢，先引兩段書。一是「紅樓夢引子」，其最後的結語是「演出這悲金悼玉的紅樓夢」。另一個是「飛鳥各投林」中的結語「好一似食盡鳥投林，落了片白茫茫大地真乾淨。」紅樓夢的宏觀題旨，無疑是賈府的整個傾覆，所形成的大悲劇結局。而其微觀重點，應是寶黛釵的三角關係，其中又以寶黛的愛情為主。

藝術品在未完成前，誰也想像不出它將會是一個什麼樣的作品。紅樓夢作者曹雪芹自稱，曾在悼紅軒中花費十年功夫增刪五次，直到最後一次，才算正式定型。可見其創作過程，本身便經過多次波折。作品既是各別作家創作心智活動的成果，那麼，不同作家間的創作心智活動，便有其不同的創作活動空間。這種創作活動空間，在作家與作家之間，一不能劃上等號，乙作家絕不等於甲作家。二不能予重疊，因其各具形狀各具稟賦。基於以上所述，一個未完成的作品，是否可以接續完成，便大成問題。

一件作品在未完成之前，連原作者自己都捉摸不定形狀，常要增刪至三至四，則其未完成部分，理所當然還是一個未定形狀。雖說是未定形狀，但不等於沒有形狀，作者在其全書結構佈局時，已為全書作了一份草圖。況紅樓作者更早在第五回書中，已向讀者宣佈了一份預言式的結局。如何結局，在未寫到結局之前，可能連作者本人都不知道，續書者便更是盲人騎瞎馬了。未完成的作品，寧付闕如，也不能由旁人來越俎代庖，這幾乎是一個不言而喻的常識問題。程偉元與高鶚兩人，不論以什麼理由，為紅樓夢續後四十回書，其動機都欠考慮。因原著與續書的作者不一，由於創作者的生活經歷不同，與書中人物的情感各異，這些未能契合的創作因素，使得前後書之間，便存在著本質性的矛盾衝突，因是之故，續書引起部分讀者與紅學家的質疑，自在情理之中。其中也不乏認同者，兩者便各執一辭，為此，打了近兩百年的筆墨官司，還是不甚了了。筆者不揣冒昧，以文本比較法，將原著與續書對某些個人的性格描寫，或某一特別議題，如賈寶玉的舉業、婚姻等的描寫，作一對比式的摘錄，對照兩者間的原文敘述，不難從中發現，兩者間的矛盾衝突，以供參考。

從文本比較看高鶚紅樓夢後四十回續書

目　次

從結構與佈局看前後紅樓夢

紅樓故事主幹，賈府的由盛而衰而至敗落，由漸變到突變的隕落。其中心線則是寶黛的愛情——木石前盟與金玉姻緣的對立鬥爭。其主題無疑是寫賈府的敗，前八十回從佈局取景到舖陳，都還是一片繁華盛景，敗象只能在顯象的隱晦處才會被發現，這正是作者反描法的公式和效果。若不從反面去觀察，便很難看出作者的真實意圖。紅樓一書，給讀者帶來兩個閱讀難題，一是它的後半部失傳，也許是因為干犯時政而被隱匿迭失，留下半部作品，同時也留下了謎霧，待猜覓，被孤疑。二是它的反描法寫作技巧迥異一般作品，使讀者難以適應，若僅從正面閱讀，往往被誤導誤信，捕捉不到作者的真實意圖，從而扭曲書中人物性格，而不自知。

紅樓夢作者對賈府的沒落描寫，與寶玉的婚姻舉業一樣，著墨不多，但卻是全書的主旨，且貫串一致。賈府的經濟情況，作者在開卷第二回，便借冷子興的嘴說了出來。「百足之蟲死而不僵，如今人口日多，事務日盛，主僕上下，都是安富尊榮，運籌謀劃的竟無一個，那日用排場，又不能將就省儉，如今外面的架子雖沒很倒，內囊卻也盡上來了。」這是何等嚴重的狀況，經濟情況不好，如果人才輩出，尚可以轉弊為利，扭衰轉興。唯其江河日下，又缺乏振衰起弊人才，這才是真正的致命傷。而這種敗象，被作者縮小隱藏在盛景的光影之下，容易被忽略，可正是反描法所要達到的效果。將「盛」作為「敗」的顯象來描寫，語說盛極而衰，「盛」正是「敗」的根源。

正因敗落的悽慘，其內容很可能為時政所不容，這應該是曹著續書不能傳世的主要原因，這也是高鍔續書不得不對原著主題加以竄改的原因。主題變了，結構便自然要跟著改變，佈局又是圍繞著結構設計的，情節又是隨著佈局而發展的。由於上述的連鎖反應，便促使後四十回續書將原著變得面目全非。小悲劇、小團圓是後四十回續書的主旨，這是一個大悖原著的改變。

原著一開始便提到金陵四大家族，一損諸損，一榮共榮。前八十回書中，除了賈薛兩家外，於史家王家著墨都不多，當賈家敗落，估計餘三家亦將同時敗落。這時候整個家族的聚焦點，已不在個人的感情或利益，而是整個家族的如何救亡圖存。也許是傾覆的徵兆來得太快，驟不及防。但衡情度理，當家的鳳姐與賈璉夫婦，對家道的敗亡應早已有所預感，這驟不及防的徒然敗落，應是另有原因。這也正是後四十回的最大敗筆，從佈局到情節安排，都與原著前八十回接不上筍。不寫賈家的向下傾頹，傾全力去寫賈寶玉的舉業與婚姻，這正是原著曹雪芹盡力規避的情節，結果是續書又形成了悖論。

原著的佈局與情節安排，它是按照主線的脈絡循序漸進的，同時也是給予活動其中人物性格的一個展現場所。如鳳姐協理寧國府，一方面寫秦可卿的死後風光，寧府的糜費，暗示出盛衰因果，更是展現鳳姐才華的一次大高潮。原著作者一直將女媧練石補天作為全書的引線。實則，作者真正要表述的，賈家的敗，敗在缺乏一個補天的人才。精明能幹如鳳姐者，也只能做到盡可能的節流，從未想過應力挽狂浪，要大刀闊斧的改革，這才是榮國府敗家的根本。後四十回續書中的王鳳姐，只見智窮力拙，隨波逐流，完全失去了果斷殺伐的英雌氣概。

紅樓夢的佈局與戲劇不同，戲劇是由多個小高潮的堆砌，發展成一個大高潮，而後曳然而止。曹著紅樓夢一開始便是前後連續兩個大高潮，秦可卿的死與元春省親，其後才寫賈母的閒取樂，這是一種由大江轉入細流的佈局法，正應了百足之蟲死而不殭的俗諺。

曹著佈局與情節安排的最大特色，是表現性與趣味性同時並存。如第九回寫寶玉秦鍾往義學借讀，其整個過程，無疑是為了表現賈寶玉的「精緻的淘氣」。反觀續書作者在佈局與情節上，走的完全是中國古典小說的老路老套，同是寫義學借讀，所言所思，無非是聖人之言，聖人之義，看其回目標題，便叫人縐眉頭，「老學究講義警頑心」，打死曹雪芹也不會寫那種枯燥乏味，古板呆滯的文章。兩相比較，無論是趣味、情緻，微言大義，兩者都無法擺到同一個檯面上來。如果說續書還有可取的話，借著它一百二十回本的發行，擴大了紅樓夢的讀者範圍，是其唯一功勞。

文學作品的結構，等於人體的骨架，佈局猶如人體的機理。紅樓夢的骨架，無疑是賈家由盛及衰的大趨勢為主幹，其機理所涉及的全都是賈府的生活細節，除第一回的開張白，亦如傳統小說中的契子，第二回從外向榮國府內推衍時，以敘述式為主外，此後的七十八回書，完全擺脫了傳統小說的故事性敘述。成為中國古典小說中，第一本也是唯一的一本寫實作品。

原作是從生活中佈置情節，以情節來填充結構，從結構中舖展故事。續書是從故事中，虛擬情節，由情節來填充故事。小說創作一如築路，有它的起迄點，佈局猶如沿著路基佈置各種設施，其目的在美化充實整條道路的景觀，和實用效率，其造型設計與室內佈置，雅或俗，對設計者是一大考驗。

看敘事性小說中的人物，亦如看電影中的人物，只有影像的感覺，缺乏生命的氣息，聞不到男人身上的汗臭，女人身上的體香。讀紅樓夢的寫實作品不同，使人感受到書中人物的體溫，和有血有肉的生命力，每一個都是活生生的人。

紅樓夢前八十回曹雪芹的佈局，有其連貫的整體性，複有其性質的一致性，抽掉其中的任何一回書，都會使書中人物性格或情節內容產生缺陷。讀紅樓夢前八十回書，就像是讀賈府生活的流水帳，正是這個流水帳，它不止牽動了讀者的興趣，也牽動了讀者的心和身，與書中人物同起同坐，感同身受。

曹雪芹為什麼不在佈局中，佈置賈寶玉的舉業與婚姻。這有兩個可能，一是舉業與婚姻的內容乏善可陳，舉業中的八古文，有誰願意看，願意讀。二是任誰都知道寶玉的婚姻是一隻熨手山芋，是一道無解的難題，不直接寫，反而產生懸宕效果，培增讀者的想象空間。寶黛的愛情到家敗人亡，不就自然解決了嗎。按照十二金釵正冊第一幅圖式所示，可能黛、釵都未與寶玉結合。不妨回顧一下與圖式相應的四句判詞，看它是如何說的：「可嘆停機德，堪憐詠絮才，玉帶林中掛，金釵雪裡埋。」這顯然是為黛釵作的預言結局，而且對兩人的性格為人，還作了一番評比。從四句話排列的位階來看，詩是兩幅「對子」，可嘆停機德，堪憐詠絮才。對玉帶林中掛，金釵雪裡埋。上聯對上聯，下聯對下聯。以此，可以肯定的是「可嘆停機德」指的絕非寶釵，而是黛玉。「可嘆」兩字是個肯定式語辭，完全是出於謂嘆與惋惜心態。「堪憐詠絮才」這個「堪」字，便很值得玩味了，意思是說其情可恤，其行則不足取，有同情亦有貶損。薛寶釵的功利主義性格，一向為賈寶玉所惡，她在柳絮詞中，曾自我勵志，「好風憑借力，送我上青雲。」勵志原是個人的美德，但其達成目的的手段，必須是來自自我的努力，而不是心存僥倖地借助他人的牽引或推送，不幸薛寶釵詞中所指，正是要借力使力，如「金玉姻緣」之欲借重元妃，令人不恥其所為。也正是這兩句帶著志向的銘言，贏得首選，所謂的詠絮才，指的便是薛寶釵的這首詠絮詞。把它放進賈寶玉的眼中，其感情趨向，正好是另一個極端。最後兩句，無容置疑，指的應是黛玉與寶釵兩人的結局了，如何結局，雖不宜妄擬，其為死則一也。

續書的佈局，因作者未看清前八十回的情節佈局，對原著曹雪芹用隱筆法所佈置的情節內容，尚未摸清底蘊，便驟下判斷，予以接續，欲其不謬不錯，真是難矣哉。如賈寶玉的舉業，原著至第七十八回，還在提醒讀者，賈寶玉正是一個上學讀書的公子哥兒，續書作者卻懵然無所知。如此粗心大意，可見續書作者在下筆寫續書時，是如何地輕率與粗糙，才會造成如此大的謬誤。它不只改變了賈寶玉的整個人格形象，同時也改變了賈政的人格形象。這個由佈局導致人物性向的變化，正是續書顛倒原著主題的開始，它錯置了續書的寫作方向。也許是續書作者著意的改變，因為他或他們不想像原著一樣干犯時政，不但不能發行，還可能牽扯出牢獄之災。

影響續書佈局的原因有三：一是上述續作者未弄清原著的內容，作了重複而不適當的安排。二是續作者改變了原著的主題方向，將大悲劇改為小悲劇及小團圓，三是受文字獄的心理威脅，對情節佈局作了一百八十度的竄改。這一改不止是改變了原著的藝術氛圍，還改變了諸多人物的性格，使之面目全非。為了更好地讓讀者清晰看到續書的謬誤，謹以比較文本法，用專題論証方式，將曹著與高著的佈置描述，同時呈現出來，便一目瞭然了。

從寫作技巧看原著與續書

曹雪芹創作紅樓夢時的生存境遇，是決定其創作技巧的主導因素。今人看待曹雪芹，說他是天才，文學大師。可在他生存的年代，時人除了極少數知已之外，社會對他的看法和評價，可不是這樣的。他為了抗議社會的歧視甚至藐視，故意不修邊幅，蓬首垢面，擺出一副無能無德的形狀，受此誤導，更促使社會對其產生誤解。對其本人而言，這樣的報復，也可以視為對自我的保護，只會招來更多的心靈屈辱，長期以往，便造就他落拓不羈，憤世疾俗的性格，也成為他創造紅樓主要人物性格的模式。

性格的反描法，乃紅樓創作者的一大發明，古今中外文學創作上的獨特手法。古代中國的讀書人，求知的出路，只有一個「學而優則仕」，「不仕」便表示其人「學而未優」，曹雪芹不但未能仕，還揹負著家難，被抄家的惡名，這在社會上是何等的落漠寡歡。他的才情不但不為社會認可、重視，往往還成笑柄，這對作家的打擊，實是難以銘狀的。他的落拓不羈、不修邊幅，其本身便是一種自身人格的反描法，把真跡隱去，用放浪形骸取而代之。

反描法是以「社會我」與「真實我」的正反率，來平行進行人物性格的描寫。重點放在人物性格的反面，不明究裡者往往被其誤導。尤其是書中的幾個主人翁，賈寶玉、林黛玉，及薛寶釵正是反描法著力最深的寫照。賈寶玉被其母王夫人稱為「孽根禍胎」、家裡的「混世魔王」。而「真實我」的賈寶玉，對姊妹們只有盡讓的。其父賈政說他「唸了些流言混話在肚子裡，學了些精緻的淘氣。」作者在卷首語中自謂「不學無文」，到今天都還有人把賈寶玉與曹雪芹劃上等號，三百年前，這種誤解便更是勝過今日。這是促令續書作者，也認定賈寶玉真的是「不學無文」。可「真實我」的賈寶玉正如紅樓夢作者曹雪芹自己，腹蘊之廣，涉獵龐雜，儒、釋、道、醫無一不與。單從形象上看賈寶玉，實是作者外向行為的自我反射，不止是誤導了讀者，更是誤導了續書作者，還真以為賈寶玉整日價在園子裡荒疏嬉戲，是個不務正業的紈褲子弟。從第八十一回一開始，便令其去義學重拾舉業，這種描寫，正是陷入作者反描法和隱筆法的明証。

反描法除了以「社會我」與「真實我」作為人物性格的導向，還從佈局上，以言行的「隱、顯」來深化人物性格的內涵。賈寶玉的顯性（社會我），大眾情人、泛愛主義者。林黛玉則是孤高自許、目無下塵兼好弄小性兒。而兩人的隱性（真實我），一個是堅定專一的情種，一個是純樸無瑕的詩人。反觀薛寶釵的顯性（社會我）是豁達大度，隨份從時，而其隱性（真實我）則是詭詐機變、冷酷無情。作者於上述諸人的顯性，是用百分之百的亮度來照射的，是用大分貝的擴音器來吶喊的，故其光照既廣且深，其聲響既高且遠，至今尚能掩人耳目，凡人語及黛玉，恆詬病其小性子性格，看不到她的寬宏容忍。

人物性格的統一，這是從事小說創作的最低限度要求。紅樓人物性格特徵，與一般文學作品的最大不同處，原著對書中主要人物性格的描寫，不僅是多元性的立體塑造。更是運用「社會我」與「真實我」之間的落差，作為人物性格的「正反」導向，對不明究裡的讀者，往往會產生誤聽誤信，形成偏見。如眾所週知的林黛玉小性子脾氣，那正是作者筆下「社會我」的林黛玉，與「真實我」的林黛玉之間，隔著萬重山。續書對人物性格的把握，遠未達到小說創作的最低限度要求，不但不統一，還背誨，乖舛、甚至衝突。人的性格不是一成不變的，時間、環境、教養都或多或少地對人性起著作用，但這種改變，必須符合邏輯性的推衍，不能搞突如其來，續書就是在這方面，違犯了小說創作的基本要求。如第八十七回妙玉訪惜春，這等如是毛澤東訪蔣介石，其或然率幾乎是一個零。再說妙玉與惜春間年齡差約六七歲，兩人在思想言行上相去甚遠，且前八十回書中，從未見惜春與誰奕過棋，她的大丫頭名入畫，迎春的大丫頭名司棋，她嘗與探春在棋枰上有過較量，事見第七回送宮花一節。原著作者對人物性格的敷衍，除了具體的言行外，其住處如秋爽齋之於探春、蕭湘館之於黛玉、蘅蕪院之於寶釵，正是其居亭主人性格的寫照。此外，圍繞在身邊的大小丫頭的命名，也起著人物屬性的效果。如惜春擅長繪畫，其大丫頭被命名為入畫。探春愛書法，其大丫頭被命名為侍書。迎春愛奕棋，其大丫頭被命名為司棋，這些都對人物性格起著紅花綠葉的作用。這些技巧，是屬於紅樓作者的新創，至少是前無古人。

反描法除了上述作者本身的境遇，另一個重要因素，便是逃避文字獄的牽連。紅樓夢成書於乾隆時期，正是文字獄大行其道的年代。曹家曾遭抄家之禍，如何躲避文字獄的牽連，也是作者煞費苦心思慮的。反描法不啻隱身術，故把盛當作敗來寫，元妃省親應是賈府落敗的一個主因。曹家曾四次接駕，曹府也曾四次為天子駐蹕，其用度開銷，雖說是皇帝的銀子往皇帝身上撒-賴嬤嬤語。但畢竟官家不是沒有制度的，一定有額定的預算，曹家為了迎合上心，作了許多超出預算的安排，才會牽動康熙的心，一再為曹家護航彌補虧空。曹家因接駕而擴大了本家的奴僕規模，也提高了本家主人的享受層次，一則為後續接駕預留餘地，一則一時難以降低自我的享受規格，如此因循苟且下來，久而久之，除了接駕虧空，自身的糜費也是致後手不接之因。所謂蝨多不癢、債多不想，加之康熙的一再眷顧，便積累成抄家的後果。單看為賈母備餐用飯，裡外三層約數十人，事見第三回林黛玉初進榮國府，其奢侈糜費程度可知。作品中寫元妃歸省，其排場規格，應是迎奉天子接駕，作者以寫實的筆觸，描繪了迎奉之盛，卻不敢實寫，給非自傳說作了註腳。

原著曹雪芹除了運用反描法塑造人物性格，另一個令讀者迷惑的便是「隱筆法」。這裡所指的隱筆法，不是題旨中所稱，把真事隱去的隱，而是對某些缺乏趣味性，如賈寶玉的舉業，便是以隱筆敘述的一個例証。有關賈寶玉的婚姻，幾乎所有的讀者都將聚光燈，聚焦在賈母身上，絕少人去推敲賈母的難言之隱。

按照宗法社會的家規制度，賈政這一支系的主人是賈政，女主人是王夫人，賈母雖貴為太夫人，其真實身份是夫死從子。若不是賈母頭上有這麼個緊箍咒，王夫人有幾個膽，敢公然竄掇「金玉姻緣」。即便如此，寶玉的婚姻仍不一般。第一，寶玉從小跟著賈母長大，是孫兒輩中唯一最鍾最疼的。第二，賈母既與寶玉有著撫和養的關係，則有關寶玉的舉業與婚姻，賈政自不敢擅專。第三，「木石前盟」為賈母一手所主導，賈政便更加難以獨專了。故寶玉的婚姻，並非作者不寫，而是它已成為榮國府中的禁臠，是為不寫之寫。

「隱筆法」是一種寓「顯」於「隱」中的描寫方法。其作用是多向性的，如省略、暗示、迴避等的描寫。賈寶玉的舉業，屬省略式的描寫。第八回識金鎖認通靈中，薛寶釵為賈寶玉解扣寬衣，出示女孩兒的禁區——酥胸，其描寫雖隱而實顯，有著強烈的暗示性。第三十回襲人被踢小產，第三十一回令王濟仁抓藥，明著是迴避，暗地裡實是突顯其突兀。故「隱筆法」的目的，不在「隱」而在「顯」。

語言是人類表達感情的媒介，除對白語言外，還有肢體語言與表情語言。通常肢體語言的活動範圍大，表現力強，容易引起聆聽者的注意，造成衝擊與震撼，惜乎它缺乏深邃的滲透力。表情語言不同，它是內蘊的，潛現的。當聆聽者感知話語者的情緒變化時，聆聽者也同時接受了話語者的情緒變化，而變化了自身的情緒。故表情語言，是一種滲透性語言，也是一種表現性弱感染力強的語言，它更是與對白語言伴生性的語言。表情語言的產生或展現，常常是由話語者的對白中，牽引出話語者的情緒。如第二十八回，王夫人無意間問及黛玉的病，賈寶玉誤以為王夫人親戚間的敷衍是關心，立即要求王夫人給三百六十兩銀子為黛玉配藥。王夫人說「放屁，什麼藥這麼貴？」以賈寶玉撒謊來應對。這裡王夫人的話語，已帶出王夫人的「情緒」。這種情緒的展現，便是討論中的「表情語言」，屬於話語人直接的、無掩飾性的內心活動。聆聽者都能感受到話語人，內心中的喜、怒、哀、樂。曹著前八十回書中，許多應由「對白語言」，引伸出的「表情語言」，都被作者隱入對白中不予描寫，這是隱筆法的另一作用。讀者若不細心體會，便讀不出曹著「對白語言」中所蘊涵的「情緒」效用，這正是省略式的隱筆描寫法。

續書作者不但未看到原作的「反描法」，更看不到其中的「隱筆法」。為了比較前後作間因誤解，甚或不解其中味，所造成的乖舛、誤謬、脫節等現象，謹以文本比較法，將下列專題作一深入的比較，俾讀者們可清晰地分辨出其中的訛誤，也是本書的寫作宗旨：

一、賈寶玉這個人
二、賈寶玉的舉業
三、賈寶玉的婚姻
四、賈　母
五、林黛玉
六、妙　玉
七、花襲人
八、寶、黛、釵關係
九、賈寶玉的女性觀

從寫實主義看原著與續書

紅樓夢是一本寫實作品，作者的創作要旨，是把情節寓於生活之中，他的着力描寫日常生活細節，就是要達到上述的目的。把榮國府的生活文化提擷出來，目的在告知讀者，原作與續書間，存在著從經驗到創作，不可逾越的鴻溝。原作是從生活中佈置情節，以情節來填充結構，從結構中舖展故事。續書是從故事中，虛擬情節，由情節來填充故事。

第三回：

已有許多人在此伺候，見王夫人來，方安設桌椅；賈珠之妻李氏捧杯，熙鳳安箸王夫人進羹。賈母正面榻上獨坐，兩旁四張空椅，熙鳳忙拉黛玉在左邊第一張椅子上坐下，黛玉十分推讓，賈母笑道：「你舅母和嫂子們是不在這裡吃飯的。你是客，原該這麼坐。」黛玉方告了坐，就坐了。賈母也命王夫人也坐了。迎春姊妹三個告了坐方上來，迎春坐右手第一，探春左第二，惜春右第二。旁邊丫鬟執着拂塵漱盂巾帕，李紈鳳姐立于案邊布讓，外間伺候的媳婦丫鬟雖多，却連一聲咳嗽不聞。飯畢，各各有丫鬟用小茶盤捧上茶來。當日林家教女以惜福養身，每飯後必過片時方吃茶，不傷脾胃；今黛玉見了這裡許多規矩，不似家中，也只得隨和些，接了茶。又有人捧過漱盂來，黛玉也漱了口，又盥手畢。然後捧上茶來，——這方是吃的茶。

作者把林黛玉進榮國府的第一頓飯寫得如此鄭重其事，有他獨特的寫作目的。第一，提升林黛玉在書中的重要性，說明黛玉在老祖宗賈母心目中的份量。第二，借黛玉的眼睛，將榮國府的日常生活點滴無遺的告知讀者，這是一本寫實作品，有別於一般的才子佳人作品。如果把它看做是玄耀，或故意誇張，那就大錯特錯了。榮國府的規矩是很多的，其來源，可能是因接駕而濡染上宮庭習慣與排場，建立了一套自己的家規制度。正因着這套家規制度，非常糜費，其費用來源又不能與大內相比。統治者皇帝的費用來自國家預算，取之不盡，用之不竭。個人之力總有窮盡之時，這也許是曹家覆敗的主因。作者不欲諱言，如實鋪陳，目的在彰顯敗家的主題。

第三十五回：

王夫人又問：「你想什麼吃？回來好給你送來。」寶玉笑道：「倒也不想什麼吃——倒是那一回那小荷葉兒小蓮蓬兒的湯還好些。」

鳳姐一旁笑道：「都聽聽！口味倒不算高貴，只是太磨牙了。巴巴兒的想這個吃！」賈母便一疊連聲的叫：「做去！」鳳姐笑道：「老祖宗別急，我想想這模子是誰收着呢？——」因回頭吩咐個老婆問管厨房的去要。那老婆去了半天，來回話：「管厨房的說：『四副湯模子都繳上來了。』」鳳姐聽說，又想了一想道：「我也記得交上來了，就只不記得交給誰了。——多半是在茶房裡。」又遣人去問管茶房的，也不曾收。次後還是管金銀器的送了來了。

薛姨媽先接過來瞧時，原來是個小匣子，裡面裝着四副銀模子，都有一尺多長，一寸見方。上面鑿着豆子大小，也有菊花的，也有梅花的，也有蓮蓬的，也有菱角的：共有三四十樣，打的十分精巧。因笑向賈母王夫人道：「你們府上也都想絕了！吃碗湯，還有這些樣子，要不說出來，我見了這個，也不認得是做什麼用的。」鳳姐兒也不等人說話，便笑道：「姑媽不知道，這是舊年備膳的時候兒，他們想的法兒，不知弄什麼麵印出來，借點新荷葉的清香，全仗着好湯，我吃着究竟也沒什麼意思。誰家長吃它呢？那一回呈樣，做了一回。他今兒怎麼想起來了！」說着，接過來遞與個婦人：「吩咐廚房裡立刻拿幾隻鷄，另外添了東西，做十碗湯來。」

什麼是寫實主義？如果是文學，就是作者將自己的經驗或經歷，或當時代的文化氛圍，用文字加工複製的作品，稱之為寫實主義作品。如探春起社做詩，正是自明末以降女性的時代文化，有清一代，有名有姓的閨閣詩人，數以千計，出名的女性詩社，也不知凡幾。上述荷葉湯及模具，若不是曾身臨其境，沐浴過富貴榮華享受的人，憑空杜撰，想都想不出來。

同三十五回：

> 少頃出至園外，王夫人恐賈母乏了，便欲讓至上房內坐，賈母也覺腳酸，便點頭依允。王夫人便命丫頭忙先去鋪設坐位。－－只有周姨娘與那老婆丫頭忙着打簾子，立靠背，鋪褥子。賈母扶着鳳姐兒進來，與薛姨媽分賓主坐了，寶釵湘雲坐在下面。王夫人親自捧了茶來，奉與賈母；李宮裁捧與薛姨媽。賈母道：「讓他們小妯娌們伏侍罷，你在那裡坐下，好說話兒。」
>
> 王夫人方向一張小杌子上坐下，便吩咐鳳姐兒道：「老太太的飯，放在這裡，添了東西來。」鳳姐兒等答應出去，便命人去賈母那邊告訴。那邊的老婆們忙往外傳了，丫頭們忙都趕過來，王夫人便命：「請姑娘們去。」請了半天，只有探春惜春兩個來了；迎春身上不耐煩，不吃飯；那黛玉是不消說，十頓飯只好吃五頓，眾人也不着意了。
>
> 少頃飯至，眾人調放了桌子，鳳姐兒用手巾裹了一把牙筋，站在地下，笑道：「老祖宗和姨媽不用讓，還聽我說就是了。」賈母笑向薛姨媽道：「我們就是這樣。」薛姨媽笑着應了，於是鳳姐放下四雙筋：上面兩雙是賈母薛姨媽，兩邊是寶釵湘雲的。王夫人李宮裁等都站在地下，看着放菜。鳳姐先忙着要乾淨傢伙來，替寶玉揀菜。

這裡寫賈府的家規禮數，寫來細緻詳盡。賈母到了王夫人這邊，賈母不發言，王夫人連坐位都沒有。即使遵命落坐，也只能在小矮櫈子上坐下，決不能與賈母平起平坐。賈母吃飯，王夫人與鳳姐等都只能在地下伺候。

第四十回：

這裡鳳姐已帶着人擺設齊整，上面左右兩張榻，榻上都鋪着錦裀蓉簟，每一榻前兩張雕漆几，也有海棠式的，也有梅花式的，也有荷葉式的，也有葵花式的，也有方的，有圓的；其式不一。一個上頭放着一份爐瓶，一個攢盒。上面二榻四几，是賈母薛姨媽，下面一椅兩几，是王夫人的。余者都是一椅一几。東邊劉姥姥，劉姥姥之下便是王夫人。西邊便是湘雲，第二便是寶釵，第三便是黛玉，第四迎春，探春惜春挨次排下去，寶玉在末。李紈鳳姐二人之几設於三層檻內，二層紗橱之外。攢盒式樣，亦隨几之式樣。每人一把烏銀洋鏨自斟壺，一個十錦琺瑯杯。

賈母二宴劉姥姥，雖是閑取樂，非正式宴會，亦有許多考究。首先客人就分了兩等，薛姨媽是上等，與賈母平起平坐。劉姥姥只能算第三等，她竟管是坐在王夫人的東邊，第一客位上，她與黛玉等一樣，只佔得一椅一几。王夫人一椅兩几。

第七十一回：

至二十八日，兩府中俱懸燈結彩，屏開鸞鳳，褥設芙蓉；笙簫鼓樂之音，通衢越巷。寧府中，本日只有北靜王、南安郡王、永昌駙馬、樂善郡王並幾位世交公侯蔭襲；榮府中，南安太妃、北靜王妃並世交公侯誥命。賈母等皆按品大妝迎接。大家厮見，先請至大觀園內嘉蔭堂，茶畢更衣，方出至榮慶堂上拜壽入席。大家謙遜半日，方才入坐。上面兩席是南北王妃；下面依序，便是眾公侯命婦。左邊下首一席，陪客是錦鄉侯誥命與臨昌伯誥命；右邊下首方是賈母主位。邢夫人王夫人帶領尤氏鳳姐並族中幾個媳婦，兩溜雁翅，站在賈母身後侍立；林之孝賴大家的帶領眾媳婦，都在竹簾外面，伺候上菜上酒；周瑞家的帶領幾個丫鬟，在圍屏後伺候呼喚。凡跟來的人，早又有人款待，別處去了。一時參了湯，台下一色十二個未留髮的小丫頭，都是小廝打扮，垂手伺候。須臾，一個捧了戲單至階下，先遞給回事的媳婦，這媳婦接了，才遞給林之孝家的；林之孝家的用小茶盤托上，挨身入簾來，遞給尤氏的侍妾佩鳳，佩鳳接了，才奉與尤氏；尤氏托着，走至上席，南安太妃謙讓了一回，點了一出吉慶戲文，然後又讓北靜王妃，也點了一出；眾人又讓了一回，命隨便揀好的唱罷了。少時菜已四獻，湯始一道，跟來各家的放了賞，大家便更衣復入園來，另献好茶。

若不是作者這麼細膩地娓娓道來，平頭百姓們如何能夠知道，貴族們的所謂尊貴，是個什麼樣的行景。其排場、儀節，都出於想象之外。作者的原意也許只是想說明，家敗人亡的來龍去脈，悔恨中不無警世的心理。但也帶給讀者許多意外的景觀和樂趣，也是時下所稱道的娛樂效果，這也許是出於作者意料之外的。賈母慶生是榮國府的最後一場豪宴，緊接着便是賈璉向鴛鴦借當，江南甄家被抄家的消息。甄者「真」也，也就是賈家將被抄家覆敗的消息。故賈母慶生，實是榮國府興衰的分水嶺，此後的敗象，是成加速度出現的。八十回書後，賈家可能在極短的篇幅內，開始分化遭遇極刑-抄家。帝制時代的抄家，多數是予被抄家者一個措手不及，為的是不讓其有機會轉移財產，要受罰者一敗塗地。賈家就是在這種治裁下，落得白茫茫大地一片真乾淨的。

同七十一回：

賈母道：「正是呢。我正要吃飯，你在這裡打發我吃，剩下的，你和珍兒媳婦吃了。你們兩個在這裡帮着師父們，替我揀佛頭兒，你們也積積壽。」說話時先擺上一桌素饌來，兩個姑子吃。然後擺上葷的來，賈母吃畢，抬出間。尤氏鳳姐正吃着，賈母又叫把喜鸞四姐兒二人叫來，跟他二人吃畢，洗了手，點上香，捧上一升豆子來，兩個姑子念了佛偈，然後一個一個的揀在一個笸籮內，明日煮熟了，令人在十字街結壽緣。

尤氏與鳳姐被老祖宗賈母留着吃飯，却不能與老祖宗賈母同桌，只能吃老祖宗賈母吃剩下的。還不止此，還得把老祖宗賈母吃剩下的，抬到外間來吃。這賈府的規矩，未知是特例，還是當代貴族家庭的常例。觀乎黛玉入榮國府，第一次用餐的心理反應，似乎與林家的規矩大有出入。這賈府吃飯規矩，可能是當代的特例了。

第八十一回：

鳳姐連忙告訴小丫頭子傳飯，「我合太太都跟着老太太吃」

上面關於賈府吃飯的規矩，已寫得明明白白。但到了續書筆下，全都變了，規矩看不到了不說，王鳳姐諸然敢大刺刺地說，我合太太跟着老祖宗賈母一起吃飯。虛寫賈母吃飯不是不可以，不要帶出漏洞來。如果王熙鳳僅僅是告訴小丫頭子為老太太傳飯，把我合太太都跟着老太太吃這句話拿掉，便四平八穩，一點問題都沒有，作者偏要劃蛇添足。這說明什麼呢？當續書作者下筆寫續書的時候，他腦子裡根本沒想到原著是怎麼寫、怎麼說的。如果他想到，他現在是在為另一作者寫續書，也就是寫前作者未完成的書。這其中有沒有限制性，有那些限制性，該如何處理這些限制性。可以肯定的是，續書作者未曾看到這個問題，更沒有思索過這個問題，才會那麼大膽，自由心證。他完全不知道寫續書的限制性是很大的，可以說是沒有任何的自由度，必須嚴謹地跟着前作者的脚踪走。高鍔續書的最大弊病，就是任意性太大，高著的第八十一回，與曹著的第七十一回，兩相比較，便看出續書者的輕率，不尊重原著，強烈的自我意識了。

第八十四回：

> 說着，小丫頭子們進來告訴鴛鴦：「請示老太太，晚飯伺候下了。」賈母便問：「你們又咕咕唧唧的說什麼？」鴛鴦笑着回明了。賈母道：「那麼着，你們也都吃飯去罷，單留鳳姐兒和珍哥媳婦跟着我吃罷。」

這裡賈母的語言與七十一回書中的語言，有着明顯的區別。賈母在第七十一回書中，要鳳姐兒及尤氏吃飯，不是與她同桌吃飯，而是吃她吃剩下的飯。且命鳳姐兒先打發賈母吃完飯，再把剩下的搬到外間，去和尤氏倆一塊兒吃。這與賈母說**單留鳳姐兒和珍哥媳婦跟着我吃罷**是大有出入的，此處賈母留鳳姐兒及尤氏吃飯，顯然是要同賈母自己一桌吃飯。這既非賈母其人的思維邏輯，亦非賈母的習慣性語言。曾有人說高鍔續書好就好在，其中的語言與前書極為接近。也許說這話的人，僅僅是從語調或語氣上推敲，若從語意語辭上考究，便很有問題了。

第八十五回：

這日一早，王子勝和親戚家已送過一班戲來，就在賈母正廳前，搭起行台。外頭爺們都穿着公服陪侍。親戚來賀的約有十餘桌酒。裡面為着是新戲，又見賈母高興，便將琉璃戲屏隔在後厦，裡面也擺上酒席。上首薛姨媽一桌，是王夫人寶琴陪着，對面老太太一桌，是邢夫人岫煙陪着。

據說高鍔也是出自八旗子弟，可以肯定的不是貴族家庭，他筆下的喜慶歡樂場景，讀起來只覺其清湯寡水，毫無味道。他要為曹雪芹續貂，注定是吃力不討好的。原著是一部百分之百的寫實作品，續書如不寫實，不成其為續書。若照原著百分之百的寫實，又無此胸蘊，他缺乏富貴家庭的生活體驗。這不止是高鍔的困境，更是他續書失敗的主因。試比較一下，曹著筆下的歡樂場景是怎麼描繪的？

第五十三回：

至十五這晚上，賈母便在大花廳上命擺幾席酒，定一班小戲，滿掛各色花燈，帶領榮寧二府各子侄孫男孫媳等家宴。

這裡賈母花廳上擺了十來席酒，每席旁邊設一几，几上設爐瓶三事，焚着御賜百合宮香；又有八寸來長、四五寸寬、二三寸高、點綴着山石小盆景，均是新鮮花卉；又有小洋漆茶盤放着舊窰十錦小茶杯，又有紫檀雕嵌的大紗透繡花草詩字的纓絡。各色舊窰小瓶中，都點綴着「歲寒三友」、「玉堂富貴」等鮮花，上面兩席是李嬸娘薛姨媽坐，東邊單設一席，乃是雕　龍護屏矮足短榻，靠背，引枕，皮褥俱全。榻上設一個輕巧洋漆描金小几，几上放着茶碗、漱盂、洋布之類，又有一個眼鏡匣子。賈母歪在榻上，和眾人說笑一回，又取眼鏡向戲台上照一回，又說：「恕我老了骨頭痛，容我放肆些，歪着相陪罷。」又命琥珀坐在榻上，拿着美人拳捶腿。榻下並不擺席面，只一張高几，設着高架纓絡、花瓶、香爐等物，外另設一小高桌，擺着杯箸。在傍邊一席，命寶琴、湘雲、黛玉、寶玉四人坐着。每饌果菜來，先捧給賈母看，喜則留在小桌上，嘗嘗，仍撤了放在席上，——只算他四人跟着賈母坐。下面方是邢夫人王夫人之位；下邊便是尤氏、李紈、鳳姐、賈蓉的媳婦；西邊便是寶釵、李紋、李綺、岫煙、迎春姊妹等。兩邊大樑上掛着聯三聚五玻璃彩穗燈，每席前豎着倒垂荷葉一柄，柄上有彩燭插善。這荷葉乃是洋鏨琺瑯活信，可以扭轉向外，將燈影逼住，照着看戲，分外真切。窗槅門户，一齊摘下，全掛彩穗各種宮燈。廊檐內外及兩邊游廊罩棚，將羊角、玻璃、戳紗、料慈、或繡、或畫、或絹、或紙諸燈掛滿。

首先看他的陳設，席之外還有几，几上有爐瓶三事。妝飾更多的是燈，種類有各式聯三聚五玻璃彩穗燈，質料有玻璃的、紙的、絹的、式樣有各種宮燈、花燈。焚着御賜百合宮香，點綴着山石小盆景，俱是新鮮花卉。地點選在賈母的大花廳上，上面設兩席是李嬸娘薛姨媽坐，請注意這裡沒有設陪客的座位，相對高鍔於第八十五回，賈政晉升郎中，請客唱戲。同樣是在賈母這邊，裡面設兩桌席，上首一桌薛姨媽，是王夫人寶琴陪着，對面老太太一桌，是邢夫人岫煙陪着。原著賈母吃飯，除了小輩孫子孫女兒可以上桌侍陪，從來媳婦以下，沒有人上過賈母的飯桌。兩宴大觀園，薛姨媽和賈母各佔一席，王夫人也只能在地下坐着。

續書者因為缺乏賈家的生活經驗，又不去體驗賈家的生活經驗，他寫的賈家生活，根本是牛頭不對馬嘴。正如同瞎子摸象，不管摸着那一塊，他都認定他摸着了象。他摸着象是不錯，只是他摸着肚皮，他硬說是臀部，摸着大腿，他硬說是鼻子。高鍔的紅樓夢續書，正是把肚皮當作臀部，把大腿當作鼻子，在那裡瞎摸。賈家宴客，凡主客都是獨据一席，從沒有設置過陪席。續書者連這麼明顯的家族文化都未能掌握到，對原作者曹雪芹的寫作技巧，便更是莫測高深了。

元宵開夜宴，也是擺酒演戲，曹雪芹說是在賈母的花廳上。續書作者寫的擺酒演戲，是在賈母的正廳前，按花廳與正廳是有區別的。一般花廳為外客廳，正廳才是主客廳。花廳為開放式的敞廳，是為誥命夫人們落轎後臨時歇息的地方，正如原著作者說的，窗槅門戶，必要時都是可以摘下來的，以擴大空間範圍。正廳一般都是封閉式的，客廳前的場地不會很大，或丹墀或超手游廊，必須是透空的，以養浩然之氣。因為它是一個主要的接待場所，其結構陳設，都是固定的，維持着莊嚴肅穆形象。續書作者寫的賈母正廳前演戲，只能說，續書作者對曹雪芹筆下的賈府建築結構，太不熟習了，才會有此訛誤。

同五十三回：

當下又有林之孝的媳婦，帶了六個媳婦，抬了三張炕桌，每一張上搭着一條紅毡，放着選淨一般大新出局的銅錢，用大紅繩串穿着，每二人搭一張，共三張。林之孝家的叫將那兩張擺至薛姨媽李嬸娘的席下，將一張送至賈母榻下。賈母便說：「放在當地罷。」這些媳婦素知規矩，放下桌子，一并將錢都打開，將紅繩抽去，堆在桌上。此時唱的（酒樓會），正是這出將完，于叔夜賭氣去了，那文豹便發科諢道：「你賭氣去了。恰好今日正月十五，榮國府裡老祖宗家宴，待我騎了這馬，趕進去討些果子吃，是要緊的。」說畢引得賈母等都笑了。薛姨媽等都說：「好個鬼頭孩子，可憐見的！」鳳姐便說：「這孩子才九歲了。」賈母笑說：「難為他說得巧！」說了一個「賞」字，早有三四個媳婦已經手下預備下小笸籮，聽見一個賞字，走上去將桌上散堆錢，每人撮了一笸籮，走出來，向戲臺上說：「老祖宗、姨太太、親家太太賞文豹買果子吃的。」說畢，向臺一撒，只聽「豁啷啷」，滿臺的錢啊。賈珍賈璉已命小廝們抬大笸籮的錢預備。

曹雪芹筆下，把富貴人家的排場，規矩作了極為細緻的描繪，尤其下使人役的知規識矩，根本用不着交代，便知所應為。這無疑也是一種暗示，這類喜慶節日的歡樂場面，已是這個家族生活的一部份，無論是主人或僕人，都習以為常。

故曹雪芹把歡樂氣氛寫到十分，也就不足為奇了。類似這種情節的鋪敍，並非作者想象力的豐富，而是生活資料豐富。這也正是原著寫實的基本立足點，他有着取之不盡，用之不竭的生活資源。續書作者如果具有廣闊的見聞，豐富的想象力，本着追踪躡跡的寫作態度，也許尚能強附翼尾。惜乎續書作者既乏富貴生活的見聞，又不知尋踪躡跡，故從他寫的續書中，看不到原著的蛛絲馬跡，這是續書失敗的地方。

除了吃飯看戲，曹著賈府生活中，着墨次多的便是治病。醫生、診斷過程、醫案都交代的非常清楚。從那些瑣碎的細節描寫中，充分說明，作者曾經是一個親身經歷者。續書作者因無此親身經歷，便只能隨興式地描寫，原形畢現。

第八十三回：

一時，賈璉陪着大夫進來了，便說道：「這位老爺是常來的，姑娘們不用迴避」老婆子打起簾子，賈璉讓着，進入房中坐下。賈璉道：「紫鵑姐姐，你先把姑娘的病勢向王老爺說說。」王大夫道：「且慢說。等我診了脈，聽我說了，看是對不對。若有不合的地方，姑娘們再告訴我。」紫鵑便向帳中扶出黛玉的一隻手來，擱在迎手上。紫鵑又把鐲子連袖子輕輕的擼起，不叫壓住了脈息。

雖然高鍔不是一個好小說作家，至少，他知道類似事件的描寫不能重復的忌諱。他寫黛玉看病一節，為了不落舊套，他採取的是從簡從略的手法。既然要從簡從略，就不應實寫王大夫進入黛玉房中把脈看病，不如虛寫，一筆帶過。寫實作品並不是事事都要求寫實的，其中的取捨，一則根據作者的藝術構思，一則關乎作者的生活底蘊。寫實作品唯一的創作要旨，寫作者生活與經歷中，最熟習的人和事，千萬不要寫自己陌生或根本不知道的人和事，高鶚續書正是犯了這個毛病。

為黛玉看病這一節書，數得出與原著不合的地方，就有好幾處。所謂這位老爺是常來的，姑娘們不用迴避。原著中是從未有過的規例。其次，王大夫是何方神聖，原著除第三十回襲人被踢小產，第三十一回，一大早寶玉招來王濟仁為之問方抓藥，因其鬼祟不敢申張，未作說明外，餘者均有根有歷。為黛玉把脈，不但寫得粗糙，也寫得輕藐，試與原著作者曹雪芹的筆觸作個比較。

第五十一回：

正說時，人回：「大夫來了。」寶玉便走過來，避在書架後面，只見兩三個後門口的老婆子帶了一個太醫進來。這裡的丫頭都回避了，有三四個老嬤嬤，放下暖閣上的大紅繡幔，晴雯從幔中單伸出手來。那大夫見這隻手上有兩根指甲，足有二三寸長，尚有金風鮮花染的通紅的痕跡，便回過頭來。有一個老嬤嬤忙拿了一塊絹子掩上了。那大夫方診了一回脈，起身到外　間，向嬤嬤們說道：「小姐的症是內感外滯。近日時氣不好，竟算是個小傷寒。幸虧是小姐，素日飲食有限，風寒也不大，不過是氣血原弱，偶然沾染了些，吃兩劑藥疏散疏散就好了。」說着，便又隨婆子們出去。

彼時李紈已遣人知會過後門上的人及各處丫鬟回避，大夫只見了園中景緻，並不曾見一個女子。——老嬤嬤道：「老爺且別去，我們小爺囉嗦，恐怕還有話問。」那太醫忙道：「方才不是小姐，是位爺不成？——」老嬤嬤笑道：「怪道小子們才說：「今兒請了一位新太醫來了。」——「小姐病了，你那麼容易就進去了！」

這麼一比，便比出高低來了。曹雪芹筆下，凡有男性進園，連丫鬟都得回避，沒有什麼常來的或初來乍到的之分。高鍔筆下，用「常來的」一語表過，便沒有這種忌諱。這不是高鍔偷懶，而是小門小户出身的他，缺乏類似的經驗，腦子裡根本就沒有這種概念。他寫的為黛玉看病，全不像婆子說的**小姐病了，你那麼容易就進去了！**那個被稱為王大夫的人，還真是輕而易舉的就進了瀟湘館，更輕而易舉的按上了千金之體的林黛玉腕脈。

也許有讀者認為，這簡直就是存心跟高鍔過不去，找渣。沒錯，從鷄蛋裡挑出骨頭來，就是為了要找續書的渣。讓世人看清紅樓夢只能有八十回，任何企圖續書的人，都將是徒勞無功，不自量力。續書作者寫續書，連最醒目的建築結構，吃飯穿衣他都未能看得真切，穿鑿附會，杜撰搪塞。那最關緊要的人物性格，便更是兩眼漆黑，一竅不通。續書作者是從陌生中寫續書，他不只是對富貴家庭的生活陌生，他對曹雪芹寫的前八十回書也陌生。曹著筆下一直虛寫的甄家，到了續書者筆下，却把虛變為實，實寫其人，實寫其事。續書作者未看出甄家只是個影子家族，不能實寫，落實寫甄家，便帶出了續書作偽的狐狸尾巴。第一百十五回：**只聽外頭傳進來說：「甄家的太太帶了他們家的寶玉來了。」**只有續書的笨伯們，才會把影子當作實體來安排。曹著第五十六回寫賈寶玉夢甄寶玉，因是夢境，亦如幻境，仍舊是虛寫。第七十五回傳來甄家被抄家的消息，還是虛寫。賈母歪在榻上，王夫人正說甄家因何獲罪，如今抄沒了家產，來京治罪等話。賈母聽了，心中甚不自在。虛寫甄家就是實寫賈家，這甄家獲罪的消息，就是賈家將被抄家的消息。賈者假也，甄者真也。真的榮國府應該是在南京，這南京與北京的顛倒，正是作者正反律的運用，不是為了迷幻讀者，逃避文字獄的動機，才是主要原因。

曹雪芹筆下賈寶玉這個人

如果僅僅從情節之內看賈寶玉這個人，很難看出他的「真實的我」來，必須從文字之外，才能找出他真實的我。情節之內的賈寶玉，他是榮國府中的「混世魔王」王夫人語第三回。「念了些流言混話在肚子裡，學了些精致的淘氣」賈政語第九回。

偽道學的賈政，他是個典型的功名利祿追逐者，他本身的智商不高，靠著其父賈代善臨終前上本，不用說，這是一道專為賈政請求皇上恩賜進仕的本，因此上才獲得「聖上憐念先臣」，將賈政賜了個額外主事職銜，入部習學，後昇員外郎。也許是隔代遺傳，也許是鍾靈毓秀，中庸的賈政，卻生了個高智商的兒子賈寶玉，故把自己一生的嚮往和希望，都傾注到賈寶玉身上。詎料，賈寶玉不但對仕途經濟興趣缺缺，還設辭詆毀仕途經濟是國賊祿蠹。賈政對賈寶玉的這種態度，自是不予認同，正所謂愛之深，責之嚴，賈政對賈寶玉的讀書，常會因失望而導至忿怒。

第一個肯定賈寶玉才智的人，應是北靜王。第十四回：

北靜王十分謙遜，因問賈政道：「那一位是銜玉而誕者？久欲一見為快，今日一定在此，何不請來？」賈政忙退下來，命寶玉更衣，領他前來謁見。那寶玉素聞北靜王的賢德，且才貌俱全，風流跌宕，不為官俗國體所縛，每思相會，只是父親拘束，不克如願，今見反來叫他，自是喜歡。一面走，一面瞥見那北靜王坐在轎內，好個儀表。話說寶玉舉目見北靜王世榮頭上戴著淨白簪纓銀翅王帽，穿著江牙海水五爪龍白蟒袍，繫著碧玉紅鞓帶；面如美玉，目似明星，真好秀麗人物。寶玉忙搶上來參見，世榮從轎內伸手攙住。見寶玉戴著束髮銀冠，勒著雙龍出海抹額，穿著白蟒箭袖，圍著攢珠銀帶；面若春花，目如點漆。北靜王笑道：「名不虛傳，果然如"寶"似"玉"。問：銜的那寶貝在那裡？」寶玉見問，連忙從衣內取出，遞與北靜王細細看了，又唸了那上頭的字，因問：「果靈驗否？」賈政忙道：「雖如此說，只是未曾試過。」北靜王一面極口稱奇，一面理順彩絲，親自與寶玉戴上，又　手問寶玉幾歲，現讀何書。寶玉一一答應。

北靜王見他語言清朗，談吐有致，一面又向賈政笑道：「令郎真乃龍駒鳳雛，非小王在世翁前唐突，將來"雛鳳清于老鳳聲"，未可量也。」賈政陪笑道：「犬子豈敢謬承金獎，賴藩郡餘恩，果如所言，亦蔭生輩之幸矣。」北靜王又道：「只是一件，令郎如此資質，想老太夫人自然鍾愛；但吾輩後生，甚不宜溺愛，溺愛則未免荒失了學業。昔小王曾蹈此轍，想令郎亦未必不如是也。若令郎在家難以用功，不妨常到寒邸，小王雖不才，却多蒙海內眾名士凡至都者，未有不垂青目的。是以寒邸高人頗聚，令郎常去談談會會，則學問可以日進矣。」賈政忙躬身答道：「是」。

北靜王面詢寶玉讀何書，寶玉一一應答，立即引起北靜王的注意與重視，原因在那？現代社會無論公私行號，用人制度中有一項面試程序，這項面試的用意，與北靜王垂詢寶玉的目的雷同，在求得直接的瞭解，獲取知之為知之，不知為不知的立即答案。

紅樓夢作者為賈寶玉取名時，已將他的行為性格定調，入世的「寶」與出世的「玉」。入世乃大觀園以外的世界，當北靜王詢問寶玉讀何書時？問者與答者所指的，應都是仕途經濟及輔國治民的書，正是寶玉平日在外書房攻讀的書，也是寶玉在大觀園中不遺餘力攻訐的書。北靜王邀寶玉往其府邸攻讀，與海內眾名士親近接觸，談談會會。所談的當然是仕途經濟，所會的正是輔國治民。賈寶玉不見絲毫反感，還忙搶上去參見，可見寶玉性格上的雙重性。大觀園外與大觀園內，判若兩個人，只有回到大觀園中才是出世的「玉」。

從中國文化來觀照賈寶玉的心態，因其尚未涉世，滿腦子的理想主義。但現實社會裡尤其是官場，盡是些文化騙子，打著孔孟的招牌，販賣著貪贓枉法和爾虞我詐。這給予天才的賈寶玉無疑是個極大的諷刺和打擊，他的滿腹牢騷無處發泄，只有帶回大觀園中，對著天真無邪的女孩子們宣泄。他從未期待她們的回應，無如天真中不乏功利。薛寶釵史湘雲花襲人之流，把賈寶玉一時的牢騷當了真，還真以為賈寶玉是個決絕仕途經濟者，時相勸逼，引起賈寶玉的反感而疏離。

賈寶玉是個北靜王崇拜者。北靜王正是個輔國治民的重要人物，見到賈寶玉的人才儀表，竟大談什麼我輩中人，決不可荒廢了學業。北靜王口中的我輩中人，指的便是出仕輔國治民的仕宦，或等待出仕輔國治民的辛辛學子。北靜王口中的不可荒廢學業，指的正是仕途經濟、輔國治民的「舉業」，此乃時論也。為什麼賈寶玉不但不厭惡，還一反常態，忙搶上來參見。紅樓夢作者寫賈寶玉這個人物，一開始便是雙重性的，從取名到形像，一俗一雅、一真一假。

第五十六回：

賈母又問：「你這哥兒也跟著你們老太太？」四人回說：「也跟著老太太呢。」賈母道：「幾歲了？」又問：「上學不曾？」四人笑說：「今年十三歲，因長的齊整，老太太很疼，自幼淘氣異常，天天逃學，老爺太太也不便十分管教。」賈母笑道：「也不成了我們家的了？你這哥兒叫什麼名字？」四人道：「因老太太當作寶貝一樣，他又生的白，老太太便叫作"寶玉"。」賈母笑向李紈道：「偏也叫個"寶玉"！」

第二回雨村笑道：「去歲我在金陵，也曾有人荐我到甄府處館。——但是那個學生雖是啟蒙，却比一個舉業的還勞神。」

賈雨村口中這個比舉業還勞神的學生，便是甄寶玉，賈寶玉的化身。紅樓作者的寫作技巧，既是多元的也是多層次的，賈寶玉性格上的雙重性，一個姓甄、一個姓賈，也就是一真一假，或一俗一雅。

帝制時代的王爺，除了跟隨统治者打天下的功臣，餘者多為统治者的親屬。這些人除少數例外有職銜，多數是享俸不供職，北靜王似乎就是這一類人。別看他沒有實權，他卻能面聖奏本，或彈核官吏、或推舉賢良。因是之故，天下俊彥都願投身門下，邀其賞識，得一進身之堦。北靜王如此看重賈寶玉，惜其才，還深恐賈母縱溺，誤其前程，千叮萬囑，並以自身為例，警告賈政。此後，除了賈寶玉主動往王府與會海內名士，北靜王會不會直接派人來敦促呢？第二十四回：「賈芸喜不自禁。來至綺散齋打聽寶玉，誰知寶玉一早便往北靜王府裡去了。」正因為這類世俗上的往訪應酬，就是連賈母都耳熟能詳。否則寶玉如何能在為鳳姐慶生的宴會上缺席遲到，就是借赴北靜王府邸做幌子，躲過了老祖宗與眾人的追查。

第四十三回：

原來寶玉心裡有件心事，于頭一日就吩咐焙茗，「明日一早出門，備兩匹馬在後門口等著，不用別人跟著，說給李貴；我往北府裡去了。倘或要有人找我，叫他攔住不用找，只說北府裡留下了，橫豎就來的。」同四十三回：這裡賈母又罵跟的人：「為什麼都聽他的話，說往那裡去就去了，也不回一聲兒！」一面又問：「他到底那裡去了，可吃了什麼沒有？唬著了沒有？」寶玉只回說：「北靜王的一個寵妾沒了，今日給他道惱去。我見他哭的那樣，不好撤下他就回來，所以多等了會子。」

從賈母與寶玉的一問一答中，得到一個訊息，其一以往賈寶玉對外的世俗應酬，都是他外書房的事，這些事從不往園內傳遞。其二寶玉以赴北靜王府做搪塞也就罷了，還揑造出北靜王的愛妾沒了，這說明寶玉與北靜王的交情，已非等閑。否則，寶玉不敢，賈母也不會相信。賈母應是從賈寶玉日常口述中，得知北靜王的家常起居生活，寶玉與北靜王之間，已到不避嫌的程度，才會把寶玉的謊言信以為真。

再看第四十五回：只見寶玉頭上戴著大箬笠，身上披著蓑衣，一雙棠木屐脫在廊檐下，來瞧黛玉。黛玉看那蓑衣斗笠不是平常市賣的，十分細緻精巧，因說道：**「是什麼草編的，怪道穿上不像那刺猬似的。」寶玉道：「這三樣都是北靜王送的。他閑常下雨時，在家裡也是這樣。你喜歡這個，我也弄一套來送你。」**

賈寶玉赴北靜王府，除了舉業的仕途經濟輔國治民，還涉及到了北靜王的私生活。北靜王送賈寶玉一套精緻雨具，不足令人奇怪，怪就怪在寶玉竟想為黛玉另要一套，而且說話的語氣，不但自信，還顯得不以為然，這種交情自非一般泛泛之交可比。那麼，王府中的嬪妃婢僕，他是不是也有所接觸呢，不但有可能，還很熟稔。北靜王既愛其才，亦愛其人，亦如寶玉之待秦鍾。北靜王因是王府的主人，他若讓賈寶玉穿堂入室，誰也不敢阻擋，這是與寶玉待秦鍾的最大不同處。也是寶玉赴北靜王府，與秦鍾赴榮國府的最大不同處，秦鍾最多只能到達賈母的居處，如欲再往裡深入，只怕是難以涉足了。

出世的寶玉深惡仕途經濟，入世的寶玉，他可能不熱衷仕途經濟，但他却是深諳仕途經濟。只怕是他所知的仕途經濟，比之賈雨村之流更勝一籌。因北靜王既風流倜儻，復位高權重，所聚皆宇內俊彥，所談亦必是高水準的經世濟用之學。所謂物以類聚，人以群分，天才的賈寶玉厠身其間，自是一日千里。再說為官作宰者，並非人人都是壞坯子。在北靜王府中談談講講的宇內俊彥，與寶玉同氣相投的應不乏其人。這也可能是促成寶玉不再詆謗仕途經濟輔國治民的主要因素。至少，他不再將國賊祿蠹常掛在嘴邊上。這個時期的賈寶玉只能算作是個童生，能令賈雨村括目相看，不是沒道理的。

第三十二回：

> 正說著，有人來回說：「興隆街的大爺來了，老爺叫二爺出去會。」寶玉聽了，便知是賈雨村來了，心中好不自在。襲人忙去拿衣服。寶玉一面登著靴一面抱怨道：「有老爺和他坐著就罷了，回回定要見我！」史湘雲一邊搖著扇子，笑道：「自然你能迎賓接客，老爺才叫你出去呢！」寶玉道：「那裡是老爺？都是他自己要請我見的。」湘雲笑道：「”主雅客來勤“自然你有些警動他的好處，他才要會你。」

賈雨村、一個傳統的「學而優則仕」典型，當他困頓葫蘆廟身遭蹇厄時，他所想的便是飛黃騰達，仕途經濟。玉在匱中求善價，釵于奩內待時飛，這正是一種求官若渴的心境。放到今天的社會，人們都不會以其人之思想為然，但在當時，則被認為是有抱負有作為的有為之士，此所以受到甄士隱的重視，予以另眼相看。

第一回：

恰值士隱走來聽見，笑道：「雨村兄真抱負不凡也！」雨村忙笑道：「不敢，不過偶吟前人之句，何期過譽如此。」因問：「老先生何興至此？」士隱笑道：「今夜中秋，俗謂”團圓之節“，想尊兄旅寄僧房，不無寂寥之感，故特具小酌，邀兄到敝齋一飲，不知可納芹意否？」雨村聽了，並不推辭，便笑道：「既蒙謬愛，何敢拂此盛情。」說著便同士隱復過這邊書院中來了。須臾茶畢，早已設下杯盤，那美酒佳餚，自不必說。二人歸坐，先是款酌慢飲，漸次談至興濃，不覺飛觴獻斝起來。當時街坊上家家簫管，户户笙歌，當頭一輪明月，飛影凝輝，二人愈添豪興，酒到杯乾。雨村此時已有了七八分酒意，狂興不禁，乃對月寓懷，口占一絕云：

時逢三五便團圝，滿把春光護玉欄，

天上一輪才捧出，人間萬姓仰頭看。

士隱聽了大叫，「妙極！弟每謂兄必非久居人下者，今所吟之句，飛騰之兆已見，不日可接履于雲霄之上了。可賀，可賀，乃親斟一杯為賀」。

賈政曾在第十七回，大觀園試才題對額中，針砭賈寶玉時，謂吟詩作對不過刁蟲小技。為什麼士隱聽到賈雨村的吟詠，不但大為讚賞，並十分肯定其人之仕途功名，必將飛黃騰達，原因在那？

古代中國讀書人把讀書的目的稱之為「舉業」，也就是透過「舉人、進士」的考試制度，爭取被官方認可錄用的機會。這類考試拔濯人才的制度，歷來都是以「文章」為主，文章又以策論為圭臬，策論者仕途經濟也。這便是為什麼薛寶釵及史湘雲，每每要賈寶玉以仕途經濟為重的原因了，為的就是要達成「舉業」的目的。故凡士子讀書求學，策論為其首要之務，因為策論是考驗一個人的見識與見解的最佳表達方式，才會被歷朝歷代所重視。讀書人可以不通詩詞歌賦，策論則非通不可，這是「舉業」的必由之路。故在學求知或老師授徒，都是以「舉業」的課程為主，只有當學生的策論到達相當水平之後，老師為鼓勵學生更上層樓，才會授以詩詞。詩詞是作者見識見解更精練的表達方式，正所謂「詩言志」，這就是為什麼甄士隱僅通過詩詞，便能肯定賈雨村的文章和仕途經濟了。

賈雨村既是熱中名利的官場人，也是個不折不扣的勢利小人，在賈家未遭遇蹇厄之前，他趨奉賈政理所當然。第一，他的復職錄用得賈家之助，藉感恩圖報，趨之奉之，符合當時代的倫理價值與社會價值。第二，他目下是京官，賈家的官場人脈深厚，借以作為賈雨村游翺官場的靠山。他每每要求會見賈寶玉，除了上述原因。還有便是湘云口中說的「你有些警動他的好處。」賈雨村在賈政的眼皮子底下與會賈寶玉，他能談什麼呢？決不是風花雪月，詩詞歌賦，只能是仕途經濟，輔國治民。這正是寶玉雜學龐收，從北靜王府中，與時彥們談談講講得來的經世濟用之學，雖是一時之興，得來全不費功夫。但於賈雨村則不啻醍醐灌頂，視為珍寶。此外，賈雨村要會寶玉，可能還包括賈政的請託，賈寶玉表現出的天份愈高，賈政對他的期盼與要求也愈切愈急，速成之道，便是找些仕途經濟的高手來與之談講輔國治民之道，賈雨村正是個賈政心目中的適當人選。第十七回「大觀園試才題對額」原定的主筆就是賈雨村，足証賈政對其人之才具是如何地重視。故賈雨村之要見賈寶玉，一是應賈政的敦請，二是自覺有利用價值。天才的賈寶玉一經提撥，舉一便能反三，甚至反十，這不止是賈雨村看到了他的遠景，連賈政也驚喜到自己的希望。賈寶玉所學寬博，見識宏遠，復經王府鍛煉，更是信心十足。遇到挑戰必起而捍衛，大觀園試才題對額中，對自己的認知，即使是處於賈政的威攝下，也決不退讓，遑論賈雨村之流。那怕是他出世性格中深惡痛絕的仕途經濟、輔國治民，也一定是滔滔不絕，暢所欲言，這對賈政與賈雨村兩人都是正所願也。可以斷言的是，賈寶玉的許多見解，已引起賈雨村的重視，有句老話叫著「教學相長」，正是在賈寶玉身上有所斬獲，才要回回會見他，也正應了湘雲的那句話「主雅客來勤」。此外，北靜王見到賈政，會不會當面嘉許寶玉呢？對賈政來說，北靜王一句話，不啻千金之重。證諸數年間，賈政與寶玉間相安無事，從情節之內看賈政，似乎對寶玉的「舉業」大事，漠不關心。事實上，賈政早已掌握到了寶玉學業的進度，只是被作者隱入文字之外罷了。

再看看大觀園內與大觀園外的賈寶玉有何不同，大觀園內他從不讓園內的女性與聞園外的世界，他對園外的賈芸却大談不諱。

第二十六回：

那寶玉只和他說些沒要緊的散話，又說道誰家的戲子好，誰家的花園好，又告訴他誰家的丫鬟標緻，誰家的酒席豐盛，又是誰家有奇貨，又是誰家有異物。那賈芸只得口裡順著他說，說了一回，見寶玉有些懶懶的，便起身告辭。

從上述談話中，不難看出寶玉的交遊廣闊，而這個賈寶玉生活的另一面，都被隱藏在原書的文字之外，故讀紅樓夢若不讀文字之外，便讀不出它的真實。

第三十三回

賈政聽了這話，摸不著頭腦，忙陪笑起身問道：「大人既奉王命而來，不知有何見諭？望大人宣明，學生好遵命承辦。」那長府官冷笑道：「也不必承辦，只用老先生一句話就完了。我們府裡有一個做小旦的琪官，一向好好在府，如今竟三五日不見回去，各處去找，又摸不著他的道路，因此各處察訪；這一城內，十停人倒有八停人都說；他近日與銜玉的那位令郎相與甚厚。下官輩聽了；尊府不比別家，可以擅來索取，因此啟明王爺。王爺亦說：”若是別的戲子呢，一百個也罷了；只是這琪官，隨機應答，謹慎老成，甚合我老人家心境，斷斷少不得此人。“故此求老先生轉致令郎，請將琪官放回：一則可慰王爺諄諄奉懇之意，二則下官輩也可免操勞求覓之苦。」說畢，忙打一躬。

賈政聽了這話，又驚又氣，即命喚寶玉出來。寶玉也不知是何原故，忙忙趕來，賈政便問：「該死的奴才！你在家不讀書也罷了，怎麼又做出這些無法無天的事來！那琪官現是忠順王爺駕前承奉的人，你是何等草莽，無故引逗他出來，如今禍及於我！」寶玉聽了，唬了一跳，忙回道：「實在不知此事。究竟”琪官“兩個字，不知為何物，況更加以"引逗"二字！」說著便哭。賈政未及開口，只見那長府官冷笑道：「公子也不必隱飾，或藏在家，或知其下落，早說出來，我們也少受些辛苦。豈不念公子之德呢？」寶玉連說：「實是不知，恐是訛傳，也未見得。那長府官冷笑兩聲道：「現有証據，必定當著老大人說出來，公子豈不吃虧？——既說不知，此人那紅汗巾子怎得到了公子腰裡？」寶玉聽了這話，不覺轟了魂魄，目瞪口呆，心下自思：「這話他如何知道？他既連這樣機密事都知道了，大約別的瞞不過他，不如打發他去了，免得再說出別的事來。」因說道：「大人既知他的底細，如何連他置買房舍這樣大事倒不曉得了？聽得說：他如今在東郊離城二十里有個什麼紫檀堡，他在那裡置了幾畝田地，幾間房舍。想是在那裡，也未可知。」那長府官聽了，笑道：「這樣說，一定是在那裡了！我且去找一回，若有了便罷，若沒有，還要來請教。」說著便忙忙的告辭走了。

俗世的賈寶玉，不只是熟諳仕途經濟輔國治民，凡當時代男人有的俗念，他也都有。因著人才出眾，風流蘊藉，成為風月場中的白馬王子，為眾所逐，如琪官、柳湘蓮之輩。問題有二：第一，什麼是當時代的男人風尚，「玩弄孌童成風」，忠信王寵倖琪官甚過其他姬妾便是一例。第二，問題在，賈寶玉的俗念與同時代人的俗念，有沒有不同，如有不同，其不同處在那？

第二十八回：

少刻，寶玉出席解手，蔣玉函隨著出來，二人站在廊檐下，蔣玉函又賠不是。寶玉見他嫵媚溫柔，心中十分留戀，便緊緊的攥著他的手，叫他：「閑了往我那裡去。還有一句話問你，也是你們貴班中，有一個叫琪官兒的，他如今名馳天下，可惜我獨無緣一見。」蔣玉函笑道：「就是我的小名兒。」寶玉聽說，不覺欣然跌足笑道：「有幸，有幸，果然名不虛傳。」

賈寶玉的與眾不同，在懂得尊重對方的「人格尊嚴」，這正是當代男性最缺乏的人格素質。看了賈寶玉與琪官兒的初會，再比較一下薛蟠會柳湘蓮的行景，不難分辨出兩者的人格形象了。

第四十七回：

因其中有個柳湘蓮，薛蟠自上次會過一次，已念念不忘，又打聽他最喜串戲，且都串的是生旦風月戲文，不免錯會。早遇見薛蟠在那裡亂叫：「誰放了小柳兒走了？」柳湘蓮聽了，火星亂迸。薛蟠忽見他走出來，如得了珍寶，忙趔趄著走上去，一把拉住，笑道：「我的兄弟！你往那裡去了？」湘蓮道：「走走就來。」薛蟠笑道：「你一去都沒了興頭了，好歹坐一坐，就算疼我了！憑你什麼要緊的事，交給哥哥，只別忙。你有這個哥哥，你要做官發財都容易。」

薛蟠是一個具有代表性的時代男性，他的不堪更多地是流于外表，而絕大多數男人不堪在內心，一種潛沉的惡濁，比之行為惡濁的薛蟠更甚，這便比較出賈寶玉俗世中不忘出世的難能可貴了。

為什麼賈寶玉在外書房力事舉業，回到大觀園又那樣子痛恨舉業。這和現代人下班回家，不喜歡家人垂詢辦公室的公事一樣，疲勞的厭煩。他在外書房讀的是舉業，文章是舉業，北靜王府論的是舉業，會見賈雨村時談的還是舉業，舉業已佔據了他的大半個身和心，如何能忍受園中的女孩子再向他灌輸舉業。當寶釵湘雲不時提起仕途經濟，立被寶玉饗以閉門時，湘雲輩還只當他是決絕仕途經濟，殊不知那正是在他疲憊的身心上增加疲憊，才會引起他的反感。事實是寶玉對「國賊祿蠹」，觀念上早已有了改變。

第十九回：

> 襲人道：「——而且背前面後混批評。凡讀書上進的人，你就取個外號兒，叫人家『祿蠹』；又說只除了什麼『明明德』外就沒書了，都是前人自己編纂出來的。——這些話，你怎麼怨得老爺不氣，不時時刻刻的要打你。」寶玉笑道：「再不說了，那是我小時候兒不知道天多高地多厚信口胡說的，如今再不敢說了。」

這種改變可能是年齡的，也可能是性向的，更有可能是環境的。賈寶玉年歲見長，閱歷漸豐，對世事的分析觀照，不似早期的狹隘和純理想主義。雖仍抱著某些美好的嚮往，畢竟現實是最實在的。他的交往愈廣，他容世的心胸便愈開闊，俗世的追求也會愈積極。直到有一天他從挫折中跌下來，重新回到他的忿世疾俗中去。

賈寶玉是不是從不讓大觀園中的女性，看到他入世的「我」呢，也不盡然，林黛玉早就知道賈寶玉愛熱鬧的性格。第二十九回：黛玉「**心裡想：『他是好吃酒聽戲的。』**」賈寶玉的與眾不同在身處聲色場中，能夠同流而不合污。這有可能是受到他的「女性至上主義」的影響，秉著對美與好的尊重與珍惜，才能在俗世中保持出世。因此，他只愿園中的女孩子人人都永遠天真爛漫，永遠不要被「時氣」所污染。這雖然是他的一廂情願想法，卻不啻剖析出他對女性所抱持的美的愿望。薛寶釵俗物也，滿腦子想的是光宗耀祖，封妻蔭子。因為她早已把自己定位在寶二奶奶的位子上，生怕口口聲聲國賊祿蠹的賈寶玉，真個決絕仕途，連帶他的一品夫人也付之東流。她的憂心，一是她的功利主義的牽引，一是她看不到賈寶玉入世的真面目。林黛玉不同，她愛的是賈寶玉這個人，沒有慾望，沒有私心，只有一往無前的一縷純情。賈寶玉把俗世的我給了大觀園以外的世界，把出世的「我」給了大觀園中僅有的幾個人，如黛玉、晴雯。這便是紅樓夢作者曹雪芹筆下賈寶玉這個人。

為什麼紅樓夢作者，一開始便將賈寶玉寫成一個「無才補天」的失敗主義者。頑石投胎的賈寶玉，確實具有補天的才華，可惜他缺乏由才華轉化成能量的機制。正如俗語所說的，他空有一身本事，找不到識貨的買家。美化的說法稱為「懷才不遇」。「不遇」的原因，還是來自性格上有缺陷，一種難以與人契合的偏激心態，這正是作者本人的遭遇與心態。單單看紅樓夢這部書，已看到了中國文化的縮影。作者借寫紅樓夢寫他自己，成功地塑造了賈寶玉這個人物，一個出世與入世衝突的典型，悲劇的載負者。

高鶚筆下賈寶玉這個人

首先讓我們回憶一下八十回前的賈寶玉這個人，他於第十四回被北靜王發現他的「天才」資質。並邀約他往其府邸，與會海內才智之士。北靜王府無疑是個極端功利勢利的場所，賈寶玉若無學無識，無文無墨，是無法受到與會者的推崇，北靜王的器重的。正因為賈寶玉經過長期的挑戰與考驗，証實了他的天才本質，贏得了北靜王的肯定。到第四十五回雨天訪黛玉，全身穿著北靜王贈送的特製棠木屐、簑笠及簑衣，這說明北靜王不但愈見重視寶玉的才智，還說明寶玉與北靜王的愈見稔熟。這種稔熟既熟知寶玉的人品，更加熟知寶玉的才品。這是千百年來品評人物的不二標準，才品就是其人的學問與文章。第三十二回賈雨村訪寶玉，正是冲著寶玉的聲名而來。否則，以賈雨村的功利主義性格，他如何肯屈身就教於一個十幾歲的青年學子。每至賈府回回都要請見，這是何等的重視與份量。上述情況只是賈寶玉的入世部份，紅樓夢文字之外的部份。

出世的賈寶玉與入世的賈寶玉判若兩個人，入世的他遇到挑戰，決不退讓，那份執著，使與論者感受到他的自信，與不容置疑的氣勢。但出世的他又處處顯得遜人一籌，如海棠社吟詠，他自認排名坐末，菊花詩也是他揩榜。凡遇到女性的挑戰，他那入世的氣勢全沒有了。他的軟弱謙讓，還不只是表現在千金小姐之前，就連丫鬟使女的氣，他都受之若素。處於大觀園內的薛寶釵史湘雲，看到的賈寶玉，是他的出世部份。於黛玉則正是意氣相投，故所願也，於薛寶釵則封妻蔭子的宿愿難賞，才要不時以仕途經濟，輔國治民相激。如是激起賈寶玉出世性格的反彈，毫不留情地予以反擊。若不了解他性格中的雙重性，便難以從文字之外來認識入世的賈寶玉。

高鍔所寫續書，正是犯了不識文字之外賈寶玉的毛病，錯亂了他的性格，連帶也錯亂了後四十回情節的安排和佈局。

第八十一回：

王夫人見他呆呆的瞅著，似有欲言不言的光景，便道：「你又為什麼這樣呆呆的？」寶玉道：「並不為什麼。只是昨兒聽見二姐姐這種光景，我實在替他受不得。雖不敢告訴老太太，却這兩夜只是睡不著。我想咱們這樣人家的姑娘，那裡受得這樣的委屈？況且二姐姐是個最懦弱的人，向來不會和人拌嘴，偏偏兒的遇見這樣沒人心的東西，竟一點兒不知道女人的苦處！」說著，幾乎滴下淚來。王夫人道：「這也是沒法兒的事。俗語說的〞嫁出去的女孩兒，潑出去的水〝，叫我能怎麼樣呢？」寶玉道：「我昨兒夜裡倒想了一個主意，咱們索性回明了老太太，把二姐姐接回來，還叫他紫

> 菱洲住著，仍舊我們姊妹弟兄們一塊兒吃，一塊兒玩，省得受孫家那混賬行子的氣。等他來接，咱們硬不叫他去，由他接一百回，咱們留一百回，只說是老太太的主意，這個豈不好呢？」

高鍔寫這一段書時，有沒有考慮過上面這些話，應該是多大年齡人的語言，這麼孩子氣的話，說話人的年齡不會超過十一二歲。八十回書後的賈寶玉，已經成年，社會接觸面寬廣，雖不能說他洞明世事。但他一則較一般人早熟，一則天資所賜，於人情世故，他比同年齡的人要通達得多，他怎麼可能會再回到幼稚無知的童言童語。上面的話，如果真是賈寶玉所言，賈政還能笑得出來嗎，北靜王及王府中那些時賢俊傑精英之士，還能接納賈寶玉嗎。大凡人的思想與行為，是隨著人的生活閱歷及年齡漸進的，也是漸變的。高鍔筆下的賈寶玉，其年齡處於一種靜止狀態，其思想與行為還帶著濃重的孩子氣，全不顧賈寶玉的社會生活面，已擴及到了各個層面。第二十六回寶玉與賈芸談及大觀園外的生活，不難看出這時候的賈寶玉，是一個交遊廣闊，社交場合中的白馬王子。而這個賈寶玉生活的另一面，都被隱藏在原書的文字之外，故讀紅樓夢若不讀文字之外，便讀不出它的真實。

同八十一回：

> 賈政也忍不住的笑，因又說道：「你提寶玉，我正想起一件事來了。——前日倒有人和我提起一位先生來，學問人品都是極好的，也是南邊人。但我想南邊先生，性情最是和平。咱們城裡的孩子，個個踢天弄非，鬼聰明倒是有的，可以搪塞就搪塞過去

了，**膽子又大，先生再要不肯給沒臉，一日哄哥兒似的，沒的白耽誤了。**」

賈寶玉到了高鍔筆下變成個市井頑童了。他在賈政離京的數年間，常往北靜王府去登堂入室，與海內才智之士談談會會，人品學識只有日進千里的，怎麼會倒退到由大家子弟公子哥兒變成市井頑童了呢？

紅樓夢成為中國古典作品中，首屈一指的文學藝術，有它獨特的成功因素。小說創作除了故事、結構與人物性格外，語言的運用，更是重中之重。紅樓夢中人物的語言，用字、遣辭，都是非常考究的。什麼人、在什麼時候、說什麼話，必須符合該人物的性格、身份、教養、地位。譬如賈政在第九回，對跟寶玉的李貴道：「**你們成日家跟他上學，他到底唸了些什麼書！倒唸了些流言混話在肚子裡，學了些精緻的淘氣。**」試將曹雪芹與高鍔兩者的語言運用，從語言層次，作一比較。學了些**精緻的淘氣**，這句話的本身，就是一句非常精緻的語言，符合賈政端嚴不苟言笑的性格。「淘氣」兩個字，似乎是專指男性的童年行為，即俗稱的「玩皮」。所謂「精緻」就是「細膩」的意思。細膩的玩皮，那是一種什麼樣的玩皮呢？如調煙脂啦！與丫頭們廝混啦！決不會是「**踢天弄非**」似的玩皮。「踢天」不止是動作大，範圍也大。「弄非」指的是行為頑劣，語言粗俗。故精緻淘氣與踢天弄非，完全是兩個層次，兩個不同性向的行為。高鍔筆下改變賈寶玉的不只是行為，更是性格。同時要請讀者注意的，賈政說這些話時，賈寶玉的年齡只有十二歲。到八十一回書時，賈寶玉已是十八歲左右。他連早年的「**精緻淘氣**」都不再玩了，他還會玩「**踢天弄非**」嗎？這會是八十回書後，賈政心目中的賈寶玉嗎？賈政口中的語言嗎？賈寶玉再不濟，也不可能是個「踢天弄非」的市井頑童。

第八十五回：

一日，林之孝進來回道：「今日是北靜郡王生日，請老爺的示下。」賈政吩咐道：「只按向年舊例辦了，回大老爺知道，送去就是了。」林之孝答應了，自去辦理。不一時，賈赦過來同賈政商議帶了賈珍、賈璉、寶玉去給北靜王拜壽。別人還不理論，惟有寶玉素日仰慕北靜王的容貌威儀，巴不得常見才好，遂連忙換了衣服，跟着來過北府。

賈寶玉於第十四回書中路謁北靜王，曹雪芹曾有這麼幾句話：「那寶玉素聞北靜王的賢德，且才貌俱全，風流跌宕，不為官俗國體所縛，每思相會，只是父親拘束，不克如願，今見反來叫他，自是喜歡。」這裡所描述的賈寶玉心態，是因為賈寶玉從未見過北靜王，心儀仰慕已久的心理反應。第十五回北靜王又道：「——若令郎在家中難以用功，不妨常到寒邸，小王雖不才，却多蒙海內眾名士凡至都者，未有不垂青目的。是以寒邸高人頗聚，令郎常去談談會會，則學問可以日進矣。」賈寶玉既蒙北靜王親口邀約，對急於課子求成的賈政來說，這等於是天上掉下來的機會，既是王命又是自己的不世良機，當然不肯放過，其督促賈寶玉往北府赴會，應屬意料中事。賈寶玉不用說，能有此機會與海內眾名士相聚，更是樂於與會的了。此後的賈寶玉與北靜王的稔熟不亞於秦鍾，到第四十五回寶玉穿着北靜王送的雨具，雨夜訪黛玉時，已足以說明此時此刻賈寶玉與北靜王的交非泛泛。令人難以置信的是，到了高鍔筆下，賈寶玉與北靜王反變得陌生了，高鍔所稱的「素日仰慕」，不啻又回到了未見北靜王之前的心態，「巴不得常見才好」更坐實了賈寶玉未曾見過北靜王。這便是高鍔續書的弊病，不能還是不願追踪躡跡，跟着曹著的筆跡走，硬要走自己的路，故高鍔的續書，不能稱之為續書，只能稱之為「高紅樓」。

第八十六回：

> 寶玉也不答言，低着頭，一徑走到瀟湘館來，只見黛玉靠在桌上看書。寶玉走到跟前，笑說道：「妹妹早回來了？」黛玉也笑道：「你不理我，我還留在那裡做什麼？」寶玉一面笑說：「他們人多說話，我插不下嘴去，所以沒有和你說話。」一面瞧着黛玉看的那本書，書上的字一個也不認得。有的像「芍」字；有的像「茫」字；也有一個「大」字旁邊「九」字加上一勾，中間又添個「五」字；也有上頭「五」字「六」字又添一個「木」字，底下又是一個「五」字；看着又奇怪，又納悶，便說：「妹妹近日越發進了，看起天書來了！」黛玉「嗤」的一聲笑道：「好個唸書的人！連個琴譜都沒有見過？」寶玉道：「琴譜怎麼不知道？為什麼上頭的字一個也不認得？妹妹，你認得麼？」黛玉道：「不認得瞧他做什麼？」寶玉道：「我不信，從沒聽見你會撫琴。我們書房裡掛着好幾張，前年來了一個清客先生，叫作什麼嵇好古，老爺煩他撫了一曲。」

寫小說不比寫論文，它的自由度比較大，不像論文受主題及內容的限制，但也不是自由心證的。它必須與人物性格、主題發展、情節佈局密切配合。賈寶玉是一個典型式儒家學子，那個時代的讀書人，除了讀經做策論之外，琴棋書畫四藝也是必修課程。賈寶玉那樣一個人，竟然不識琴譜，簡直是匪夷所思。不錯，前八十回書中曹雪芹沒有明白的說，但不等於沒有說。賈家號稱詩書之族，書房裡置琴數張，這說明賈家對四藝的教育，並未漠視。此外，賈家養了好些清客，這些人能成為賈政的座上之賓，當非泛泛之輩，其中善琴識譜者，應不乏人。賈寶玉不善彈奏或有可能，不能讀琴譜也有可能，唯不識琴譜為何物，令人難以置信，匪夷所思。

第二十六回：

寶玉道：「我沒有什麼送的。若論銀錢吃穿等類的東西，究竟還不是我的；惟有寫一張字，或畫一張畫，這才是我的。」

由賈寶玉自己的話，說明四藝中，他至少通兩藝。至於琴棋兩藝他通不通，權且認為高鍔有選擇餘地，但不能把他寫成像薛蟠那樣，略識之無的人物。最通俗的比喻，莫過於今之學生，自啟蒙開始即被授予音樂教育，若說某生不識歌譜為何物，可能嗎，可能不會唱，但決不可能不認識那是什麼物事。高鍔筆下塑造的賈寶玉，不是曹氏寶玉，而是高氏寶玉，太離譜了。

第八十七回：

寶玉聽了聽，那一個聲音很熟，却不是他們姊妹。料着惜春屋裡也沒外人，輕輕的掀簾進去，看時，不是別人，却是那櫳翠庵的「檻外人」妙玉。這寶玉見是妙玉，不敢驚動。妙玉和惜春正在凝思之際，也沒理會。寶玉却站在旁邊，看他兩個的手段。只見妙玉低着頭，問惜春道：「你這個畸角兒不要了麼？」惜春道：「怎麼不要？你那裡頭都是死子兒，我怕什麼？」妙玉却微微笑着，把邊上子一接，却搭轉一吃，把惜春的一個角兒都打起來了，笑着說道：「這叫做『倒脫靴勢』。」

惜春尚未答言，寶玉在旁，情不自禁，哈哈一笑。倒把兩個人唬了一大跳。

高鍔因不是小說作者，凡事都是想當然耳。上面這兩段書的描寫，數得出的問題就不少：高鍔寫的續書，無論情節和佈局，甚少尋踪躡跡，循着原著的脈胳走。都是自作主張，他不是替曹氏寫續書，而是替自己寫新書。

第一，妙玉與惜春兩人都是孤拗不群的人，兩人是什麼機緣聚到一塊兒的？妙玉不只是孤拗，還很孤傲。前八十回書中，除中秋夜訪凹晶館，遇黛玉與湘雲，幾乎是足不出庵。

第二，妙玉眼界之高，堪稱目空一切。她對林黛玉可謂另眼相待，曾兩度邀入櫳翠庵品茶，但也是隨聚隨散，事後從未再續舊情，且也從未造訪過瀟湘館。是什麼理由，什麼因緣，竟使她屈駕蓼風軒訪惜春。

第三，妙惜奕棋，棋秤範圍有限，兩人再怎麼專注，秤旁突現人踪，兩人竟然懵無所知。除非兩人真有老僧入定之能，否則，便是麻木不仁了。

第四，妙玉既歸依佛法，打坐乃是必修功課，佛家的打坐，功法目的雖不唯一，其中養靜習靜是一大妙法。靜窺萬物，落針可聞，一個大男人到了她的身邊，在她尚未辨明來者是誰之前，她不會驚詫，一辨真象，可能嗎？

第五，對內容乏味的如琴譜棋譜之類的描寫，曹著從不實寫，高鶚却反是。也許是為了玄耀他的多才多藝吧！

第六，女性至上主義者的賈寶玉，說什麼也不會唐突佳人，更何況是他心目中聖潔的妙玉。寶玉生日，妙玉曾書素帖為賀。寶玉親自執帖回敬，從門縫裡塞了進去，都不敢直扣庵門，可見其審慎珍惜之情。

第七，寶玉走近蓼風軒，已聽到房中有人對話，按照曹著筆下寶玉的個性，他一定會遲疑，或折回原路，或令丫頭們通報，決不會踅足闖入。高鶚筆下的「**料着惜春屋裡也沒外人**」即這一句話，已經不是一個細心縝密的賈寶玉的性向了。

第八，放開個性，還有個禮教約束著賈寶玉的行為。紅樓夢成書年代，寶玉與惜春雖忝為堂兄妹，但畢竟男女有別，況寶玉已成年或接近成年，其行動必然有所檢肅，不能也不會那麼莽撞。

第九，武俠小說可以平空揑造人物和情節，天上掉下個魔頭，地下竄出個煞星，沒有讀者會計較，或追根究底。文學作品不同，它必須循綫索源。妙玉出庵是一件看起來尋常，探究起來並不尋常的事，怎麼能像武俠小說一樣，突如其來。高鍔續書，任意性太大，原則性又太小了。

第八十八回：

忽見寶玉進來，手中提了兩個細篾　的小籠子，籠內有幾個蟈蟈兒，說道：「我聽說老太太夜裡睡不着，我給老太太留下解解悶。」賈母笑道：「你別瞅着你老子不在家，你只管淘氣。」寶玉笑道：「我沒有淘氣」。「你沒有淘氣不在學房裡唸書，為什麼又弄這個東西呢？」寶玉道：「不是我自己弄的。前兒因師父叫環兒和蘭兒對對子，環兒對不來，我悄悄的告訴了他。他說了，師父喜歡，誇了他兩句。他感激我的情，買了來孝敬我的。我才拿了來孝敬老太太的。」賈母道：「他沒天天唸書麼？為什麼對不上來？——。不記得你老子在家時，一叫你做詩詞，唬的倒像個小鬼兒似的？這會子又說嘴了。」

玩蟈蟈兒應該是幾歲的年齡，連鷄狗都嫌的年齡。這時候的寶玉已經超過十八歲，賈環也在十六七歲之間，兩人都超過了玩此低級趣味的年齡。高鍔硬要將他們的時光倒流，還硬把他們從國公府的公子哥兒行為氣質拿下來，變成市井頑童。賈環在曹著筆下，常被賈政帶着出客參與詩會做詩，所謂詩，說穿了，就是兩幅對子。怎麼到了高鍔筆下，賈環變成不會對對，勞動賈寶玉自動替他捉刀。曹雪芹在前八十回書中，寫賈環，其形象不是這麼惡劣。蟈蟈是一種會發聲的蛙蟲，賈母夜裡睡不着，添上蟲聲不是更睡不着了。高鍔寫書，其情節佈局思維之差，不止是沒有想象力，更缺乏思辨力，慢說跟曹雪芹的脚步，連影子都抓不到。第七十八回寶玉寫「姽嫿詞」，看看當時在場的人，是怎麼說的：「眾人聽了，都站起身來，點頭拍手道：『我說他立意不同！每一題到手，必先度其體格宜與不宜。這便是老手妙法。』」賈政叫寶玉做「姽嫿詞」，寶玉才只提出格式，已足令在場諸人，拍案驚奇，站起身來，這份才氣還不足傲視群倫嗎？什麼時候寶玉被唬的倒像個小鬼兒似的了？怎麼曹雪芹的人物也好，故事也好，到了高鍔筆下全都變了。

第八十九回：

寶玉到了學房中，做了自己的功課，忽聽得紙窗「呼剌剌」一派風聲。代儒道：「天氣又變了。」把風門推開一看，只見西北上一層層黑雲，漸漸往東南撲上來。焙茗走進來回寶玉道：「二爺，天氣冷了，再添些衣裳罷。」寶玉點點頭兒。只見焙茗拿進一件衣裳來。寶玉不看則已，看了時，神已癡了。那些小學生都巴着眼瞧。却原是晴雯所補的那件雀金裘。寶玉道：「怎麼拿這一件來？是誰給你的？」焙茗道：「是裡頭姑娘們包出來的。」寶玉道：「我身上不大冷，且不穿呢，包上罷。」——焙茗道：「二爺穿上罷。着了冷，又是奴才的不是了。二爺只當疼奴才罷！」寶玉無奈，只得穿上，呆呆的對着書坐着。寶玉回來見過賈母王夫人，——便回園中去了。——寶玉道：「我不吃了，心裡不舒服，你們吃去罷。」襲人道：「那麼着，你也該把這件衣裳換下來了。那個東西那裡禁得住揉搓？」寶玉道：「不用換。」襲人道：「倒也不但是嬌嫩物兒，你瞧瞧那上頭的針線，也不該這麼糟塌它呀。」寶玉聽了這話，正碰在他心坎兒上，嘆了一口氣道：「那麼着，你就收起來，給我包好了。我也總不穿它了！」說着，站起來脫下。襲人才過來接時，寶玉已經自己疊起。襲人道：「二爺怎麼今日這樣勤謹起來了？」寶玉也不答言，疊好了，便問：「包這個的包袱呢？」麝月連忙遞過來，讓他自己包好，回頭和襲人擠着眼兒笑。

高鍔的續書，就像一些零星碎片拼湊成的一塊布料，顏色雜沓，混亂無章，看不到它的整體性。它完全違背了小說情節發展的連貫性，上面兩節書，便是一個絕好的例子，雀金裘是賈母珍藏多年的心愛之物。第五十二回：寶玉奉王夫人之命去王子騰家探病，行前來與賈母請安並辭行：

> 賈母見寶玉身上穿着荔枝色哆羅　的箭袖，大紅猩猩毡盤金彩綉石青緞沿邊的排穗褂。——賈母便命鴛鴦來，「把昨兒那一件孔雀毛的氅衣給他罷。」鴛鴦答應走去，果取了一件來。寶玉看時，金翠輝煌，碧彩閃灼，——只聽賈母笑道：「這叫做『雀金呢』，這是俄羅斯國拿孔雀毛拈了綫織的。」

未料到寶玉出客回來，孔雀裘被燒一個小洞眼，因明兒還要穿，怕被賈母發現，急着人送到外面的織補匠織補。因其太過珍貴，織補匠不敢承接被退了回來，寶玉急得甚麼似的。晴雯過意不去，抱病補裘，這便是「晴雯病補孔雀裘」的由來。高鍔舊事重提，孔雀裘的運用，是很不適當的。

一，孔雀裘是賈母給寶玉出客穿着的貴重氅衣，襲人是出了名的穩重老成丫頭，這件氅衣一定是由她保管，她不可能送去學房穿着，那兒人多手雜，要是弄穢了，或弄破了，她如何耽待得起，她決計不敢。賈寶玉多的是禦寒衣服，那一件不好挑，非挑上賈母給的雀金裘不可，高鍔只想到弄巧，沒想到會成拙。

二，晴雯之死，襲人是首惡元凶。寶玉因此耿耿於懷，還當面暗諷襲人是大奸大惡。襲人向寶玉出示孔雀裘，是想要激起寶玉的記憶，重温補裘舊夢呢？還是想借此以示自己的懺悔，邀寶玉的諒解呢？就不怕激起寶玉的舊恨嗎？聰明的襲人會這麼傻嗎？

三，當寶玉放學回到賈母處，賈母見自己珍藏心愛之物，竟被送往學房穿着，如此糟蹋，不懂得愛惜。不會心痛嗎？問起來原是襲人的主意，賈母對襲人早已有意見，這會兒還能饒過襲人嗎？

四，麝月向來是襲人的影子，殺晴雯她雖沒露面，却也脫不了干係。她這會兒還與襲人擠眉弄眼，訕笑寶玉。想到進讒殺晴雯的經歷，她還笑得出來嗎？

第九十三回：

寶玉這時不看花魁，只把兩隻眼睛獨射在秦小官身上。更加蔣玉函聲音響亮，口齒清楚，按腔落板，寶玉的神魂都唱的飄蕩了。直等這出戲煞場後，更知蔣玉函極是情種，非尋常脚色可比。

寶玉與琪官的關係，原著只點到為止，賈寶玉不是一個以愜暱悅己為能事的人，即使相好，也非當代男性的髒鄙。

第二十八回：

少刻，寶玉出席解手，蔣玉函隨著出來，二人站在廊檐下，蔣玉函又賠不是。寶玉見他嫵媚温柔，心中十分留戀，便緊緊的攥著他的手，叫他：「閑了往我那裡去。還有一句話問你，也是你們貴班中，有一個叫琪官兒的，他如今名馳天下，可惜我獨無緣一見。」蔣玉函笑道：「就是我的小名兒。」寶玉聽說，不覺欣然跌足笑道：「有幸，有幸，果然名不虛傳。」

似比較一下，兩節書中的賈寶玉是什麼樣的行景。前者是高鍔筆下的賈寶玉，活脫就是薛蟠的化身，淫色俱全。賈寶玉認識蔣玉函有年，並知道他就是大名鼎鼎的琪官。還與他有過一段私情。曾因此勞動忠順工府，長史官親赴榮國府向寶玉索人，寶玉也曾為此大受笞撻。蔣玉函是不是「極是情種」，還需要等到戲煞場後才會知道嗎？類式這樣的心態描寫，已不能用疏忽來為高鍔遮掩了，這已經是極近無知，不可原諒的失誤。後者是曹雪芹筆下的賈寶玉，一個待人如己的貴族公子。在原著作者眼中，只看到對寶玉的欣賞眼光。在他的筆下，看不到寶玉眼中的情慾。生存於三百年前的賈寶玉，對男性「時尚」不可能獨善其身。他惟一不同於流俗的，是能夠同流不合污，保持人與人之間應有的尊嚴與矜持。

第九十八回：

因喚襲人至跟前，拉着手哭道：「我問你，寶姐姐怎麼來的？我記得老爺給我娶了林妹妹過來，怎麼叫寶姐姐趕了出去了？為什麼霸佔住在這裡？我要說呢，又恐怕得罪了他。」

賈寶玉早就知道襲人是金玉陰謀的同路人，他要送定情物給黛玉，不止不讓襲人傳遞，還要等襲人離開怡紅院的時候，才着晴雯傳遞。對襲人賈寶玉心理上早有防備，他真要打聽黛玉的實情，他決不會問襲人，去椽木求魚。他會直接了當的問寶釵，為什麼？賈寶玉對這個金玉姻緣的對象薛寶釵，老早就有着潛意識的厭惡。賈寶玉對誰都有個盡讓的，唯獨對薛寶釵是個例外。他曾對寶釵下逐客令，又把寶釵比作楊妃，復借夢語向寶釵喊話，否定金玉姻緣，更借酒令射覆警告寶釵。這些個明着的暗着的表示，都說明一個事實，賈寶玉對薛寶釵根本沒有好感。一旦發現她雀巢鳩佔，他還能抑制住內心的憤怒與反感嗎？他還能對薛寶釵保持君子風度嗎？他曾在第五十七回書中明志，沒有黛玉勿寧死的決心，連命都不要了，他還會怕得罪薛寶釵嗎？高鍔的續書，幾乎處處都是失着，原因是他還沒讀懂前八十回書，便忙着寫後四十回書，急近求功，焉得不謬不誤。

同九十八回：

一日，寶玉漸覺神志安定。雖一時想起黛玉，尚有糊塗。更有襲人緩緩的將「老爺選定的寶姑娘為人和厚，嫌林姑娘秉性古怪，原恐早夭。老太太恐你不知好歹，病中着急，所以叫雪雁過來哄你」的話，時時勸解。寶玉終是心酸落淚。欲待尋死，又想着夢中之言，又恐老太太，太太生氣，又不得撩開。又想黛玉已死，寶釵又是第一等人物，方信「金石姻緣」有定；自己也解了好些。

紅樓夢獨步中國文壇凡三百餘年，其最為膾炙人口的便是寶黛的愛情，若賈寶玉竟是上述的無情無義，那紅樓夢還有什麼價值可言。賈寶玉到了高鍔筆下，已是人不成人，鬼不成鬼了。一個沒有性格，沒有原則，沒有堅持的現實主義者。

賈寶玉的可愛，可愛在他愛黛玉的心超過愛他自己。他的愛情堅定度，獨步古今，變天容易，變寶玉愛黛玉的心却難。賈寶玉有同情心、謙讓心。對人似乎都一視同仁。尤其是對待年青女性，比女性還要温柔體貼，在他的性向裡，確乎有種女性化傾向。但也有不同於女性的地方，那便是他的執着。十七回他跟隨賈政視察新建大觀園，進入稻香村後賈政問他此地如何，眾人因恐他牛心，都暗示他說好，他偏要按照自己的方式說，令賈政生氣。晴雯事件，賈寶玉早已領教過花襲人的陰險詭詐，花襲人借勸解為由，做攻訐之實。她那些假借賈政口吻，誹謗黛玉的話，對寶玉不但沒有說服力，反將憑添無限反感。襲人假借賈政稱讚薛寶釵為人和厚，為人不和不厚正是薛寶釵的致命傷，後大觀園時代的薛寶釵，早已是眾所皆知的冷面冷心動物。况她曾在第八回書中，為寶玉解扣寬衣，企圖以性感美來引誘寶玉入甕，寶玉未為所動。賈寶玉心目中的第一等人物。是林黛玉而不是薛寶釵。第二十九回：「凡遠親近友之家所見的那些閨英闈秀，皆未有稍及黛玉者。」這時期的賈寶玉，年約十三四歲，正是青少年時期，賈寶玉便確定了林黛玉在他心目中的地位。高鍔不從心理刻劃上去轉變，賈寶玉由青少年時代即已形成的愛憎意識。企圖用幾句毫無邏輯性的世俗語言，借花襲人的嘴，鼓舌如簧，來說服賈寶玉。將性向做一百八十度的轉變，將愛黛玉的心，轉注到寶釵身上。同時也企圖說服讀者，認同這個轉變的合理性，只怕是徒勞無功的。高鶚錯把賈寶玉看做是一個不諳世事的黃口孺子，也錯估了後世讀者的閱讀水平。打從他一開始寫續書，就抱着這種思維方式，影響所及，他對紅樓夢前八十回的詮釋，一路錯到底。

同九十八回：

> 賈母才過寶玉這邊來，見了寶玉，因問：「你做什麼找我？」寶玉笑道：「我昨日晚上看見林妹妹來了，他說要回南去。我想沒人留的住，還得老太太給我留一留他。」

同樣是聽說黛玉要回南，賈寶玉表現的性格與行為，却是南轅北轍。第五十七回紫鵑誆說黛玉回蘇州，賈寶玉立即急出一身冷汗。被晴雯扶回怡紅院，無知李嫗為示忠心，語出驚人，賈寶玉趁機裝死明志。這會兒黛玉親自托夢說要回南，賈寶玉反笑遂顏開，輕鬆說出留她的話。那份漫不經心，滿不在乎，一幅人情應酬的姿態，這那裡還是愛黛玉勝過愛自己的那個賈寶玉。第一百八回：

> 別處我們還敢走走；這裡的路兒隱僻，又聽見人說，這裡打林姑娘死後，常聽見有哭聲，所以人都不敢走的。寶玉襲人聽說，都吃了一驚。寶玉道：「可不是？」說着，便滴下淚來，說：「林妹妹，林妹妹！好好兒的，是我害了你了！你別怨我，只是父母作主，並不是我負心！」愈說愈痛，便大哭起來。

文學作品中的小說，為什麼吸引人呢？因其效果有使讀者感同身受，引起共鳴的力量。讀高鍔寫的續書，不但沒有上述效果，還會引出一些反效果。譬如看到上文賈寶玉大哭林黛玉，不是想哭，而是想笑。為什麼？賈寶玉的心態太假了，作者高鍔一路寫來，凡遇寶黛關係，見不到像前八十回那樣誠摯的真情流露，反見疏離。故賈寶玉哭阿林，不見真情，只覺其猩猩作態，當然引不起讀者的同情和共鳴。

曹雪芹筆下的賈寶玉，是為古今天下第一情種，怎麼到了高鍔筆下，變成了古今天下第一負心人。不妨回頭看看前寶玉的愛情誓言，他說了些什麼？他承諾了些什麼？

第二十回：

寶玉道：「我也為的是我的心，你難道就知道你的心，不知道我的心不成？」

第二十八回：

寶玉聽他提出「金玉」二字來，不覺心裡疑猜，便說道：「除了別人說什麼「金」什麼「玉」。我心裡要有這個想頭，天誅地滅，萬世不得人身！」黛玉道：「——我很知道，你心裡有『妹妹』，但只是見了『姐姐』，就把『妹妹』忘了。」寶玉道：「那是你多心，我再不是這麼樣的。」

第三十回：

寶玉道：「——我就死了，魂也要一日來一百遭。」

寶玉道：「你死了，我做和尚。」

寶玉道：「我的五臟都揉碎了，你還只是哭。」

第三十二回：

寶玉道：「——睡裡夢裡也忘不了你！」

第五十七回：

寶玉道：「——我告訴你一句打蔓兒的話；活着，咱們一處活着；不活着，咱們一處化灰；化煙。如何？」

從續書中抽出有關賈寶玉的描寫，與曹著對照，發現許多不能接榫之處。考其原因，主要根源於兩個人之間的不同心智活動，俗話說：「兩個肚皮生不出同一個孩子來」。曹雪芹是由經歷者進入創作者角色，高鍔是由閱讀者進入創作者角色，他缺乏原作者感同身受的感情經驗，與書中人物有着不可踰越的距離。高鍔不論是寫人或寫事，時空上，他只佔了與原作者同時代的便宜，空間上他從未踏進榮國府的大門一步，他看到的榮國府，永遠是從門外看門內，無怪乎他看不真切。如果有讀者一定要讀續書，必須有接受訛誤的準備，那是一部差之不止毫釐謬之不止千里的續書。

曹雪芹筆下賈寶玉的舉業

從現代中國人的思維看古代中國的宗法社會，理解的難度是很大的，尤其是今天的中國社會，由農業轉進工業，變化之大，速度之快，對自己現處的社會形態都難以理解，何況要上朔自三百多年以前。宗法是以家族為基本單位，付予了某些立法與執法的權力。每一地方族姓都有其權力機關－祠堂。每個祠堂都有它維持生存的義產，下設有義學，供無力延聘業師的族姓子弟就讀，寶玉秦鍾暫時搭館的正是賈氏家族的義學。

第九回：

> 原來這義學也離家不遠，原係當日始祖所立，恐族中子弟有力不能延師者，即入此中讀書；凡族中為官者，皆有幫助銀兩，以為學中膏火之費；舉年高有德之人為塾師。如今秦寶二人來了，一一的都相互拜見過。

這義學的設置旨趣，既是專為族中力不能延師者，則力能延師的族姓家庭，便不能也不會將子弟送去義學中課讀。原因不外乎，義學中的業師，多半都是教蒙館的先生，一則因薪俸有限，聘不起名師講學，二則名師有名師的身份地位，一如今天的名教授，必須是名牌學府才肯受聘。族中有聲望地位的家庭，為了子弟的舉業，都會另延名師碩彥為子弟在家課讀，似榮國府的富貴顯赫，更不可能令賈寶玉等去義學中受業。

先看看圍繞賈府的這些親親眷眷的女孩子，她們都具有不同凡響的知識水平，她們的知識是從何而來的。決不會像銜玉而生的一樣，從娘胎裡帶來的，只能是從西席處學習得來的。那麼各家各府，是不是都各有其家庭學館呢？為其子弟課讀呢？這還用問嗎，史湘雲、李綺、李紋、薛寶釵、薛寶琴，這些人都是足不能出户的千金小姐，若不在家館中，她們到那裡去上學求知。第四回介紹李紈時是這樣說的：**這李氏亦係金陵名宦之女，父名李守中，曾為國子祭酒，族中男女無不讀詩書者。**同一回寫到薛家時，又說：**這薛公子——，雖也上過學，不過畧識幾個字。還有一女，比薛蟠小兩歲，乳名寶釵，——令其讀書識字，較之乃兄，竟高十倍。**李家也好，薛家也好，他們各有其私塾，課讀其子弟，應不容置疑的了。

事實上賈府已有一個家塾，專為自已家子弟課讀。事見第三回林黛玉初進榮國府：**賈母又叫：「請姑娘們，今日遠客來了，可以不必上學去。」**請別誤以為迎春姊妹上學的地方兒就是賈代儒主持的賈家義學，那就大錯特錯了。賈寶玉因業師告假回籍，暫時墜學，賈母都不讓他去義學裡搭館，**因子弟太多，恐怕大家淘氣，反不好**（第七回）。何況於迎春姊妹，更不可能讓她們去與男孩子廝混了，迎春姊妹上學的地方兒正是賈府的家塾。榮國府家塾的設立，還應上朔自賈赦、賈政、賈璉、賈珠、賈元春等的受業解惑。而今及於寶玉、賈環、賈蘭、迎春姊妹，此刻的賈蘭已超過五歲，事見第四回：原來這李氏即賈珠之妻。珠雖夭亡，幸存一子，取名賈蘭，今方五歲，已入學攻書。五歲的賈蘭，正是啟蒙的年齡，林黛玉也是五歲啟蒙。

第二回：

> 只嫡妻賈氏生得一女，乳名黛玉，年方五歲，夫妻愛之如掌上明珠，見他生得聰明俊秀，也欲使他識幾個字，聊解膝下荒涼之歎。」「偶遇兩個舊友，認得新鹽政，知他正要請一西席，教訓女兒，遂將雨村荐進衙門去。

林家都能為一個林黛玉延師課讀，賈家又何獨不然，況賈家富貴比林家遠甚。迎春姊妹能夠一起附讀，已是時代的一大進步，按照朱子格言「女子無才便是德」的教訓，女孩子那有讀書受教育的份兒。薛寶釵於四十二回臣服林黛玉，就曾說過這樣的話：「至於你我，只該做些針綫紡織的事才是。」

「舉業」就是「學業」，中國人對子弟學業重視的程度，可以用「寧可一家人不吃飯，不能不讓孩子讀書」來形容。這是中國文化思想上一個「金不換」的傳统，秦邦業要送秦鍾去賈家義學搭館讀書，窮到連二十四兩搭館束脩銀子都拿不出來，在這之前還專為秦鍾延師在家授業，這正可說明中國人文化思想的堅毅性。

第七回：

> 秦鍾因言：「業師於去歲辭館，家父年紀老了，殘疾在身，公務繁沉，因此尚未議及

> 延師，目下不過在家温習舊課而已。」

無獨有偶，適值寶玉的業師也因返里墜館：

> 寶玉不待說完，便道：「正是呢！我們家却有個家塾，合族中有不能廷師的便可入學讀書，親戚子弟可以附讀。我因上年業師回家去了，也現荒廢著。家父之意，亦欲暫送我去，且温習著舊書，待明年業師上來，再各自在家讀書。家祖母因說：一則家學裡子弟太多，恐怕大家淘氣，反不好；二則因我病了幾天，遂暫且耽擱著。」

紅樓夢作者，總愛在重要環節上製造誤區，帶給讀者錯覺，包括作續書的高鶚在內，絕大多數的讀者對賈寶玉的求學讀書，都產生誤解，正是作者用反描法誤導的結果。造成賈寶玉在大眾心目中，不愛讀書、不求上進、紈袴荒誕的印象。賈寶玉可能不愛讀書，但他不可能不讀書，別說是三百年前的榮國府，放到今天也都不可能，以賈寶玉腹蘊之廣，正是他讀書有成的實證。

賈寶玉與秦鍾的對話不多，內容卻不少。第一，賈政原聘得有西席，為寶玉在家授業。第二，寶玉的業師是暫離，並非辭館。第三，寶玉去家學讀書，也只是暫時性的，温習舊課，待業師回來，**再各自在家讀書**，並未期待在家學中久呆，也未期待從代儒處另開新課。寶玉與秦鍾往義學裡搭館讀書，賈環賈蘭似未曾同往搭館，第九回寫及秦寶兩人搭館時，與館中人都一一的相互拜見過，獨不見環蘭二人。如果兩人亦在座，茗煙鬧學一事，賈環得此良機，豈有不挑撥告發之理，一旦賈政得知寶玉縱使奴僕學館鬧事，還出手傷人，將會是一個什麼樣的結果，不難想象。且鬧學一段中，從頭到尾，未見賈環賈蘭出現。那麼，寶玉對秦鍾說：

「家父之意，亦欲暫送我去（指賈家族學），且溫習著舊書。」這一段話並非出自賈政之口了，而是寶玉為了迎合秦鍾，自己杜撰的。如果出自賈政，自業師告假開始，寶玉就應轉入族學受業，同時賈環賈蘭亦應同時轉入。賈環賈蘭既未轉入，再印証寶玉轉述賈母的話，可見寶玉完全是為了要想接近秦鍾，所謂賈政的意思，乃自設的托詞。

賈政的智商不高，他雖然看出賈寶玉的聰慧，却未看出賈寶玉的天才。再說中國父親對子女的教育，若不嚴苛便不是個好父親。賈政為了博取好父親這個好名聲，他對賈寶玉採取過度嚴厲的做法，是有其先天與後天的複什因素的。賈政為官並非兩榜出身，這在官場上，不但是個弱點，也是一個污點。賈政為了爭取黃榜的榮寵，只有把希望轉嫁到寶玉身上，故賈政對寶玉的嚴厲，是雙重性的。一則為寶玉，登黃榜科弟出身，一則為自己，課子成龍，光宗耀祖。

語說知子莫若父，這句話用到中國人的父親身上，並不完全正確。中國人父子間關係，尤其在三百年前的紅樓夢成書年代，父子間的親情，不是互動的、交換的關係，而是給予與收受的關係。當賈政發現賈寶玉聰慧有才情時，他腦海中即時想到的，不是賈寶玉的性向和志趣，而是賈寶玉未來的功名。沿著要求賈寶玉考功名這個目標，來要求賈寶玉讀書舉業，心理上便存著一份急迫求成的願望。當看到賈寶玉讀書不似自己著力時，便由失望而引致憤怒。

第九回：

這日賈政正在書房中和清客相公們說閑話兒，忽見寶玉進來請安，回說上學去，賈政冷笑道：「你要再提"上學"兩個字，連我也羞死了。依我的話，你竟玩你的去是正經。看仔細站腌臢了我這個地，靠腌臢了我這個門！」

賈政的話，正是作者誤導讀者之處，讀者若不細心聆聽寶玉對秦鍾說的業師上年回家去了。還真以為寶玉在這之前從不曾上學讀書，一直在女人隊裡廝混似的。算一算寶玉自啟蒙至業師請假回家，他的業師為他授業有多長時間了？一般五歲啟蒙，賈寶玉更早，元春在他三四歲時，已口授寶玉數千字。就算五歲開始正式入學，到與秦鍾相遇，秦鍾說自己今年十二歲，寶鍾同年，秦氏笑道：「上月你沒看見我那個兄弟來了，雖然和寶二叔同年，兩個人要站在一處，只怕那一個還高些呢。」這說明寶玉在業師處受業已七年了。

同是賈政自己說的話，也說明在寶玉與秦鍾去義學搭館之前，寶玉不但在上學，而且是天天在上學。

第九回：

賈政因問：「跟寶玉的是誰？」只聽見外面答應了一聲，早進來三四個大漢，打千兒請安。賈政看時，是寶玉奶媽的兒子，名喚李貴的；因問道：「你們成日家跟他上學，他到底唸了些什麼書？」

賈政問李貴的話，有什麼意義呢？這些陪讀的奴僕們，本身都是不識之無的大文盲，雖說是陪讀，只能聚集在課堂外守候聽傳。先生給寶玉講書，他們別說聽不到，即使聽到也是對牛彈琴。所以說，這些奴僕們不可能知道，寶玉的學業進度。作者真正要表達的是，借賈政的問話，告知讀者一個訊息，賈寶玉並沒有被寵溺，更不是一個只愛與丫頭們嬉戲，與姊妹們廝混的紈袴，業師告假前，他天天都在上學。

作者把賈寶玉的生前寫得那麼玄乎，由女媧煉石補天到太虛幻境，再到神瑛侍者下凡，無非是要說明賈寶玉的「天才」本質。天才一辭在那個時代還不能被接受，因得不到鑑定與認同，也就沒有這個名辭和說法，作者不得不煞費周章地用贅筆與隱筆，加以敷衍。第二十三回黛玉與寶玉同讀「會真記」，黛玉對寶玉道：你說你會「過目成誦」難道我就不能「一目十行」了！友朋之間互相吹捧是常有的事，但黛玉與寶玉間的關係不同，他倆不是泛泛之交，而是生死之交，從彼此間的熟稔，以黛玉的守正不阿性格，賈寶玉若非確具過目成誦的才智，黛玉決不會予以褒許，故賈寶玉的「智商」正是今之所謂「天才」。什麼是天才？其人之智商，屬於一種具有速成的「潛力」。

試閉著眼睛想一想，天才的寶玉，七年間他該讀多少書，賈政若非盲目或糊塗，就是疏於查考，更或者恨不得賈寶玉立即成才，因心急而致過激，也或有之，才會口不擇言，嚴加訾責。再說十二歲的男孩子，正是連鷄狗都嫌的年齡，天才的寶玉，若玩不出一些精緻的淘氣來，那才是有負上天「鍾靈毓秀」之德。

再舉一個當今的實例，有位居住在紐約的朋友，其子考入紐約市三所著名公立高中之一就讀，平均成績都在九十五分上下，按說做父母的應該很滿意了。不然，一般這種學校的學生，家庭作業時間都要延到子夜十一二點，其子每每在九十點便做完了事，剩餘時間便玩電子遊戲。因此，引起父母的不滿，雖不若賈政般顢頇，也會經常帶給孩子困擾。中國人常說，人心不同各於其面，每個人有每個人的性向，有的人永遠不滿足，這種人的最大快樂就是追求，有的人很容易滿足，這種人從不想做第一。當他們不幸托生到了中國人的家庭，他們的苦惱便與生俱來了。中國父母最愛的是孩子永遠做第一，反之，便是個不上進的東西，這正是中國父母的普遍價值觀，也正是賈政之於寶玉的心態。

賈寶玉雖然居住在大觀園內，他平日讀書求知並不在大觀園內，他還有個外書房，那才是他正常讀書習字寫文章的地方，也是他從業師處受業之後温書勵志的地方。

第二十三回：

> 忽一日，不自在起來，這也不好，那也不好，出來進去，只是發悶。園中那些女孩子，正是混沌世界天真爛漫之時，坐臥不避，嬉笑無心，那裡知寶玉此時的心事？那寶玉不自在，便懶在園內，只想外頭鬼混，却癡癡的，又說不出什麼滋味來。茗烟見他這樣，因想與他開心，左思右想，皆是寶玉玩煩了的，只有一件，不曾見過。想畢，便走到書坊內，把那古今小說，並那飛燕、合德、則天、玉環的「外傳」與那傳奇角本，買了許多，孝敬寶玉。寶玉一看，如得珍寶。茗烟又囑咐道：「不可拿進園

> 去，叫人知道了，我就"吃不了兜著走"了。」寶玉那裡肯不拿進去？踟躕再四，單把那文理雅道些的，揀了幾套進去，放在床頂上，無人時方看，那粗俗過露的，都藏於外書房內。

寶玉的這個外書房，決不是賈政的那個外書房，借給他一百個膽，他也不敢將那些邪書僻傳，藏在書房內。再說寶玉若沒有這個外書房，只怕他的舉業更要付予東流了。試想，怡紅院中充斥著美婢嬌妾，鶯聲燕語，這麼深的一個溫柔陷阱，連泥菩薩都把持不住，況於青年發育期的賈寶玉。寶玉的外書房設在那裡呢？賈母住處儀門外綺散齋內。第二十四回：賈芸喜不自禁，來至綺散齋打聽寶玉。

紅樓夢作者是一個最會節省筆墨的作家，也是一個寫作技巧繁複的作家。他透露出賈寶玉有個外書房，表面上看似閑閑的一筆，為介紹賈寶玉看邪書僻傳，才扯出這個外書房來。其實他的重點是放在他的不寫之寫處，賈寶玉的舉業，正是這個外書房，才是賈寶玉讀書習文的主處所。同時也告訴讀者，賈寶玉不是史湘雲口中所稱，不諳仕途經濟，女人隊裡廝混的紈袴之徒。

第十七回：

> 可巧近日寶玉思念秦鍾，憂傷不已，賈母常命人帶他到新園子裡來玩耍。此時也才進去，忽見賈珍來了，和他笑道：「你還不快出去呢，一會子老爺就來了。」寶玉聽了，帶著奶娘小廝們，一溜煙跑出園來。方轉過彎，頂頭看見賈政引著眾清客來了，

> 躲之不及，只得一旁站住。賈政近來聞得代儒稱讚他專能對對，雖不喜讀書，卻有些歪才，所以此時便命他跟入園中，意欲試他一試，寶玉未知何意，只得前往。

誰說賈政不管束賈寶玉了，誰說賈寶玉只知在脂粉隊裡廝混，天天遊蕩嬉戲了。賈寶玉若不在義學裡讀書習文，賈代儒從何知道他長於對對，賈政若不關心賈寶玉的讀書狀況，又從何知道賈寶玉長於對對。賈政正是透過與賈代儒間的溝通，了解到寶玉的學習情況。再說此義學的維持經費，不用說大部來自寧榮二府，即使賈政不予過問，賈代儒也會主動按時向賈政會報，報告賈寶玉的學業進度與成績。

寶玉在義學裡讀書，習文才是正業，對對吟詩只能在文章之餘為之，只有在文章通過考驗之後，寶玉對對吟詩，代儒才會授之，賈政才會允之。行文論政，對天才的賈寶玉，自然是輕而易舉的事。天才與庸才之不同，在於學習時間的多與少，同一課書，同一件事，天才只需一個小時就能學會的，庸才就需十個小時或更多。天才可以舉一反三，庸才只能知一是一。若代儒給予賈寶玉同樣多的功課，那賈寶玉便會比別人多出許多時間，來玩他精緻的淘氣。這看在賈政的眼中，便誤以為寶玉不愛讀書，心中老存着成見，見了寶玉便虎視眈眈，一付吃人的狠相。寶玉見了賈政便七上八下，膽戰心驚，一如老鼠見了猫般，只想著如何脫身，逃之夭夭。直到賈雨村予以肯定，還不時指名造訪，也許更將寶玉的智商訴之賈政，並予以剖析，稱道。此外，賈寶玉隨著年齡漸增，興趣也會變更，對自己孩提時代的精緻淘氣，也會覺其幼稚無聊了。

第十九回：

襲人道：「——而且背前面後混批評。凡讀書上進的人，你就取個外號兒，叫人家『祿蠹』；又說只除了什麼『明明德』外就沒書了，都是前人自己編纂出來的。——這些話，你怎麼怨得老爺不氣，不時時刻刻的要打你。」寶玉笑道：「再不說了，那是我小時候兒不知道天多高地多厚信口胡說的，今再不敢說了。」

賈寶玉對小時候最愛攻訐的舉業，稍解人事後，似有澈悟。再說，賈政也會隨着時間的推移，逐漸發現寶玉的天資而恢復信心，進而樂予展示於賓客之前。由於作者一再故意使用反描筆法，給予社會一個錯覺，認定賈寶玉性好淫逸，不思上進，復又逆來順受，膽怯懦弱，全不看他在「大觀園試才題對額」回目中，那份腹蘊淵博，放言高論，擇善固執，堅定不屈的態度。

第十六回：且說寶玉近因家中有這等大事，賈政不來問他的書，心中自是暢快。這看似又是閑閑的一筆，實則，作者在提醒讀者，賈寶玉並非一個游蕩嬉戲的紈袴子弟，他沒有放棄他的舉業。同時，賈政也未疏忽寶玉的舉業，最近雖然不問，以往一直時時都在過問的，直到賈政被外放離家，也未稍懈。

第三十七回：

且說賈政自元妃歸省之後，居官更加勤慎，以期仰答皇恩。皇上見他人品端方，風聲清肅，雖非科弟出身，却是書香世代，因特將他點了學差，也無非是選拔真才之意。

> 這賈政只得奉了旨，擇於八月二十日起身。是日拜別過宗祠及賈母，便起身而去。

紅樓作者寫賈寶玉的兩件大事，「舉業與婚姻」都不著痕跡，這就難怪寫續書的高鶚會錯把馮京當馬涼。此處賈政離家遠別，對自己家的家務事，尤其是賈寶玉的兩件終身大事之一的舉業，作者竟沒有一句話交代，讓讀者與高鶚都誤以為寶玉一直墜學在家，因其不愛讀書之故。書中不提寶玉的舉業，不等於寶玉未從事舉業，或賈政未為安排舉業。寶玉從啟蒙至業師告假墜館，都還是從寶玉與秦鍾閒話中得知。賈寶玉的業師離開賈府，只是告假並非辭館，假滿之後他會不會回來呢？可以肯定的是，他一定會回來，第一，在賈府任館，飲食起居束脩肯定比別家優沃，第二，凡在京師教館的先生，多半都是外省市的飽學之士，來京的目的，等待應考，賈府地處京畿重鎮，有這麼個落脚之處，怎肯棄如蔽履。賈寶玉自第七回與秦鍾結伴往義學裡借讀，到第十八回元妃歸省，前後不過一年多，如果賈政原聘的西席是南方人，告假返鄉一往一返，需時也在一年左右。即使此業師願意放棄或另有高就，賈政也會另覓良師，為寶玉等課讀。

第五十五回：探春理家有媳婦來請領賈環蘭哥兒的學房銀子，探春問明係學裡吃點心或者買紙筆的用費，每位有八兩銀子的使用，探春認為是多出的用度，因此，把它蠲了。

第六十二回：

> 黛玉和寶玉二人站在花下，遙遙盼望。——寶玉道：「你不知道呢，你病著時，他幹了幾件事，——又蠲了幾件事，單拿我和鳳姐姐做筏子。」

探春拿寶玉做筏子，這是為了平服趙姨娘的緣故，其中一定也有寶玉學裡八兩銀子的用度被蠲。此處要提醒讀者注意的，是由這八兩學銀，說明一個事實，賈政離家後，榮國府中自設的私塾並未停止授業，寶玉叔侄們還在繼續他們的舉業中。

第六十三回：

壽怡紅群芳開夜宴——襲人晴雯等正等著關門，好與寶玉祝壽，適林之孝家的領著一群人來查夜。寶玉靸了鞋，便迎出來，笑道：「我還沒睡呢。媽媽進來歇歇。」又叫：「襲人，倒茶來。」林之孝家的忙進來，笑道：「還沒睡呢？如今天長夜短，該早些睡了，明日方起的早；不然，到了明日起遲了，人家笑話，不是個讀書上學的公子了。」

林之孝家的話，說明賈寶玉現下正是個讀書上學的公子，她才要嘮嘮叨叨告戒，賈寶玉可能找到機會便蹺課，但他並未天天嬉戲紈袴。賈政應常有書信回來，第四十三回：命鳳姐來，吩咐他預備與賈政帶送東西。王夫人交代帶賈政的東西裡面，有沒有寶玉叔侄們的功課和作業呢？可以百分之百的肯定是有的。賈政的書信，一則向堂上稟報平安，一則詳詢家中諸事，包括寶玉叔侄的舉業在內。別的事他可以馬虎，這兒孫們的舉業是絕對不會馬虎的。故自賈政離家後，說寶玉叔侄們從未放棄過他們的舉業，還能有什麼可懷疑的嗎？

第七十回：

這日，眾姊妹皆在房中侍早膳畢，便有賈政書信到了。寶玉請安，將請賈母的安稟折

> 開，唸與賈母聽。上面不過是請安的話，說六月准進京等語。寶玉進入怡紅院，歇了半刻，襲人便乘機勸他收一收心，閑時把書理一理，好預備著。寶玉屈指算了一算，說：「還早呢。」襲人道：「書還是第二件，到那時你縱然有了書，你的字寫的在那裡呢？」寶玉笑道：「我時常也有寫了的好些，難道都沒收著？」襲人道：「何曾沒收著？你昨兒不在家，我就拿出來，統共數了一數，才有五百六十幾篇，這二三年的工夫，難道只有這幾張字不成？依我說，明日起，把別的心先都收起來，天天快臨幾張字補上。雖不能按日都有，也要大概看的過去。」

此處襲人提醒寶玉「理書」，理什麼書？當然是業師授業的書。賈政離家之後，寶玉的舉業只有兩種可能，一是繼續在義學中就讀，一是延請業師在家課讀。衡情度理，延師課讀的成份居高。在與秦鍾赴義學之前，賈母就不同意寶玉單獨去義學中溫書習讀，現在沒了秦鍾，就更不放心了。致於賈政回家檢查寶玉的課業，這是古已有之的定例。猶記得從小學到初中，筆者都是在家鄉受教，那時候的學校教育，還承襲著古制與遺風，每遇寒暑假，老師必有家庭作業，即每日大小字各一張（毛筆），每週寫一篇週記，這等於在學時每週必寫的一篇作文，每到開學的那天，老師第一件事便是收繳假期作業。賈政回京待要檢查的，應是寶玉課業中必修的。園中姊妹雖可代筆習字，卻不能代為作文背書。第七十三回：

> 寶玉聽了，知道趙姨娘心術不端，合自己仇人似的，又不知他說些什麼，便如孫大聖聽見了「緊箍兒咒」的一般，登時四肢五內，一齊皆不自在起來。想來想去，且理熟

了書，預備明兒盤考：只能書不舛錯，就有別事，也可搪塞。一面想罷，忙披衣起來要讀書。心中又自後悔：「這些日子，只說不提了，偏又丟生了。早知該天天好歹溫習些。」如今打算打算，肚子裡現可背誦的，不過只有〈學〉、〈庸〉、二〈論〉還背得出來。至上本〈孟子〉，就有一半是夾生的，若憑空提一句，斷不能背；至下〈孟子〉，就有大半生的。算起〈五經〉，因近來做詩，常把〈五經〉集些，雖不甚熟，還可塞責。——至於古文，這是那幾年所讀過的幾篇〈左傳〉、〈國策〉、〈公羊〉、〈谷梁〉、漢、唐等文，這幾年未曾讀得，不過一時之興，隨看隨忘，未曾下過苦功，如何記得？這是更難塞責的，更有時文八股一道，因平素深惡，——雖賈政當日起身，選了百十篇命他讀的，——偶爾一讀，不過供一時之興趣，究竟何曾成篇潛心玩索？如今溫習這個，又恐明日盤究那個；若溫習那個，又恐盤駁這個：一夜之工，亦不能全然溫習。因此，越添了焦燥。

這裡明明白白的指出，賈政離家前，不但為寶玉叔侄安排了業師為他們課讀，還私底下為寶玉指定了舉業必須修習的時文——八股文。

第七十八回：

因順路來找黛玉，——不在房裡。問其何往，丫頭們回說：「往寶姑娘那裡去了。」寶玉又至蘅蕪院中，只見寂靜無人，房內搬出，空空落落，不覺吃一大驚，才想起前日仿佛聽見寶釵要搬出去，「只因這兩日功課忙」，就混忘了。

這裡更由賈寶玉自己口中說出，他在上學攻書。所以說，賈寶玉至前八十回書為止，他從未終止他的舉業，已是歷歷在目的了。

有一個作者不寫，讀者不思，被隱藏，被忽略的問題。那便是迎春三姊妹，自黛玉進榮國府後，她們還有沒有繼續上學？黛玉有沒有繼續在榮國府上學？以黛玉的所蘊所知，似非賈雨村一個老師所授。迎春是三姊妹中比較遲鈍的，她能看太上感應篇，可見其真有實學。讀紅樓夢的最大樂趣，就是要讀出作者的袖裡乾坤，作者慣於與讀者捉迷藏，把他要告知讀者的人和事，東露一個角，西拽一條尾，如不細心，不是漏掉，便是根本沒看到。有關賈寶玉的舉業，直到第七十八回書，作者還給讀者揭開一條細縫，「只因這兩日功課忙」寶玉語。目的無非是要告知讀者，作者給讀者每人載上了一付有色眼鏡，有關賈寶玉的舉業，是要取下有色眼鏡來看的。

高鍔筆下賈寶玉的舉業

作者似乎沒有看到原作者對賈寶玉舉業的描寫，認定寶玉自秦鍾死後，即未繼續習讀，一直荒廢在家，終日嬉戲，無所事事。如果真是上述情形，不但寶玉有違人子之道，就是賈政也有違人父之道，書曰「子不教，父之過。」這豈是賈政的性格與為人，同時也有違當時代的文化。

且看第八十一回：

賈政也忍不住的笑，因又說道：「你提寶玉，我正想起一件事來了。這孩子天天放在園裡，也不是事。生女兒不得濟，還是別人家的人，生兒若不濟事，關係非淺。——如今儒大太爺雖學問也只中平，但還彈壓的住這些小孩子們，不致以顢頇了事。我想寶玉閑著總不好，不如仍舊叫他家塾中讀書去罷了。」

賈政是個道學氣極重的人，這種人最重夫子之道，夫子之道「學而時習之」。那能任其不學無術。續書作者竟把賈政描繪成一個糊塗、無知、不負責任的父親。一個把賈寶玉天天放在園裡，為姐妹們調煙脂，與丫頭們廝混，長年累月地不聞不問，直到賈寶玉成年了，才想起「也不是事」的父親。這還像個詩禮傳家的父親嗎？賈政會是這樣的一個父親嗎？續書作者對原作人物以及情節內容的瞭解，令人質疑。

第一，賈寶玉的啟蒙業師並不是賈代儒，請參看曹雪芹筆下賈寶玉的舉業一文，第三回黛玉初進榮國府，賈母即吩咐請姑娘們，今天有遠客不必上學去。探春三姐妹上學的地方，正是榮國府裡的私塾，榮國府不但延師為寶玉課讀，應已兼及賈環、賈蘭、探春三姐妹。寶玉與秦鍾赴義學習讀，主要是因秦鍾的業師辭館失學在家，無巧不成書，適榮國府的業師告假回籍，賈寶玉也失學在家。寶玉為了親近秦鍾，才想到要結伴赴義學習讀。前八十回書中雖未提及業師何時回京消假授業，像榮國府這樣的家庭，所謂詩書之族，富貴之家，以當時代的風尚，業師縱或辭館，賈政也不可能讓寶玉留在義學中廝混，即使賈政肯賈母也不會答應，這正是時代風氣使然。若不延師為子弟課讀授業，那賈家還能稱為詩禮傳家嗎？

第二，按照續書者的說法，賈政既知儒大太爺學問也只中平，如何還能教授已屆成年的賈寶玉。

第三，紅樓夢成書年代，女兒的婚姻，兒子的舉業，都是打孩提時代起，為父母者日思夜慮的大事，第三十七回賈政離京赴任，對寶玉叔侄三人的舉業，未見諸文字，不等於未作妥善安排。蓋三人的未來，正象徵著榮國府的未來。像榮國府這樣的家庭，連穿衣吃飯都有一定的成規，不得稍有穿錯逾越，遑論子弟們的舉業，這正是當時代關係到門風榮辱的大事，賈政敢疏忽嗎？

第四，縱令賈政疏忽，榮國府的老祖宗賈母也不會容他疏忽，不管她如何疼愛寶玉，榮國府的興衰，賈寶玉的未來，即賈政口中的立身成名（第八十一回），也是老祖宗不得不關心的。賈母不是反對賈政的管教寶玉，而是不同意賈政的不當嚴苛。再說，北靜王初見寶玉時，即曾嚴詞提醒賈政，防範賈母縱溺寶玉。這些話，對時時刻刻以光宗耀祖為斯志的賈政而言，不啻如醍醐之灌頂，那敢一刻或忘，賈政能不以十倍百倍的警惕心，操持寶玉的舉業呢。

同八十一回：

且說寶玉次日起來，梳洗已畢，早有小廝們傳進話來，說：「老爺叫二爺說話。」寶玉忙整理了衣裳，來至賈政書房中，請了安，站著。賈政道：「你近來作些什麼功課？雖有幾篇字，也算不得什麼。我看你近來的光景，越發比頭幾年散蕩了；況且每每聽見你推病，不肯唸書。如今可大好了？我還聽見你在園子裡和姐妹們玩玩笑笑，甚至和那些丫頭們混鬧，把自己的正經事，總丟在腦袋後頭。就是，做得幾句詩詞，也並不怎麼樣，有什麼稀罕處？比如應試選舉，到底以文章為主。你這上頭倒沒一點工夫。我可囑咐你，自今日起，再不許做詩做對的了，單要習學八股文章。限你一年，若毫無長進，你也不用唸書了，我也不願有你這樣的兒子了。」遂叫李貴來，說：「明兒一早，傳焙茗跟了寶玉去收拾應唸的書籍，一齊拿過來我看看。親自送他到家學裡去。」喝命寶玉：「去罷！明日起早來見我。」

賈政到八十回書後還對寶玉說這些話，那賈政不但不是一個稱職的父親，簡直是一個失職的父親。賈寶玉自第二十三回進入大觀園至第八十回書，其間經過五六年時間，賈政竟然疏忽管教寶玉的舉業文章，直到第八十一回再來提起，而且只給寶玉一年的時間，語說十載寒窗，寶玉既是從頭開始，一年時間夠嗎？寶玉與姐妹們玩笑，與丫頭們胡混，賈政從不提起。待到寶玉成年這會子再來舊事重提，這會是一個疾惡如讎，端嚴守正的賈政的性格嗎？賈政為寶玉設了個外書房，他會容它空置不用嗎？在寶玉不往家學裡就讀的時間，外書房便是寶玉的舉業場所。賈政把自己未成就舉業的希望，全部傾注到寶玉身上。他又怎能由得寶玉在大觀園中，與姐妹們玩笑，與丫頭們胡混。正因為寶玉在舉業方面有所表現，賈政父子倆才能相安無事，且相偕出入詩會場所。同八十一回

寶玉聽了，半日竟無一言可答，因回到怡紅院來。襲人正在著急聽信，見說取書，倒也喜歡。獨是寶玉要人即刻送信給賈母，欲叫攔阻。賈母得信，便命人叫過寶玉來，告訴他說：「只管放心先去，別叫你老子生氣。有什麼難為你，有我泥。』寶玉沒法，只得回來，囑咐了丫頭們：『明日早早叫我，老爺要等著送我到家學裡去呢。」襲人等答應了，同麝月兩個倒替著醒了一夜。」

先說獨是寶玉要人即刻送信給賈母，這句話便不符合賈家的家族文化，這是上對下的語言，賈寶玉要著人對賈母送信，語氣應該是即刻著人稟知賈母。此外，著誰去稟知，襲

人、麝月或秋紋，還是小丫頭子。在如許等級森嚴的賈府，不是隨意派個人，便可以見到賈母的，內中還有一個「敬」字。單寶玉要人即刻送信給賈母這句話，已構成大不敬，迥非曹雪芹的語言，更不是賈寶玉的行為規範。

心智早熟的賈寶玉，能夠與王府的才智之士談談會會，與賈雨村談經論道，他怎麼還會停留在十一二歲時的小兒心態。寶玉並未被賈政拘住，他既是擔心父親賈政為難自己，才要向賈母求救討饒。他還能好整以暇，閑散在怡紅院中，要人即刻送信給賈母，於情於理都不符合賈府的家族文化。再說寶玉往義學讀書這又不是第一次，值得這麼驚懼惶恐嗎，這是前八十回書中曾未見過的心態，續書作者是以什麼心理因素做基礎，作出這樣的心理分析。

同八十一回：

> 寶玉聽了，心裡稍稍安頓，遂忙到賈政這邊來，恰好賈政著人來叫，寶玉便跟著進去。賈政不免又吩咐幾句話，帶了寶玉，上了車，焙茗拿著書籍，一直到家塾中來。早有人先搶一步，回代儒說：「老爺來了。」代儒站起身來，賈政早已走入，向代儒請了安。代儒拉著手問了好，又問：「老太太近日安麼？」寶玉過來也請了安。賈政站著，請代儒坐了，然後坐下。賈政道：「我今日自己送他來，因要求托一番。這孩子年紀也不小了，到底要學個成人的舉業，才是終身立身成名之事。如今他在家中，只是和些孩子們混鬧。雖懂得幾句詩詞，也是胡謅亂道的，就是好了，也不過是風雲月露，與一生的正事，毫無關涉。」代儒道：「我看他相貌也還體面，靈性也還去

得，為什麼不唸書，只是心野貪玩？詩詞一道，不是學不得的，只要發達了以後，再學還不遲呢。」賈政道：「原是如此。目前只求叫他讀書、講書、作文章。倘或不聽教訓，還求大爺認真的管教管他，才不致有名無實的，白耽誤了他的一世。」說畢，站起來又作了一個揖，然後說了些閑話，才辭了出去。代儒送至門首，說：『老太太前替我問好請安吧。』賈政答應著，自己上車去了。

第七十八回，賈政帶著寶玉三叔侄應邀赴會賞菊吟詩，三人都得了許多獎品。賈政回家後意猶未盡，又著寶玉三叔侄撰寫「姽嫿將軍詞」。賈政這麼一而再的向朋儕出示寶玉等的詩才，不正是以三人的才學為傲嗎！他那時候為什麼不說，作詩與一生的正事，毫無關涉，還欣然色喜，自願充當寶玉的錄士。這會兒却對代儒說「雖懂得幾句詩詞，也是胡謅亂道的，就是好了，也不過是風雲月露，與一生的正事，毫無關涉。」這簡直就是兩付嘴臉，這到底是賈政變了，還是續書作者改變了賈政。再看賈政於第十七回「大觀園試才題對額」時，雖一路上都在扁抑寶玉吟詩對對的才華，那正是中國父母教育子女的傳統技倆，表面上不值其人其才，內心中却是隱藏著無限的欣慰。況且，寶玉的長於吟詩對對，正是賈代儒向賈政表揚的結果（第十七回）。現在反說吟詩對對不該學，這符合師生之道嗎？賈代儒曾經是寶玉授業的業師，他不教賈寶玉作文論政，反先教賈寶玉吟詩對對，這合乎學館授業的常例嗎？且到了第八十一回，還說出「詩詞一道，不是學不得的，只要發達了以後，再學還不遲呢。」上面賈政與代儒說的話，其中的矛盾，並非出自賈政與代儒，而是因為續書作者對前八十回書認識不夠深入，才會出現「曹雪芹」前語不對「續書」後語現象。

第八十二回

襲人道：「事却沒有。方才太太叫鴛鴦姐姐來吩咐我們，如今老爺發狠叫你唸書，如有丫鬟們再敢和你玩笑，都要照著晴雯司棋的例辦。我想伏伺你一場，賺了這些言語，也沒什麼趣兒！』說著便傷起心來。」

高鍔寫的這幾段續書，別說原著文字之外的他未曾看到，即使是情節之內的他也未曾看到。賈政對待王夫人一向短於言詞，幾曾見過賈政與王夫人有過如許輕鬆的長篇大論。鴛鴦是賈母身邊的首席丫鬟，王夫人差遣鴛鴦為自己辦事，這等於是越級指揮。她為什麼放著玉釧兒彩雲不用，偏偏要支使賈母的得力佣人，前八十回書中曾強調，賈母一時半刻都離不開鴛鴦。除非王夫人是在賈母身邊，與賈母談及其事，順著時間地點作此決定，但書中並未交代。此外，王夫人赴賈母處，不可能沒有跟隨的丫鬟，她不派遣自己身邊的丫鬟，偏要指派鴛鴦，合情嗎？合理嗎？。從小看大，高鍔對榮國府中的人際關係，與人際關係有關的生活習慣，當他下筆行文寫續書時，還不甚了了。且看鴛鴦在榮國府中，處在什麼樣的一個位置上。

第四十回

鳳姐兒忙走至當地，笑道：「既行令，還叫鴛鴦姐姐來行才好。」眾人都知賈母所行之令，必得鴛鴦提著，故聽了這話，都說：「很是。」鳳姐便拉著鴛鴦過來。王夫人笑道：「既在令內，沒有站著的理。」回頭命小丫頭子：「端一張椅子，放在你二位奶奶的席上。』鴛鴦也半推半就，謝了坐，便坐下。」

鴛鴦因是老祖宗賈母的貼身侍婢，在賈府的身份地位並不一般。因為在古人的心目中，侍奉父母的佣人，等於在替自己盡孝，凡佣人做的都是自己該做的。鴛鴦既是賈母的貼身侍婢，其身份地位，就連王夫人都得予以尊重。她怎麼可能隨便支使鴛鴦為自己傳話呢，於情於理都不合賈府成規。高鍔寫續書時，距紅樓夢成書時間不遠，為什麼會有這麼顯著的疏忽，令人費解。

第八十四回：

賈政此時在內書房坐著。寶玉進來請了安，一旁侍立。賈政問道：「這幾日我心上有事，也忘了問你。那一日，你說你師父叫你講一個月的書，就要給你開筆。如今算來，將兩個月了，你到底開了筆了沒有？」寶玉道：「才做過三次，師父說：”且不必回老爺知道，等好些，再回老爺知道罷。“因此，這兩天總沒敢回。」賈政道：「是什麼題目？」寶玉道：「一個是”吾十有五而志于學“一個是”人不知而不慍“，一個是”則歸墨“三字。」賈政道：「有稿兒麼？」寶玉道：「都是作了抄出來，師父又改的。」賈政道：「你帶了家來了，還是在學房裡呢？」寶玉道：「在學房裡呢。」賈政道：「叫人取了來我瞧。」寶玉連忙叫人傳話給焙茗，叫他往學房中去，「我書桌抽屜裡有一本簿簿兒竹紙本子上面寫著”窗課“兩字的就是，快拿來。」

為什麼原著作者從不寫寶玉的舉業過程，因這些過程既刻板又無趣，他寧寫茗煙鬧學，也不願寫之乎也者，這正是作者寫作的高明處，該說的都盡在不言中。亦如黛玉的「純真」寶釵的「陰詐」，都只能在不言中去尋找答案。如前所述，中國歷代的士子入館就學，目的就是為了「舉業」。達成舉業的唯一手段，便是作「文章」，文章既是進入仕途的唯一敲門磚，那學館中所傳授的，自是以文章為「主」業了。這是自啟蒙日開始，業師們不遺餘力要授予士子們的本事。要觀察賈寶玉文章本事的深淺，還是只能從不言中去尋覓。

高鍔不但把已屆成年的寶玉送回蒙館去回鍋，還要蒙館先生賈代儒重新給他「開筆」，也就是重新開始學作文章。請別忘了，賈寶玉第一次與秦鍾入義學習讀，之前已在榮國府家塾中習讀七年，這七年中其業師能不為之開筆，命題作文。之後，業師回館，寶玉重新回到賈府家館習讀，「作文」正是業師授業的主課，有必要重新給他「開筆」嗎？把賈寶玉看得太衰了吧。更把原作者從不願在書中出現的舉業過程，仔仔細細一筆不苟地錄入正文中。這只能有一個解釋，續書作者想借此顯露自己的才學。事實卻是反暴露了續書作者想象力的貧乏，藝術思維低俗。不能似原作者一樣，將真正要告知讀者的，隱入情節內，讓讀者從不言中去尋尋覓覓。卻畫蛇添足地大加敷衍，赤裸裸地明說白道，成為原著的負數，自己把自己從原著的藝術高峯降到谷底。

中國士子所要學習寫作的文章，是什麼文章呢，主要是論述文。論述文重邏輯推理，正是「舉業」必修的課程，也是業師授業的主攻方向。高鶚在第八十四回借賈代儒之手，為寶玉開筆的三篇文章，就都是論述文。第一篇「吾十有五而志于學」，第二篇「人不知而不慍」，第三篇「則歸墨」。這說明中國歷代的文人，更廣義的說凡中國的讀書人，他類文章可以不會寫、不會作，唯獨這論述文，一定得會寫會作。準此，有理由相信，凡會寫作論述文以外他類文章的人，其論述文一定有相當的水平，或超水平。請試看下面的例證：大文豪韓愈，他的論述文著作等身，他寫的「祭十二郎文」也是千古一絕。另一個近代的大文豪袁枚，他所作的「祭妹文」，在中國文學作品中，與韓愈的祭十二郎文，被譽為祭文中的一時瑜亮，前後輝映。那麼，曹雪芹是用什麼方法，將寶玉的文才告知讀者的呢？正是前述的「述情文」，祭文——（芙蓉女兒誄）。

論述文強調客觀事實，重視邏輯推理，述情文強調主觀感受，重視情感投入。論述文是理性的，述情文是感性的，兩種性質，不同思維。中國讀書人能夠以論述文考秀才、考進士，進而上本章、上奏摺。若要求他們寫軟性的述情文，就不是人人都能做得到的了。故韓愈的「祭十二郎文」，與袁枚的「祭妹文」，便顯得彌足珍貴，千古不朽。反過來能寫述情文，便一定能寫論述文，如前所述，士子入學，從蒙館開始，老師開筆教寫文章，寫的就都是論述文。因為論述文是入仕的敲門磚，寫論述文才是「舉業」的正途，也是高鶚筆下賈政口中所稱的「一生的正事」。曹雪芹在「姽嫿將軍詞」後，巴巴的讓賈寶玉寫一篇「芙蓉女兒誄」，不就是要說明他的弦外之意，告知讀者，賈寶玉論述文的深淺嗎。高鶚在推衍紅樓夢續書時，往往被曹雪芹的反描法與隱筆法所迷惑，不是錯估情節，便是錯置位置。總之，高鍔對曹雪芹的前八十回書的了解是不夠的。他的後四十回續書，不但未能延續前書的藝術性，就連技術性也未能把握住。

秦可卿死時，曾向王鳳姐托夢，謂賈家傾覆在即，應為子孫留後手，設置義田義學。不幸王鳳姐竟把它當作耳旁風，不但未予籌謀，就連想都未曾想過。原有的義學，其經濟來源，不用說寧榮二府為主，一旦賈家覆敗，此義學還能存在嗎？賈寶玉初上義學借讀，可以想象完全是為了接近秦鐘。賈府的私塾，因有迎春三姐妹附讀，秦鍾誼屬外親，自不便讓其介入，即便介入，也無事可寫。作者為了寫寶鍾間的一段情，才要把賈府的業師趕回籍，空出一段時間來讓寶鍾赴義學借讀，並藉此插入一段茗煙鬧學，增添了趣味性，還增加了秦可卿的重要性，從側面深化了這個人物，這是原著寫此一段的內蘊。

續書關於賈寶玉舉業的描寫，不應該是回到賈代儒處，重新開筆學寫時文。而是由於賈家的後手不繼，日用日漸艱難，影響到家塾西席的延聘，雖竭盡所能，也難以為繼，不得已而去義學。

有關賈寶玉的「舉業」討論到此為止，不想、也不宜再糾纏下去。問題不在賈寶玉是否荒廢在大觀園中，沒有讀書。而是高鍔根本沒有看到，賈寶玉一直在賈府家學裡讀書。遺憾的是，高鍔不止是眼盲，他的心也盲。當他在續書中力陳寶玉舉業的重要時，有沒有想過賈府的另兩位公子——賈環賈蘭，他們的舉業就不重要了嗎？按照高鍔的描寫，榮國府已沒有私館，故賈政才要送寶玉去上義學。又因寶玉一直荒廢在大觀園中，無人管束，所以賈政才要親自送去。那麼，按照高鶚的邏輯，賈環賈蘭應早已在義學中搭館了，因賈家已沒了私館，他倆不去義學能去那裡呢？如他倆也在義學中搭館，當賈政帶著寶玉在義學中出現，他倆便應該趨前向賈政請安問候。為什麼賈政携寶玉到義學中，却看不到賈環賈蘭他們的人影？高鶚的這一疏忽，正好暴露出他思維的弱點，不能全方位看問題，思考問題，捕捉問題。只見他捉襟見肘，丟東拉西。寫舉業不能單寫賈寶玉的舉業，必須寫賈府的舉業。賈政課子除了寶玉，還有賈環賈珠之子賈蘭。曹雪芹雖不正面實寫，常常側面閑閑的虛寫一筆，往往照應到四面八方，高鶚遜之遠矣！寫續書比創作更難，高鶚硬為紅樓夢續書，從沒有想過自己的力有未逮。

曹雪芹筆下賈寶玉的婚姻

紅樓夢的結構，其主線是總個家族的興衰覆滅，但其中心線却是圍繞著賈寶玉的婚姻，作扭絞式的發展。文字上除了第十九回，張道士曾說過為寶玉作伐的話，立被賈母否決。此後便不再被提起，為什麼?因為賈寶玉的婚姻，已成為榮國府中最隱諱的祕密。誰也不敢提，誰也不敢碰，留給讀者的，是一塊無窮無盡的想象空間。

事實是賈寶玉的婚姻，是榮國府中「舉業」之外的另一件大事。作者在書中寫了很多大事和芥豆之微的小事，就是不直寫賈母賈政王夫人三人間關心的大事－賈寶玉的婚姻，作者用的正如繪畫中的白描法，這叫做「不寫之寫」。

全書情節，不見寶玉的婚姻，只見寶黛的愛情糾葛。作者把婚姻問題隱藏到愛情中，以猜謎式的虛擬法來描寫，目的只有一個，凸顯寶玉婚姻中的複雜性和鬥爭性，也就是「木石姻緣」與「金玉姻緣」的扭絞與鬥爭。

不提賈寶玉的婚姻，不等於不重視賈寶玉的婚姻，或不討論賈寶玉的婚姻。王夫人與薛姨媽之間能不討論嗎？可以肯定的是，他倆見面就得談這件事，否則，薛姨媽又何必拋出金鎖要遇有玉的才能婚配的話。要知道，對金鎖的當事人而言，這在當時代是很出格的言辭，連小家碧玉都難以承受，何況是千金小姐的薛寶釵。如果薛寶釵不住在大觀園內，尚有迴避的空間，她不但住在大觀園中，還採緊迫釘人戰術追逐，凡有寶黛的地方，就有薛寶釵。金玉姻緣說，不只是薛姨媽的言辭出格，薛寶釵的行為更是出格，沒日沒夜地圍繞著一個青年男子追逐，追不到人，也要追著他的影。這樣子的一個第三者，放到今天也會引發物議，三百年前，情何以堪。

首先從王夫人的角度看賈寶玉的婚姻，對一個親生母親而言，兒子的婚姻不但是一件大事，且是屬於自己的權限及份內的事，她於寶玉則否。因是之故，她內心的積忿，始終難以平服。她的對應之道，一是攛掇出金玉姻緣假說，以平衡賈母主導的木石前盟，二是利用元妃的政治利益，以威攝賈母主導的木石姻緣，三是發動下人們的圍剿，以摧毀林黛玉的身和心。金玉姻緣假說雖然叫的震天價響，大觀園中信其為真的人却不多。原因在賈薛兩家交往愈密切，佣人間的隔閡藩籬便愈易被拆除。加之薛家為人冷酷涼薄，下人們的怨恨則日積月累，報復之道，就是說出不能為人道的陰謀醜事（請參看拙著細嚼慢嚥讀紅樓「金玉陰謀一文）。時間愈往後推移，金玉姻緣變成金玉陰謀的成份便愈益明顯。慣於裝神扮聖的薛寶釵，時間會磨去她的假面具，她的真情真性便會無所遁其形，社會形象也便跟著向下傾斜，金玉姻緣已由正數變成負數。薛寶釵的正面形象，也開始向負面轉移，俗話說日久見人心，虛假的薛寶釵終究經不起時間的考驗。尤其是老祖宗賈母，一個勝過玻璃人兒，水晶心肝十倍的老世故，她的兩隻眼睛，就像x光般，把薛寶釵看了個裡透外明。元宵夜她借著掰謊，說下一段耐人尋味的話，明眼人都聽出了其中的蹊蹺，不正是衝著薛寶釵還能是誰？金玉陰謀的鬥爭，一直都在賈母與王夫人之間進行，從未受時間和地點的限制。

一開始，金玉姻緣便挾雷霆萬鈞之勢，向木石前盟猛撲而來，薛家擁萬貫家財，成為榮國府中人人爭相邀寵的對象。詎料，金玉姻緣假說未能撼動木石姻緣一分半點，還不斷引起人們的猜疑，金鎖真的是南京帶來的嗎？或者？王夫人為了平服輿論的質疑，不得已轉向女兒元春求救出手，以假賜贈節禮為由，表態支持金玉姻緣，對賈母實行威嚇，還是無功而退。她唯一收效最大的斬獲，是假下人們阿諛諂媚，摧毀林黛玉的自信心。使之長期困厄在危機壓力之下，自傷自沉，不能自拔，造成病勢日蹙，縱然得到了愛情，却難望得到婚姻。

寶玉婚姻的決定權是握在賈政的手中，這對王夫人言更是近水樓台，得枕邊細語之便，為什麼歷經數年却還不能竟功。賈政身為一家之主，他可不能像王夫人那樣，頭腦簡單，行為荒謬。賈寶玉的婚姻，已牽涉到榮國府的榮辱，一邊是賈母主導的「木石姻緣」，一邊是王夫人主導的「金玉姻緣」，木石姻緣的關係人是黛玉與賈母，黛玉的母親正是自己的親妹妹——賈敏，論親情黛玉親過寶釵，論人品黛玉真純，寶釵詭詐。此外，金玉姻緣的陰謀論應早已不脛而走，礙於元春在從中作梗，他也只能採取一個「拖」字訣。

不妨從賈政的三個枕邊人，來推擬一下賈政的態度。他的第一個枕邊人－王夫人，金玉姻緣正是其傑作，她苦心孤詣製造此陰謀，目的就是針對著賈母的木石前盟，想取而代之。她忽略了賈政這個人的性格，第一是他的道統性格，在以孝治天下的當時代，賈政豈敢與賈母爭鋒，捨木石而取金玉。第二是他的守正性格，他豈能同意為圖謀薛家財富，捨木石而取金玉。第三是他早在二十二回製燈謎時，從寶釵撰寫的燈謎辭中，已感受到金玉姻緣的不幸預兆。這些阻擋賈政捨木石而取金玉的暗礁，都非王夫人所能想象。

賈政的第二個枕邊人－趙姨娘，一個糊塗易被蠱惑的是非女人，搬弄是非正是她的嗜好與興趣。她在王夫人面前，於寶釵讚不絕口。

> 第六十七回且說趙姨娘因見寶釵送了賈環些東西，心中甚是喜歡，想到：「怨不得別人都說那寶丫頭好，會做人，很大方。如今看起來，果然不錯！他哥哥能帶了多少東西來？他挨門兒送到，並不遺漏一處，也不露出誰薄誰厚。連我們這樣沒時運的，他都想到了，要是那林丫頭，他把我們娘兒們正眼也不瞧，那裡還肯送我們東西？」一面想，一面把那些東西翻來復去的擺弄，瞧看一回，忽然想到寶釵係王夫人的親戚，為何不到王夫人跟前賣個好兒呢？自己便蝎蝎螫螫的，拿著東西，走至王夫人房中，站在旁邊，陪笑說道：「這是寶姑娘才剛給環哥兒的。難為寶姑娘這麼年輕的人，想的這麼周到，真是大户人家的姑娘，又展樣，又大方。怎麼叫人不敬奉呢！怪不的老太太和太太成日家誇他疼他。我也不敢自專，特拿來給太太瞧瞧，太太也喜歡喜歡。」王夫人聽了，早知道來意了。又見他說的不倫不類，也不便不理他，說道：

「你只管收了去給環哥玩罷。」趙姨娘來時，興興頭頭，誰知抹了一鼻子灰，滿心生氣，又不敢露出來，只得訕訕的出來了。到了自己房中，將東西丟在一邊，嘴裡咕咕噥噥，自言自語道：「這個又算了個什麼兒呢？」一面坐著各自生了一回悶氣。

趙姨娘拍馬疪拍到馬腿上，他自己還不知道是為了什麼。第一老太太誇寶釵則有之，疼寶釵則未必，可能還帶點不屑。第二賈環曾在寶釵房中與鶯兒賭博輸錢（第二十回），發生爭執，被寶玉闖見予以教訓，趙姨娘因此懷恨，陷害寶玉。第三愛生是非的趙姨娘還能不兼及寶釵，那會子恨得牙癢癢地不知說了多少壞話，這會子得了好處又來阿諛，王夫人當然不會領他的情。

趙姨娘受了王夫人的窩囊氣，除了自言自語地辱罵發泄，另一最佳途徑便是挑撥賈政，時不時向賈政數說寶釵的飛短流長，金玉姻緣的陰謀詭祟。語說，話說三遍「假」的也變成「真」的，何況她說的正是實情，由不得賈政不相信。再說，她為賈政生了一兒一女，可見她與賈政的性關係，非比一般，賈政多少都會受其影響。

賈政的第三個枕邊人－周姨娘，一個不為人知的默默無聞人物。第六十四回探春道：「——你瞧周姨娘，怎麼沒人欺他，他也不尋人去？」周姨娘的默默無聞，不等于這個人不存在。她只是比趙姨娘懂得保護自己，且自律極嚴，一個謹言慎行的規矩人。她在榮國府中，地位與趙姨娘同屬底層階級，因其自愛自惜，受到探春的讚許。因此，她的話進到賈政耳中，特別有份量。不妨想象一下，她會對賈政說什麼？她既是個不愛多話的人，她便不會主動提說什麼。一定是等到賈政有所徵詢時，才略述一二，因她深知榮國府中的複什與險惡，但她這略述一二的力道，遠勝過王夫人與趙姨娘的喋喋不休，賈政也是在周姨娘的略述一二中，得知金玉陰謀與木石前盟的梗概。當他面對寶玉的婚姻時，他不得不猶豫遲疑而拖延下來。

像榮國府這樣的家庭，為賈寶玉說媒作伐者，應絡繹於途，俗話說「踏破門檻」。如賈政的門生傅試，便時常遣人來賈府請安問好，因其有個妹子傅秋芳，生的有幾分姿色，弦外之音，不言而喻。賈政在應付外來的寶玉婚姻困擾之餘，是不是也曾考慮過寶玉婚姻的解決之道。不管賈政如何重視寶玉的仕途舉業，於寶玉的婚姻，也是當時代為父者的一樁大事，他不可能迴避，也不容迴避，事實却又與情理相反，直到前八十回書，寶玉已近或已經成人，尚不見動靜，虛位空置。

賈母——寶黛愛情的始作俑者，她要不要談寶黛的婚姻呢？不錯；從表面上看，她沒有談論的對象，但在她內心深處，自問自答，談得最多的，應是寶黛的婚姻。她會對自己說，林丫頭的婚事不能圓滿解決，我將死不瞑目，死後將何以面對她的娘，我自己親生的女兒。

在寶玉的婚姻與寶黛的愛情之間，有許多模糊地帶，如黛玉進榮國府與寶釵赴京應選才人贊善之職，兩者的時間間隔是多久，一年兩年或數年，作者不是含混其辭，而是根本沒有設置時間差。這對考察寶黛釵的三角關係，也會造成模糊難以區隔，唯一的線索是寶玉的一句話，第二十回寶玉道：「**第二件，你先來，咱們兩個一桌吃，一床睡，從小兒一處長大**

的，**他是才來的，豈有個為他遠你的呢？**」這裡寶玉口中的「從小兒一處長大」，到底小到有多小？

算一算黛玉進京的年齡，賈雨村被薦入鹽政衙門任西席，黛玉時年五歲，看看一年有餘其母賈敏去世，此時黛玉年齡約當六七歲，黛玉即由雨村相伴進京，這個年齡應該就是寶玉口中的「從小兒一處長大」的年齡。那麼，另一個薛寶釵赴京的年齡又是多少呢？薛寶釵赴京是為了應選才人贊善之職，第二十二回賈母即為她做十五歲生日，這時候的賈寶玉約十三歲，黛玉十二歲，故寶玉與黛玉相處的時間應已超過五年以上，與寶釵則最多不超過兩年「**他是才來的（第二十回寶玉語）**」，這個時間「差」對寶釵的愛情之路，並未構成絕對劣勢，即使有也只是相對劣勢。真正讓賈寶玉拒寶釵于千里之外的癥結，應該是賈寶玉的自然主義性格，與薛寶釵的功利主義性格杆格難容的原故。

一個值得探討的問題，自林黛玉進入榮國府那天開始，賈母是不是就存有寶黛婚姻的念頭？無容質疑，賈母不但有這個念頭，還做了許多她不該做的事。首先，她把寶黛安排一桌吃一床睡（第二十回寶玉語），這不只犯了當時代的大忌，即使是今天的社會，也不會做這樣的安排。其次，她對寶黛的愛情發展，視若無睹，把男女之大防丟到腦後，從未想過要予以設置，還用不是寃家不聚頭來昇華寶黛的愛情。以賈母的閱歷精明，她對寶黛的一言一行，無容諱言，都是帶著目的性與功能性的。如平日裡口頭上老掛著兩個「玉兒」如何如何，這正是賈母心態的反射，說明她早就把寶黛兩人配成了對。另外再舉一個旁証，黛玉於

第四十五回對寶釵說：「我今年長了十五歲」。古代女孩子年到十五歲及笄，也即是成年，正是文訂的年齡，賈母若不是存著木石的幻想，她此時就該為黛玉擇婿求聘了。她於第二十二回敲鑼打鼓地為寶釵做十五歲生日，搞得水晶心肝、玻璃人兒的王鳳姐一頭霧水，不就是要提醒薛姨媽別作金玉妄想，趕緊為寶釵擇婿外聘嗎！她自己到了林黛玉十五歲的及笄年齡，反而置若罔聞，這不是司馬昭之心嗎？故說賈母一直抱持著「木石姻緣」的念頭，這不是什麼祕密，而是一個眾所周知的事實。王熙鳳曾在第二十五回送茶葉時，打趣林黛玉，在場諸人無不心知肚明。

> 鳳姐笑道：「你既吃了我們家的茶，怎麼還不給我們家作媳婦兒？」眾人都大笑起來，黛玉漲紅了臉，回過頭去，一聲兒不言語。寶釵笑道：「二嫂子的詼諧真是好的。」黛玉道：「什麼詼諧；不過是貧嘴賤舌的討人厭罷了！」說著又啐了一口。鳳姐笑道：「你給我們家做了媳婦，還虧負你麼？」指著寶玉道：「你瞧瞧人物兒配不上？門弟兒配不上？根基兒家私兒配不上？那一點兒玷辱你？」

這類玩笑，戲謔者與被戲謔者之間有著微妙的互動心理。寶黛的愛情，大觀園中人盡皆知，兩人也從不避諱掩飾。因著木石與金玉的衝突，人人都只能心照不宣，祈愿他們成功者有之，嫉恨他們成功者亦有之，甚至還有處心積慮的破壞者。鳳姐抱持什麼態度，只有從黛玉與寶釵之間的分際來觀察。黛玉者仙姝也，無心計，一派真純，自律嚴謹，除了愛情，不帶任何雜念。寶釵者野心家也，先是應選才人，登龍門爭妃爭后，繼之則橫刀奪愛，覬覦賈府的寶二奶奶。薛寶釵初進大觀園的社會形象，豁達大度，隨分從時。久之則變為深沉詭詐，冷酷機變。經過時間的過濾，社會自然規律的淨化，黛玉與寶釵形象的社會傾斜度，已呈現一上一下的趨勢，鳳姐的戲謔正是趁勢而為之的。她在戲弄中不無帶有祝福之意，黛玉雖有羞赧，更多的是喜悅。故王鳳姐當著寶釵的面，打趣林黛玉，應該不是出於惡意，而是在她內心深處，存著一種屬意於黛玉的心理。（上述申論請參閱拙著〝細嚼慢嚥讀紅樓〞臺灣商務印書館二〇〇六年版）

據浙江文藝出版社一九九六年版全一冊「紅樓夢」第三二九頁載：「**真真我們二嫂子詼諧是好的**。」這句話應該是大嫂子李宮裁說的。李宮裁是大觀園中出了名的正直惇厚老實人，當她說這句話的時候，她內心中應該是抱著認同與讚賞之意的。高鍔續書時，竟把它改成薛寶釵。同樣一句話，放到薛寶釵口中說出來，意境便完全不同了。婚姻路上，她因為有王夫人及王夫人身後的元春支持，認定自己將篤定坐上寶二奶奶寶座，因此，她說此話的口氣與心態，是以調侃和看笑話的心情，附和鳳姐的戲謔。同時她也感受到了輿論的壓力，她在愛情路上已經輸給了林黛玉，這婚姻路上竟管自己十拿九穩，沒想到在眾人心目中，就連氣勢與心理傾向也都輸給了木石前盟，她會甘心嗎？

王熙鳳既被稱做水晶心肝、玻璃人兒，說明她的世故已超越她的年齡和超越一般人之上。她對賈母與王夫人之間玩的這場主導寶玉婚姻遊戲，當然是了然於胸的，她這麼當著薛寶釵的面，去挑逗寶黛的婚姻問題，到底存的是什麼心？

試先比較一下，王熙鳳與薛寶釵這兩個同具王家血统的人，有何異同。兩人同樣冷酷無情，熙鳳尚稍具惻隱之心（觀其對邢岫煙）。王熙鳳心機外露，薛寶釵心機深沉。王熙鳳壞在臉上，薛寶釵壞在骨子裡。王熙鳳目不識丁，薛寶釵雜學龐收，腹蘊極廣。王熙鳳官家女，只知仗勢欺人，薛寶釵商人女，把你賣了還替她數錢（如她收服林黛玉）。這麼兩個不對等的人，金玉姻緣對王熙鳳實在是個極大的威脅。王熙鳳在二房也不是正主子，她是被王夫人從長房借調過來的，她的權柄直接授自王夫人，一旦金玉姻緣成真，王熙鳳就得捲鋪蓋回長房去。王熙鳳排斥金玉姻緣有其權勢的得失心理，其對黛玉的戲謔，有其正面的心理因素，不能視之為一時的興起。

李宮裁是個有口皆埤的寬厚正直人物，連她都毫不保留地附和鳳姐的戲謔，這說明什麼呢？說明寶黛的婚姻已是眾望所歸。再與原著作者慣用的反描法，如「終身誤」中所謂「都道是金玉姻緣，俺只念木石前盟。」一對比，更有理由相信寶黛婚姻為大觀園中普遍性的直觀印象，除了極少數王夫人的眼耳心神外，都不例外。正因著這個大勢所趨的氣氛，逼得薛寶釵不得不放下身段，廣結善緣，從而包裝出一個「隨分從時」的社會我形象。為此，她不惜與小丫頭子為伍，做出有失身份的舉動來，才會鬧出靚兒索扇的尷尬情節。

賈母為了抵制王薛的金玉陰謀，故意拉上薛寶琴，一個上京完婚的待嫁之婦做人質。薛寶琴是薛寶釵的堂姊妹，論關係親中帶疏，賈母寵遇薛寶琴，就意味著對寶釵的疏離。

第四十九回：

正說著，只見寶琴走來，披著一領斗篷，金翠輝煌，不知何物。寶釵忙問：「這是那裡的？」寶琴笑道：「因下雪珠兒，老太太找了這一件給我的。」香菱上來瞧道：「怪道這麼好看，原來是孔雀毛織的。」湘云笑道：「那裡是孔雀毛？就是野鴨子頭上的毛做的。可見老太太疼你了；這麼著疼寶玉，也沒給他穿。」寶釵笑道：「真是俗語說的，"各人有各人的緣法"，我也想不到他這會子來；既來了，又有老太太這麼疼他。」湘云道：「你除了在老太太跟前，就在園裡，來這兩處，只管玩笑吃喝。到了太太屋裡，若太太在屋裡，多坐一回無妨；若太太不在屋裡，你別進去，那屋裡人多心壞，都是要咱們的。」說的寶釵、寶琴、香菱、鶯兒等都笑了，寶釵笑道：「說你沒心却有心，——雖然有心，到底嘴太直了。我們這琴元，今兒你竟認他做親妹妹罷。」湘云又瞅了寶琴笑道：「這一件衣裳也只配他穿，別人穿了實在不配。」同第四十九回：正說著，只見琥珀走來，笑道：「老太太說了，叫寶姑娘別管緊了琴姑娘，他還小呢，讓他愛怎麼著就由他怎麼著，他要什麼東西只管要，別多心。」寶釵忙起身答應了，又推寶琴笑道：「你也不知那裡來的這點福氣，你倒去罷，恐怕我們委屈了你！我就不信，我那些兒不如你？」說話之間寶玉黛玉進來了，寶釵猶自嘲笑。湘云因笑道：「寶姐姐，你這話雖是玩，卻有人真心是這樣想呢。」琥珀笑道：「真心惱的再沒別人，就只是他。」口裡說，手指著寶玉。寶釵湘云都笑道：「他倒不是這樣人。」琥珀又笑道：「不是他，就是他。」說著，又指黛玉。湘云便不作聲。

先說湘云，這個社會形象心直口快的千金小姐，她真的是個直腸子性格嗎？連寶釵都說她有心機。她在愛情路上輸給林黛玉，因她更早於黛玉認識賈寶玉，因此，她在心理上，更加難以平衡，總認為林黛玉能得到愛情，是因為愛使小性子，全不看，在黛玉身上有湘雲身上找不到的優點——真純。她說：**這一件衣裳也只配他穿，別人穿了實在不配**。湘雲口中的別人，在場諸人都知道指的是誰，無疑是林黛玉。試將薛寶琴與林黛玉作一比較，不難看出湘雲假心直口快所隱藏的惡毒攻訐，居心叵測。林家五世列侯，林如海金榜題名，高中當年皇榜探花，真正的天子門生，林家是不折不扣的書香世家，若論詩禮傳家，就連賈家都要輸給林家。林黛玉進榮國府時，王鳳姐讚之道：**天下真有這樣標緻人兒，我今日才算看見了**。除了林黛玉，大觀園眾千金中，還有誰被王熙鳳讚許過。薛寶琴皇商女，稱不上詩書之族，更非侯府千金，論家世、論人品都與黛玉相去甚遠，史湘雲如此盛讚，目的只有一個，討好薛家人，貶抑林家人。貶抑還嫌不夠，還企圖進一步離間、分化、孤立林黛玉，指其狹獈，不能容物。「湘雲便不作聲」這句話，不等於湘雲沒有說話，這種不說之說，藝術上稱之為「無聲的語言」，比說出來的話更深刻尖銳。

不論寶釵如何深沉，當情緒波動時，本能地展現出她的內心世界。薛寶釵自進榮國府，她母親薛姨媽提出，金鎖要遇有玉的方能婚配那天開始，即在老祖宗賈母身上下功夫，費盡心思討好。如二十二回老祖宗為寶釵做十五歲生日，要她點戲點菜，寶釵便盡揀賈母喜愛的熱鬧戲文及甜爛食物，向賈母邀寵，無如獻者有心，受者無意。寶釵一直未被賈母接納，竟管賈母人前背後讚不絕口，寶釵知道那只是一時的口惠，並非出自內心的實意。她輸給先到的黛玉，還能用時運不濟來自我解嘲，這會子又遇上後到的寶琴，更搶在自己之前，贏得老祖宗靚睞，便更是難以釋懷。不自覺地說出『我就不信，我那些兒不如你？』的不平之鳴。賈母予寶琴的寵愛逾常，決非一時的心血來潮，而是有計算的。目的一如薛姨媽差遣周瑞家的送宮花打擊黛玉般，打擊薛寶釵，玩的都是借題發揮遊戲。就是要讓寶釵感受到，她在老祖宗賈母心目中的份量，還不如初來乍到的薛寶琴，這才是令薛寶釵憤憤不平的原因。

更令人費解的是，老祖宗賈母人前背後讚許寶釵，反被認為是不值其人的暗示。為什麼？很簡單，賈母的言行未能一致。如果賈母真認為薛寶釵賢淑穩重，端莊得體，這不正是宜室宜家的寶玉對象嗎？何況，還放著金玉姻緣的天命之說。賈母於金玉姻緣不但不置一辭，還裝癡裝呆地任由木石前盟發展，更在臨界點上噴油點火「不是寃家不聚頭」。為了進一步了解賈母心態，不妨從現場情況，深入觀察賈母讚許寶釵背後的乾坤。

第三十五回：

寶釵一旁笑道：「我來了這麼幾年，留神看起來，二嫂子凭他怎麼巧，再巧不過老太太。」賈母聽說，便答道：「我的兒！我如今老了，那裡還巧什麼？當日我像鳳丫頭這麼大年紀，比他還來得呢！他如今雖說不如我，也就算好了，——比你姨娘強遠了！你姨娘可憐見的，不大說話，和木頭似的，公婆跟前就不献好兒。鳳兒嘴乖，怎麼怨得人疼他。」寶玉笑道：「要這麼說，不大說話的就不疼了？」賈母道：「不說話的又有不說話的可疼之處，嘴乖的也有一宗可嫌的，倒不如不說的好。」

筆者嘗說，讀紅樓夢有兩個要件，一是時間上要推到三百年前，二是空間上要住進大觀園。因為，要了解紅樓夢，必需懂得三百年前的人際關係、風俗習慣、文化氛圍。上述場景，人際間的對話，是在一個鬥爭對立狀態下產生的。金玉姻緣與木石前盟的鬥爭，幾乎無時無刻不在賈母王夫人與薛姨媽間進行，他們之間的一言一行，無不具有機心。王熙鳳被统治階層視為可人兒，她在被统治階層眼中是個什麼行景呢？

第十四回

話說寧國府中都總管賴升聞知裡面委請了鳳姐，因傳齊同事人等說道：「——那是個有名的烈貨，臉酸心硬，一時惱了，不認人的。」

寶釵說「二嫂子凭他怎麼巧，再巧不過老太太。」她口中的這個「巧」字，若是用在藝術家或技藝工作者身上，乃是一個美辭，把它放到管理者身上，意義便大不相同。它除了讚嘆其人工作力強，能幹處事有方之外，還含有機變詭詐手段等的謗辭在內。薛寶釵若是單讚美王熙鳳，原意可能是讚多謗少，因寶釵與熙鳳沒有敵對鬥爭情緒，至少，目前沒有，故聽者們聽到的是美而非謗。但一經提昇轉嫁到賈母身上，意義上便謗多而美少了，因賈母一直未接納寶釵，以寶釵的工於心計，又知書識義，復雜學龐收，她不出手則罷，出手便一定有所指。似想薛寶釵說「我看二嫂子凭怎麼巧，也巧不過老太太。」也就是說無論王熙鳳如何機變百出，總逃不出老祖宗的手掌心。

老祖宗賈母當然聽得出內中含意，她不但聽出了薛寶釵的言外之意，還做了巧妙而更高層次的反擊。賈母說「嘴乖的也有一宗可嫌的，倒不如不說的好。」先弄清楚賈母所指的嘴乖是什麼？所謂乖就是乖巧，某人嘴乖，就是指其人言辭善於逢迎、會拍馬屁，同時還會損人。薛寶釵假借著讚美王熙鳳，而拍老祖宗賈母的馬屁，沒想到會拍到馬腿上，被賈母反打一耙。賈母為了緩和氣氛，以更高層次的言辭還治其人，接著又道「說起姐妹們，千真萬真，從我們家裡四個女孩兒算起，都不如寶丫頭。」四個女孩兒當然包括林黛玉在內，開張明義說明黛玉是我賈家的人，現在是外孫女，將來就是寶二奶奶，若沒有這個未來的虛位以待，現在的林黛玉便不能算作是賈家的人。其次，賈母只說賈家的四個女孩兒都不如寶釵，並未具體說明那方面不如寶釵。好的方面，還是壞的方面，論心機深沉，論詭詐世故，就是四個人合起來，都不如寶釵。薛姨媽比王夫人敏感機靈，立刻予以推卸，王夫人顯得遲頓很多，還挺身出來為賈母加注加脚。

這件公案落幕之前，還得舉出一個人來，做為賈母不接納寶釵的見証。那就是玻璃人兒、水晶心肝的王熙鳳，她是個出了名的班衣串彩者，為什麼每每遇到老祖宗點名褒揚寶釵時，她總是禁若寒蟬。按說，她是金玉姻緣最佳的穿針引線人，老祖宗那麼寵信她，論親情她是王夫人薛姨媽的內姪女兒，與寶釵又有血緣關係，由她出面向老祖宗進言，不是四脚俱全嗎。王熙鳳正是看到了其中的奧妙，才會禁若寒蟬，她正是聞到了隨在熱絡後面的冷戰氣氛，才會裝聾裝啞，不則一聲。

第五十回是全書唯一提到寶玉婚姻的回目，即使如此，也只暗示，而非直書。也是賈母對金玉姻緣定性定調的關鍵回目：

> 賈母因又說及寶琴雪下折梅，比畫兒上還好；又細問她的年庚八字并家內景況。薛姨媽度其意思，大約是想要給他求配。薛姨媽心中因也遂意，只是已許過梅家了，因賈母尚未說明，自己也不好擬定，遂半吐半露告訴賈母道：「可惜了這孩子沒福，——那年在這理，把他許了梅翰林的兒子，偏第二年他父親就辭世了，如今他母親又是痰症，——」

賈母與薛姨媽的對話，令人值得回味。一個明知故問，一個明知故答。寶琴進京的目的是完婚，住進榮國府的那一刻開始，便被留在賈母身邊，被許婚梅翰林家，可說是闔府皆知，這會兒老祖宗來探詢他的年庚八字，不是明知而故問嗎！真是老糊塗了呢？還是另有機謀呢？薛姨媽的回答，就更是違心之論了。書上說他因也遂意，這遂意兩個字有深究的必要。她是外表的情緒上遂意，還是內心的情緒上遂意。中國的古典小說有個特徵，作者寫書中人物，很少涉及人物的情緒變化。即如此刻的薛姨媽，不論她表面上如何鎮靜，她內心情緒正如漲潮般，應該是驚濤裂岸，波翻浪湧。打從她提出金鎖要遇有玉的才能婚配那天開始，她日等夜等的不就是老祖宗賈母的這句話嗎！現在倒好，來了個薛寶琴給了賈母發揮的機會，借刀殺人拒絕金玉姻緣，所以這「遂意」兩個字，用在薛姨媽身上，應是表面上裝出來的情緒，非內心的真實寫照。

同五十回：

鳳姐兒不等說完，便嗐聲跺腳的說：「偏不巧！我正要做個媒呢，又已經許了人家！」賈母笑道：「你給誰說媒？」鳳姐兒笑道：「老祖宗別管。心裡看準了，他們兩個是一對。如今有了人家，說也無益，不如不說罷了。」

鳳姐為什麼迫不及待，又扼腕嘆息地跟著起哄。她比賈母更加清楚薛寶琴赴京的來龍去脈，她與賈母的一問一答，似仕唱一齣雙簧。王鳳姐是王夫人及薛姨媽的親內姪女兒，但她在權力上與王夫人有著本質性衝突，與薛寶釵則有著未來進行式衝突。王熙鳳站到賈母這一邊，也是有計算的，她當家理事的權柄雖來自王夫人，她只要抓住老祖宗這根擎天柱，王夫人還真不能奈何她。只需賈母說一句，留下鳳兒侍奉我，就等於你們自己盡孝一般，賈政賈赦還敢說個不字嗎！賈母拒絕金玉姻緣的心思，又正合了鳳姐兒自身利益的節拍，她為什麼不班衣串彩地站到賈母同一陣線上來。很顯然一向對金玉姻緣禁若寒蟬的王熙鳳，她是借着緩和現場氣氛，為賈母及薛姨媽各找下台堦，才要出頭攬事。她還有意點出寶琴和寶玉兩個是一對，弦外之意呢？薛寶釵的金玉姻緣已叫囂多時，老祖宗從未探詢過她的年庚八字，王鳳姐也從未想過寶釵和寶玉兩個是一對。就在第二十五回書中，她還拿寶玉婚姻戲謔過林黛玉，此時此地更露骨地把薛寶琴推上第一線，目的和老祖宗賈母一樣，項莊舞劍志在拒絕

「金玉姻緣」。

從另一角度看賈母，她的明知故問，的確是藏著心機的。以老祖宗出了名的精明世故，她不出手則罷，出手就必有目的。試想想，她是寶黛愛情的始作俑者，又是護航者，她會輕易放棄寶黛婚姻，去另圖別就嗎？她是在以退作進，寶玉的婚姻決定權在賈政手裡，賈母深知賈政決不敢擅自作主，今薛家既有金玉姻緣之說，我不鬆口，諒你們也不敢，一定要將人嫁給賈家，我就替你們選一個薛家人來嫁罷。這就是為什麼放著已開的「金玉姻緣」薛寶釵不提，去提那壺不開的梅翰林未過門媳婦。技巧就在這裡，聽話的人一聽就都知道，老祖宗是在枇杷別抱，志在否定「金玉姻緣」。今後賈政在考慮寶玉婚姻時，首將考慮的是賈母的反應。打從現在開始，金玉姻緣已被賈母封住，不啻給寶玉的婚姻打了一個死結。也成為賈政的棘手難題，直到前八十回書結束，都還無解。

高鶚筆下賈寶玉的婚姻

紅樓夢最吸引讀者，也是最迷惑讀者的，是它的反描法和隱筆法。反描法讓人錯把好人看成壞人，隱筆法讓主題變得撲朔迷離，難以捉摸。賈寶玉的愛情乃全書的中心線，但有關賈寶玉的兩件大事，舉業與婚姻，全不見諸文字，這就無怪乎高鶚會錯把金玉姻緣的反對者賈母，變成金玉陰謀的推手了。

賈寶玉的婚姻問題，一直隨著情節的發展在發展，全書貫穿一致，從未間斷。前八十回書中曾經有過三次高潮，第二十九回是寶黛愛情的高潮，從這以後，由風風雨雨走向平靜，到三十四回寶玉贈帕定情開始走向婚姻。第五十七回是賈寶玉爭取婚姻的高潮，賈母王夫人與薛姨媽三人心中都非常明白，寶黛間的關係，已到生死難分的地步。第七十八回是金玉姻緣與木石前盟面對面的碰撞高潮，王夫人幾乎是欲向賈母攤牌，臨淵止步。王夫人仍然未敢觸及到婚姻，可見賈寶玉的婚姻問題，已成為榮國府中的一道難題。

藝術創作有個不變的原則，那就是作品的完整性。文學作品有一個結構性的主幹，情節的發展，必需尋踪躡跡，依循著主幹的脈胳前進。這根主幹就是作者試圖透露的、或試圖告訴讀者的主題。因此，作者從事創作時，一定是圍繞着這根主幹線，進行情節安排和佈局。高鶚寫續書時，沒有弄清楚前書作者曹雪芹佈置的主線。賈寶玉的婚姻，正是由於金玉姻緣與木石前盟的鬥爭，才被延宕下來的。賈母正處於金玉姻緣的對立面，說甚麼也不可能由她來提議金玉結緣。高鶚這一錯，不但脫離了原作者的主線，簡直是往反方向進行，將原作的藝術性全給破壞掉了。

第八十四回：

> 賈母又道：「提起寶玉，我還有一件事和你商量；如今他也大了，你們也該留神，看一個好孩子，給他定下。這也是他終身的大事。也別論遠近親戚，什麼窮啊富的，只要深知那姑娘的脾性兒好、模樣兒周正的，就好。」賈政道：「老太太吩咐的很是。但只一件；姑娘也要好，第一要他自己學好才好，不然，不稂不莠的，反倒耽誤了人家的女孩兒，豈不可惜？」賈母聽了這話，心裡却有些不喜歡，便說道：「論起來，現放著你們作父母的，那裡用我去操心？但只我想寶玉這孩子，從小兒跟著我，未免多疼他一點兒，耽誤了他成人的正事，也是有的，只是我看他那生來的模樣兒，也還齊整，心性兒也還實在，未必一定是那種沒出息的，必至遭塌了人家的女孩兒。也不知是我偏心？——我看著橫豎比環兒略好些。不知你們看著怎麼樣？」

寶玉的婚姻既成一道難題，且這道難題到前八十回尚無解。按照當時的習俗，寶玉已過了結婚年齡，古代女子十六干歸，男子十八而娶。老祖宗為了解套，主動向賈政提出寶玉婚姻問題，應屬合情合理之舉。賈母與賈政的談話，賈母對自己主導的木石前盟，似乎作了某種程度的保護與暗示。也像極了她在第十九回書中，對張道士說的話，「什麼窮啊富的，只要深知那姑娘的脾性兒好，模樣兒周正的，就好。」曹雪芹的前八十回書中，已把薛寶釵和林黛玉作了一個全面性的比較，把兩人的「真實我」似國王的新衣般，展現在榮國府所有的人之前。將林黛玉的純真，薛寶釵的詭詐，點滴無遺地讓世人看個裡透外明。賈母口中「那姑娘的脾性兒」指的是甚麼呢？就是兩人的「真實我」。迂腐的賈政並不糊塗，他應該聽得出賈母的話中含意，如果續書是照著原著主線發展的話，賈政應該感受到沉重的壓力。第一寶玉的婚姻已到解題的時候，第二按照賈母的話，他唯一能做的是取黛玉而棄寶釵，他將何以面對王夫人與遠在禁宮中的元春。事實却又不然，從賈政回覆賈母的話來看，他話中的思想內容，對寶玉的婚姻，似乎沒有感受到任何壓力。反倒是對寶玉的言行觀感，「要他自己學好才好，不稂不莠的。」（賈政語），好像賈寶玉的品行真的不堪，還停留在孩提時代，如第九回入學讀書，第三十二回寶玉被笞撻等。加上賈母的一句話「從小兒跟著我，未免多疼他一點兒，耽誤了他成人的正事，也是有的。」這些話一方面說明連賈母也對寶玉的行為愧疚，一方面也坐實了寶玉的不務正業。事實是前八十回中，賈政父子的關係早已今非昔比，賈政樂於讓寶玉迎賓待客，更不時將寶玉展示於詩文聚會場合，這說明賈寶玉已是一顆明日之星。寶玉若真如上述的不肖（要他自己學好才好），賈政那敢出示人前，給自己丟臉。賈政的這番話，是因為高鍔的後言，接不上曹雪芹的前語所致。

同八十四回：

> 賈母連忙連著問道：「——。我看寶丫頭性格兒温厚和平，雖然年輕，比大人還強幾倍。前日那小丫頭子回來說，我們這邊，還讚嘆了他一會子。都像寶丫頭那樣心胸兒，脾氣兒，真是百裡挑一的！不是我說句冒失話，那給人家作了媳婦兒，怎麼叫公婆不疼，家裡上上下下不賓服呢？」

讚美不一定是個褒辭，它必需連繫到讚美者的心態，與被讚美者受讚美的實質成份，其中的分際是很微妙的。薛寶釵的詭詐冷酷性格，前八十回書中已暴露無遺，她的社會形象早已在向下傾斜，她的住處蘅蕪院鮮有人客來往，而瀟湘館則絡繹不絕。盡管老祖宗賈母人前背後對寶釵讚不絕口，那純是應酬辭令，沒一點誠意。如她在第三十五回書中說的「提起姐妹們，千真萬真，從我們家裡四個女孩兒算起，都不如寶丫頭。」這種不著邊際的稱讚有著說不清、道不明的模糊地帶，予聽的人極大的想象空間，因為讚美者的話中，沒有一句可以落實的語言。賈母說的「不如」兩個字的彈性太大了，予人以不確定的感覺。這是原作者曹雪芹筆下賈母的語言，相對於高鍔筆下賈母的語言，其心態與感情可說是一個南轅，一個北轍。

同八十四回：

> 這裡薛姨媽又問了一回黛玉的病。賈母道：「林丫頭那孩子倒罷了，只是心重些，所

以身子就不大很結實了。要賭靈怪兒，也和寶丫頭不差什麼；要賭寬厚待人裡頭，卻不濟他寶姐姐有耽待、有盡讓了。」

比較一下原作賈母對黛玉的抱怨或批評，是怎麼說的呢？第二十九回寶黛間又發生不虞之隙，吵得不可開交。賈母急的抱怨說：我這老冤家，是那一世裡造下的孽障？偏偏兒的遇見了這麼兩個不懂事的小冤家，沒有一天不叫我操心！真真是俗語兒說的，「不是冤家不聚頭」了。」

第四十回

賈母笑道：「我的這三丫頭倒好，只有兩個玉兒可惡！」首先要說明的是「冤家」兩個字的人際範圍，它屬於情侶間、夫妻間、母子間、祖孫間的親暱關係，也正是賈母與寶黛間的關係。黛玉在第二十九回書中，又因求全之毀大吵大鬧，不啻是將她與寶玉間的愛情，大鳴大放地對世人宣泄，幾曾聽說賈母對黛玉有過如高鍔筆下的嚴厲批評了。不論賈母如何抱怨，聽話的人都能感受到，話中的愛意與愛心是多麼地殷切。尤其是「只有兩個玉兒可惡」這句話，其中包含的愛，幾乎是噴口而出，溢於言表。賈母口中的「寬厚待人」，應是黛玉而非寶釵，待人涼薄正是薛寶釵的性格主調。原作者曹雪芹描寫寶釵的住處蘅蕪院「雪洞一般」，正是其人寫照。賈母到了高鍔筆下，簡直變成了另外一個人，別說原作者曹雪芹不認識，連細心的讀者也都不認識。

同八十四回：

却說賈政試了寶玉一番，心裡却也喜歡，走向外面和那些門客閑談，說起方才的話來。——那王爾調又道：「晚生還有一句話，不揣冒昧，合老世翁商議。』賈政道：『什麼事？』王爾調陪笑道：「也是晚生的相與，做過南韶道的張大老爺家，有一位小姐，說是生的德容功貌俱全，此時尚未受聘。他又沒有兒子，家資巨萬，但是要富貴雙全的人家，女婿又要出衆，才肯作親。晚生來了兩個月，瞧著寶二爺的人品學業，都是必要大成的。老世翁這樣門楣，還有何說！若晚生過去，包管一說就成。」賈政道：「寶玉說親，却也是年紀了，并且老太太常說起。但只張大老爺素來尚未深悉。」詹光道：「王兄所提張家，晚生却也知道，況合大老爺那邊是舊親，老世翁一問便知。」賈政想了一回，道：「大老爺那邊，　曾聽得這門親戚。」詹光道：「老世翁原來不知，這張府上原和邢舅太爺那邊有親的。」賈政聽了，方知是邢夫人的親戚。

賈寶玉的婚姻，原作者曹雪芹不著一筆，但它是榮國府中，上自统治者，下至奴僕們熱烈討論的話題。原因在那？第一，金玉姻緣之說來勢洶洶，使木石前盟當事者之一的林黛玉，因承受不住壓力，常要將壓力向賈寶玉轉注，而造成風風雨雨，爭爭吵吵，甚至憂憤成疾。第二，老祖宗賈母與王夫人之間，也因著木石與金玉的尖銳對立，而造成「心結」。表面上姑慈媳孝，温情脈脈，骨子裡却是誰也不讓誰。這麼個僵局，對握有寶玉婚姻決定權的賈政而言，實是左右為難。連賈政都被難住，誰還敢出頭挑釁呢！大家都只能私底下討論或猜測，唯有外人尚能言之一二。即使是外人，也只有如王爾調其人者，初進賈府涉足未深，尚可冒失進言。如詹光之流，似也不便隨便置喙。因茲事體大，上涉高堂，下及內庭，非外人可道。

書到高鍔筆下，主題變了調，賈政聽到王爾調為寶玉作伐的話，不但沒有一點難色，就連詹光也忘了，賈政身上背負的難題。賈政還鄭重其事的向王夫人轉述，這不是咄咄怪事嗎？賈母對賈政提及寶玉婚姻時，首先強調不論「遠近親戚」，這不是明擺著要賈政在既定的木石或金玉中擇一行之嗎！除非高鍔在下筆之前，根本沒有想到他的續書要與前作者佈置的主線銜接。否則，這「遠近親戚」四個字的作用是什麼呢？，難道只是他的即興之筆，與說話者賈母的心理和全書情節毫無關係，這太離譜了罷。

同第八十四回：

却說次日邢夫人過賈母這邊來請安，王夫人便提起張家的事，一面回賈母，一面問邢夫人。邢夫人道：「張家雖係老親，但近年來久已不通音信，不知他家的姑娘是怎麼樣的。倒是前日孫親家太太打發老婆子來問安，却說起張家的事，說他家有個姑娘，托孫親家那邊有對勁的提一提。聽見說，只這一個女孩兒，十分嬌養，也識得幾個字，見不得大陣仗兒，常在屋裡不出來的。張大老爺又說：〞只有這一個女孩兒，不肯嫁出去，怕人家公婆嚴，姑娘受不得委屈。必要女婿過門，贅在他家，給他料理些家事〞。」賈母聽到這裡，不等說完，便道：「這斷使不得。我們寶玉，別人伏侍他還不夠呢，倒給人家當家去！」邢夫人道：「正是老太太這個話。」賈母因向王夫人道：「你回來告訴你老爺，就說我的話，這張家的親事是作不得的。」王夫人答應了。

賈政向王夫人提張家的親事，第一個反對的，應該是王夫人，他與薛姨媽苦心孤詣，串掇金玉陰謀的目的，就是為了寶、釵間的婚事。只因中間橫亙著一個林黛玉，老祖宗安排的「木石前盟」，已夠她傷透腦筋。這會子又蹦出個張家小姐來，這不是成心給她添亂嗎！令人費解的是，王夫人似乎把薛姨媽靦顏所說的，「金鎖要遇有玉的才能婚配」的話忘得一乾二淨。竟毫無異議地接受了賈政的提議，也鄭重其事的一面回賈母，一面向邢夫人探詢張家根底，一付無條件接受的心理表現。姑且從另一角度來分析王夫人的心理，為了金鎖要遇有玉的才能婚配，她在前八十回書中，與賈母明爭 - 唆使元春表態，暗鬥 - 收服襲人驅逐晴雯。這會子又從石頭縫裡崩出個張家女兒來，她不反對，反倒向賈母表示贊成，這是什麼意思呢？也許是為了要看賈母的反應，故意向賈母回話，還鄭重其事地向邢夫人打探張家根底。賈母的心理便很難猜測了，她是順著邢夫人的話，做了拒絕的决定，很難看出她心理的真正反應。只能假設高鶚是懂得賈母的心事的，他不明寫，目的在向讀者先賣個關子。關於王夫人，這後一節的分析，是以續書作者在尊重原作情節發展的前提下，才能在王夫人的心理上出現這種心態，是否如實，還得看續書作者後續情節的安排而定。

同八十四回：

> 賈母忽然想起張家的事來，向王夫人道：「你該就去告訴你老爺，省了人家去說了，回來又駁回。」又問邢夫人道：「你們和張家如今為什麼不走了？」邢夫人因又說：「論起那張家行事，也難合咱們作親，太嗇克，沒的玷辱了寶玉。」鳳姐聽了這話，已知八九，便問道：「太太不是說寶兄弟的親事？」邢夫人道：「可不是麼！」賈母接著，因把剛才的話，告訴鳳姐。鳳姐笑道：「不是我當著老祖宗太太跟前說句大膽的話；現放著天配的姻緣，何用別處去找？』賈母笑問道：「在那裡？」鳳姐道：「一個“寶玉”一個“金鎖”老太太怎麼忘了？」賈母笑了一笑，因說：「昨日你姑母在這裡，你為什麼不提？」
>
> 鳳姐道：「老祖宗和太太們在前頭，那裡有我們小孩子家說話的地方兒？況且姨媽過來瞧老祖宗，怎麼提這些個？這也得太太們過去求親才是。」賈母笑了，邢王二夫人也都笑了。賈母因道：「可是我們背晦了。」

背晦的不是賈母應是高鶚，寶玉的婚姻向來是個棘手問題，曹雪芹的前八十回書都不敢觸及的問題，高鶚接手續書時便大書特書。他鋪寫的寶玉婚姻，並非是追踪躡跡，循著前書的主線進行情節安排，而是獨立地另立篇章。寶玉婚姻正因遇到「木石」與「金玉」的膠著，成為榮國府中的一塊禁臠，誰也不許碰，也沒人敢碰。試想想，前八十回書中，處於賈母與王夫人的冷戰氣氛下，除了林黛玉口中常掛著什麼金什麼玉之外，還有誰敢提金玉兩個字。這麼嚴峻的對立形勢，正說明賈母與王夫人對各自爭取主導寶玉婚姻的堅持。這會兒兩人却忘得一乾二淨，還得勞動往昔避之唯恐不及的鳳姐來從中提醒。況且，從鳳姐自身的利益出發，她即使要提「遠親近戚」，也應該是「木石」而非「金玉」。故高鶚所寫寶玉婚姻，其乖舛離譜嘆為觀止。鳳姐除了自身利益，應選「木石」，還有沒有其他理由或原因呢？鳳姐是王氏門中比較善良的人，如她對待邢岫煙，因憐其貧苦，較諸人多疼他一點。在黛玉與寶釵之間，鳳姐與寶釵多少還帶有一點血緣關係，但因著未來彼此間的利益衝突，已被沖淡。關鍵在黛玉與寶釵表現的性格與行為，在長時間的陶冶下，原有的社會形象都在轉型中變質變樣。薛寶釵於第二十七回金蟬脫殼，嫁禍林黛玉，又於第三十二回說金釧之死不足惜，因其「糊塗致死」。大觀園是個耳目眾多的社會，又是個傳播最迅速的社會。當家理事的鳳姐，她正是處於這個社會的中心點，也是處於這個社會的情報中心，她又是個水晶心肝、玻璃人。薛寶釵的這些事，瞞得了別人，決瞞不了王鳳姐。寶二奶奶的位置對鳳姐有著直接的威脅，她一定不斷在心中自問？一旦有一天寶釵以同樣的手段心機對付我王熙鳳，我將何以自處。衡情度理，如果要鳳姐在黛玉與寶釵間，為賈寶玉擇偶，她會擇誰呢？

以林黛玉的絕世聰明，她若不是感受到金玉對自身的巨大壓力，她何苦在「金玉」上與賈寶玉糾纏不清。正是那股看不見摸不著，從四面八方簇擁前來的金聲玉響，將林黛玉擠壓得喘不過氣來，她才要不時向賈寶玉身上轉嫁。直到第三十四回寶玉贈帕定情，才算解除了黛玉的心理壓力。這種解除不等於消失，「金玉」與「木石」的旋窩，仍然在賈母王夫人及薛姨媽三人的心中激蕩、迴旋。高鶚續書時距紅樓夢前八十回成書時間不遠，為什麼會見不及此，令人費解。第八十五回：

這裡賈母問道：「正是，你們去看姨太太，說起這事來沒有？」王夫人道：「本來就要去看，因鳳丫頭為巧姐兒病着，就擱了兩天，今兒才去的。這事我們告訴了，他姨媽倒也十分愿意，只說蟠兒這時候不在家，目今他父親沒了，只得和他商量商量再辦。」賈母道：「這也是情理的話，既這麼樣，大家先別提起，等姨太太那邊商量定了再說。」

「金玉姻緣」正是王夫人薛姨媽兩人竄掇出來橫刀奪愛的一個陰謀，兩人處心積慮等了這麼多年，曹著筆下金玉陰謀的最大絆腳石就是賈母。到了高鍔筆下把賈母這塊大絆腳石搬開了，還反過來做了金玉陰謀的推手，王夫人能好整以暇，多等兩天嗎？她就不怕賈母反悔嗎？薛姨媽還假猩猩要與薛蟠商量，且聽聽薛蟠在第三十四回中說的話：「好妹妹，你不用和我鬧，我早知道你的心了，從先媽媽和我說：『你這金鎖要揀有玉的才可配』，你留了心，見寶玉有那勞什子，你自然如今行動護着他。」人稱薛蟠為薛大傻子，其實薛蟠並不傻，他只是任信得不顧後果，他早已洞悉金玉姻緣中的陰謀，薛姨媽還有必要徵詢他的意見嗎？因為高鍔不知內情，按常情論婚嫁，故有此筆觸。也正因其不知內情，才會把對頭變推手，且改變了整個賈母的人格和性格，變得連曹雪芹都要問，這個老太婆到底是誰？

第八十五回：

將到怡紅院門口，只見兩個人在那裡站着呢，襲人不便往前走。那一個早看見了，連忙跑過來。襲人一看，却是鋤藥，因問：「你作什麼？」鋤藥道：「剛才芸二爺來了，拿了個帖兒，說給咱們寶二爺瞧的，在這裡俟信。」襲人道：「寶二爺天天上學，你難道不知道？還候什麼信呢？」鋤藥笑道：「我告訴他了，他叫告訴姑娘，聽姑娘的信呢。」

襲人正要說話，只見那一個也慢慢的蹭過來了，細看時，就是賈芸。

鋤藥既已告知賈芸，寶玉在學房裡，賈芸為何不去學房找寶玉。那是個人人都能去的公共場所，況他又是賈姓子弟，應是輕車熟路。偏要親自送到怡紅院來，還要立等聽襲人的回信，這不是懷着鬼胎嗎？高鍔寫這麼一筆，用意何在。

再說，鋤藥是跟隨寶玉的小斯，寶玉上學，照例跟隨的人，都要隨同前往學房伺候，鋤藥為什麼會被留置在家，續書沒有交代。高鍔與曹雪芹是同時代的人，為什麼續書時，對榮國府的家規，這麼陌生。別說是賈芸輕易進不了大觀園，就是鋤藥想進大觀園，亦有如登天。高鍔不但送他們進了大觀園，還跑到怡紅院門口，是誰給了高鍔這麼大的權力，終曹雪芹的前八十回書，幾曾見過賈寶玉的跟隨小斯進大觀園回話或傳話了，有事也只能在園門口候訊，或請婆子們向園裡傳話，榮國府的大觀園是個男性禁區，高鍔却是矇然無知，恣意瀟灑。

第二十四回：

賈芸點頭笑着同進書房，便坐下問：「寶二爺下來了沒有？」焙茗道：「今日總沒下來。二爺說什麼，我替你探探去。」說着，便出去了。

這裡賈芸便看字畫古玩。有一頓飯的工夫，還不見來。再看看要找別的小子，都玩去了。正在煩悶，只聽門前嬌音嫩語的叫了一聲「哥哥呀」，賈芸往外瞧時，是個十五六歲的丫頭，生的倒甚齊整，兩隻眼睛水水靈靈的，見了賈芸，抽身要躲，恰值焙茗走來，見那丫頭在門前，便說道：「好，好，正抓不着個信兒呢！」賈芸見了焙茗，也就趕出來，問：「怎麼樣？」焙茗道：「等了半日，也沒個人過。這就是寶二爺屋裡的。」因說道：「好姑娘，你帶個信兒，就說廊上二爺來了。」

曹雪芹筆下賈芸要見寶玉，是何等的煩難。同樣，即使是寶玉自己的小廝，要找他也是何等的煩難。怎麼到了高鍔筆下，兩個大男人不經通報，逕自長驅直入，跑到了怡紅院門口。高鍔不像是寫續書，而是在寫自己的紅樓夢。

賈芸第一次進大觀園是被委帶領工匠們種花，第二十五回：

卻說小紅正自出神，忽見襲人招手叫他，只得走上前來。襲人笑道：「咱們的噴壺壞了，你到林姑娘那邊借用一用。」小紅便走向瀟湘館去，到了翠煙橋，抬頭一望，只見山坡高處都攔着帷幕，方想起今日有匠役在此種樹。原來遠遠的一簇人在那裡掘土，賈芸正坐在山子石上監工。

第二十六回：

這裡賈芸隨着墜兒逶迤來至怡紅院中，墜兒先進去回明了，然後方領賈芸進去。

賈芸雖是榮國府的宗親，但他在榮國府中，並沒有行動的自由，有些下人們能到的地方，賈芸未見得能夠涉足。他要進大觀園看寶玉，一路由小丫頭子領着，才能在大觀園中行走，套一句賈府下人們的俗話，那是個有尺寸的地方。第三十二回他送給寶玉兩盆白海棠，也只能送到園門口，由婆子們再往裡傳送。高鶚寫續書，連這些顯而易見的賈府規例，都視而不見，大違常例。對那些隱晦的主題描寫，便更抓不到要領了。他所寫寶玉婚姻何止不能接榫，簡直在七拚八湊，連榮國府中立足點都沒有的賈芸，也被扯進了寶玉的婚姻，還有什麼高鶚不敢寫不能寫的了。

有關賈寶玉的婚姻，首先要讓讀者明瞭的是，高鶚錯置了賈母的位置，這一錯把整個事件的重心和過程都顛倒了過來。原本金玉姻緣對立者的賈母，變成了金玉姻緣的推手。金玉姻緣的推手王夫人，反變成了配角。這麼荒誕不經的一本經，高鶚是怎麼唸的。

高鶚之所以錯，錯在他的想象力貧乏，無法與原作者曹雪芹海闊天空的漫遊相比。他把終身誤曲子看的太死板了，中國古代有許多預言式的歌辭，最有名的如「燒餅歌」，據傳為劉伯温所作。曹雪芹寫的「終身誤」既是預言，也是終結的告白。下面試對歌辭進行試探性的解析：**都道是金玉良緣，俺只念木石前盟**。這裡把「金玉」與「木石」的對立，明明白白，清清楚楚的向世人說了出來。所謂「都道是」，是一種眾口鑠金的社會傳聞，被大眾認定，那是賈寶玉婚姻的「未來進行式」。但也只限於猜想，並非必然，其中尚存在着「惑然率」，其根據便是木石的對立。同時，也清楚寫出婚姻當事人賈寶玉的意願與堅持，「俺只念」表示出當事者的堅定態度，他心心念念的只有一個「木石前盟」。**空對着，山中高士晶瑩雪**。這空對着的「空」，說明當事人賈寶玉面臨的困境與無奈，以及他面對那個眾口鑠金的對象時，腦海裡是一片無奈。山中高士原應是對隱逸者的引喻，但此處被引喻的人，並非隱逸的高士，而是像雪一樣，初落的時候晶瑩潔白，過後就染作泥了。這正是功利主義的薛寶釵的標記，男人是泥做的骨肉，薛寶釵充滿了男性的功利色彩，在賈寶玉的眼中，不是化作泥，還能是什麼呢？。**終不忘，世外仙姝寂寞林**；「終」字在這裡應作「永遠」解，地老天荒永誌不忘，世外仙姝謂林黛玉也。寂寞林，黛玉的寂寞，一是外在的世難容，一是內在的難容世的出世性格。**嘆人間，美中不足今方信**。這是作者或原型人，道出了他內心深處的真實感觸。深嘆人世間**美中不足**，他要娶的，沒嫁給他，嫁給他的，偏偏是他所不要娶的。請讀者不要誤會，這裡所指稱嫁給賈寶玉的，不一定就是薛寶釵，不論張寶釵或李寶釵，都意味着美中不足，由不得人不信。最後的兩句話，影響高鍔最多，謬誤最大。**縱然是齊眉舉案，到底意難平**。「縱然是」三個字，在中文中，意味着兩種不同的「時間」值。一種指「過去式」，即使已經「齊眉舉案」。一種指「未來式」，即使將來「齊眉舉案」，都說的通。因為金玉姻緣乃指名道姓的要將薛寶釵嫁給賈寶玉，這齊眉舉案，不消說，指的就是賈薛聯姻了。「到底意難平」是當事人對婚姻結局的追憶，不管這結局的對象是誰，當事人認為非林黛玉莫屬。更不幸的是，當事人的婚姻竟置林黛玉於死地，不論它是直接的或間接的，激起當事人的憤慨，自在意料之中了。

這裡再舉一段高鶚的續書，以說明他的目盲與心盲。第一百一回：

寶玉答應着出來，剛走到院內，又轉身回來，向寶釵耳邊說了幾句話，不知什麼。寶釵笑道：「是了，你快去罷。」將寶玉催着去了。——只見秋紋進來傳話：「二爺打發焙茗回來，請二奶奶。」寶釵道：「他又忘了什麼，又叫他回來？」秋紋道：「我叫小丫頭問了焙茗，說是『二爺忘了一句話，二爺叫我回來告訴二奶奶：若是去呢，快些來罷；若不去呢，別在風裡站着。』」說的賈母鳳姐並地下站着的老婆子丫頭都笑了。

看看高鶚的這一段描寫，寶玉與寶釵之間的恩愛纏綿，誰還能相信，在當事人賈寶玉心中，尚存着意難平的心結。高鶚一手為了齊眉舉案製造金玉姻緣，又一手為了抹剎意難平製造賈寶玉對薛寶釵的體貼温柔。高鶚連意難平與齊眉舉案之間的矛盾都搞不清楚，接不上榫，怎能期待他與曹著前八十回書接上榫。

曹雪芹預言的結局，他的處理方式，已無從查考。曹雪芹未能做成結局，並不意味着不能作結局，或根本沒有結局。只是這結局必須是「金玉」與「木石」鬥爭的結局，不能是一面倒的結局。高鶚的寶玉婚姻結局，由於佈局的安排，缺乏鬥爭性，完全是一廂情願的一面倒，與原著的思想脫了節，連帶地也減低了它的藝術感染力。更糟糕的是，打亂了前八十回的佈局與結構，剝損了全書的藝術價值，這是高鶚始料不及的。

有關高著賈寶玉的婚姻，只能推出幾處顯而易見的失誤，作為例證來予以陳述，若全部推出，將成另一部書了。按高鍔為了完成賈寶玉的婚姻結局，他為「金玉姻緣」做了大量的鋪陳。為薛寶釵重新打扮並包裝，賦予新的性格形象，由曹著的詭詐冷酷，變成高著的溫厚和平。這一變已是一百八十度的大轉變，別說原作者曹雪芹不曾認識，細心的讀者也不曾認識。小說創作，人物性格是創作的 ABC。高鍔對此却陌生的很，連人物性格都不能把握，遑論結構與佈局了，因其力有未逮，益顯其力不從心。

曹雪芹筆下的賈母

任何小說作品，其作品中的人物，如張三，他只能有一個，張三就是張三。張三之所以成為張三，因為張三有他張三的性格。性格乃人的標記，從頭到尾，張三的性格如同一個不可改變的烙印。紅樓夢的前後書出現嚴重分裂，問題就出在人物性格不能統一，所有主要人物性格都出現異化，出現了兩個完全相反性向的賈母，也就不足為奇了。曹雪芹筆下的賈母，與高鍔筆下的賈母，他們的性格是對立的，一個慈祥，一個冷酷。後賈母的性格被作者扭曲改變，導致人格變形，由熟悉變為陌生，讀者不認識，曹雪芹更不認識。續書不只是改變了人物性格，同時也改變了主題風格，這是連高鍔自己都不知道的失誤。

賈母——榮國府的老祖宗，前八十回書中甚少品評人物。一個有容乃大的貴族老太太，櫳翠庵品茶，對妙玉的孤傲，賈母從未有過微詞。八十一回後的賈母，似乎變了一個人，常常把月旦人物掛在嘴邊上。

在原著曹雪芹筆下，賈母與王夫人一直是處於對立狀態，表面上温情脈脈，姑慈媳孝，私底下各逞心機。王夫人仗着元春作保，鳴鑼響鼓，搖旗吶喊，大搞「金玉姻緣」。賈母則仗着賈政的假道學性格，不敢在孝字上逾矩。導演寶黛兩人間的愛情劇，先是讓兩人日則同起同坐，夜則同止同息。後則用「不是冤家不聚頭」，點破兩人間的生死情關。

自林黛玉進榮府的大門那一天開始，老祖宗賈母便未想到要為寶黛之間設防。

第三回：

> 把你林姑娘暫且安置在碧紗櫥裡，——寶玉道：「好祖宗，我就在碧紗櫥外的床上很妥當，又何必出來，鬧的老祖宗不得安寧呢？」賈母想一想，說：「也罷了。」

上文說，賈母想一想。她在想甚麼呢？按照寶玉的說法，他與黛玉住得這麼近，好處是賈寶玉體貼細心，作為黛玉的良伴，再好不過了。待考慮的是，兩人的床鋪只有一簾之隔，日久天長，其後果是不問可知的。若不照寶玉的提議，硬把他遷出去，黛玉別親失恃投到這裡來，如沒有一個體貼細心的人照顧，只怕她會思鄉成疾。除此之外，賈母還有沒有另外的設想，比方說親上加親，證諸以後的種種，不排除賈母一開始，便已想到了這個問題。

第五回：

> 如今且說林黛玉自在榮府，一來賈母萬般憐愛，寢食起居，一如寶玉，把那迎春、探春、惜春三個孫女兒倒且靠後了；就是寶玉黛玉二人的親密友愛，也較別人不同；日則同行同坐，夜則同止同息，真是言和意順，似漆如膠。

賈母對黛玉的愛，是數學級數的。賈母三個兒女中，能以安慰慈心的，只有一個賈敏。不幸白髮人送了黑髮人，賈母為失恃的黛玉焦心，堅持接來撫養。那時候並未想到中年喪偶的林如海會走得這麼快，待林如海去世，賈母更是責無旁貸了。大凡隔代的寵愛，如祖輩寵愛孫輩，一定有他被寵的因素。賈寶玉實有其被寵的條件，除了美姿容、他的細心、善體人意，都足以讓人愛他十分。黛玉同樣地，她美若天仙、聰慧不下於寶玉，純真又非他人所及。賈母把他兩個放在掌心上，一個金童，一個玉女，實難分軒輊，賈母要想不成全他們，都不可能。

第二十六回：

佳蕙聽了跑進來，就坐在床上，笑道：「我好造化！才在院子裡洗東西，寶玉叫往林姑娘那裡送茶葉，花大姐姐交給我送去，可巧老太太給林姑娘送錢來，正分給他們的丫頭們呢，見我去了，林姑娘就抓了兩把給我，也不知道是多少，你替我收着。」便把手絹子打開，把錢倒出來，交給小紅。

賈母愛護黛玉的心，似乎比對寶玉更為細緻幾分。她深知她家下使的老婆子小丫頭子們，都是向「錢」看的勢利小人。薛寶釵孤立林黛玉的唯一法寶，就是用錢收買人心。賈母不想讓黛玉覺得手中侷促，除了公中的二兩月例銀子，她還經常為黛玉送錢填補空乏。讀者若不細心省察，很容易被高鶚的冷酷賈母所愚。

第三十回：

那賈母見他兩個都生氣，只說趁今兒那邊去看戲，他兩個見了，也就完了，不想又都不去。老人家急的抱怨說：「我這老冤家，是那一世裡造下的孽障？偏偏兒的遇見了這麼兩個不懂事的小冤家兒，沒有一天不叫我操心！真真是俗語兒說的，『不是冤家不聚頭』了。」

一句話沒說完，只聽嚷道：「好了！」寶黛兩個不防，都唬了一跳，回頭看時，只見鳳姐兒跑進來，笑道：「老太太在那裡抱怨天，抱怨地，只叫我來瞧瞧你們好了沒有，我說：『不用瞧，過不了三天，他們自己就好了。』老太太說我『懶』；我來了，果然應了我的話了。」——說着，拉了黛玉就走。

到了賈母跟前，鳳姐笑道：「我說他們不用人費心，自己就會好的，老祖宗不信，一定叫我去說和；趕我到那裡去說和，誰知兩個人在一塊兒對賠不是呢。倒像『黃鷹抓住鷂子的脚』，兩個人都『扣了環了』！那裡還要人去說呢？」說的滿屋裡人都笑起來。

此時寶釵正在這裡，那黛玉只一言不發，挨着賈母坐下。

賈母口中的冤家，屬於一種親暱的埋怨，表示被埋怨者的關係，非等閒亦非尋常。聽者都明白，這類埋怨的話，多半還是為了說給外人聽的。如真是針對埋怨的對象，讓他們知所警惕的方式多的很，用得着說那些沒用的話嗎？賈母為了堵住社會輿論的嘴，為寶黛的愛情劇打掩護，故作姿態，這才是賈母的真正用心。

第二十九回是林黛玉愛情告白，大鳴大放的一回。賈母不但知道寶黛間在鬧什麼矛盾，還確認了他們的矛盾，並用「不是冤家不聚頭」來解除他們的矛盾。鳳姐的話，更不啻廣告式的寶黛愛情宣言，在坐諸人，沒有一個不是明眼人。賈母若不是有心，她還能讓寶黛相處在一塊嗎？三百年前，青年人的男女關係，是何等的敏銳、嚴肅的課題。賈母既不積極阻止，也不作消極防範，還主動從中消冷加熱，她安的是什麼心，不消說，正是司馬昭之心。

另一個令人費解的問題是，賈母為什麼對寶黛的風風雨雨，這麼在意，急着命鳳姐兒去做和事佬。怕社會輿論嗎？她面對如許多的質疑眼光，她從未迴避過。她仍然是我行我素，任由寶黛去自我翺翔，不加干涉，更不作評論。她耽心的是黛玉過激的語言和行為，激怒寶玉，或刺傷寶玉，從而產生心灰意冷的心理，走上反目或疏離。那對黛玉無疑是個沉重的打擊，說不定就因此要了她的小命，賈母將如何對死去的女兒賈敏做交代。

按說，林黛玉的愛情告白，正是當時代禮教的大忌，隱之秘之唯恐不及，她竟肆無忌憚地大鳴大放，不就是因着有老祖宗賈母這個靠山嗎。黛玉與賈母的關係，作者寫得極為細膩，却是出之於閑筆。黛玉被鳳姐拉到賈母房中，作者說：黛玉**挨着賈母坐下**，這句話，看似漫不經意，實則是着意添墨。黛玉挨着賈母坐不是偶爾，而是習慣。第三回：**這熙鳳携着黛玉的手，上下仔細打量一回，便仍送至賈母身邊坐下**。作者正是要借此說明寶釵黛玉，在賈母心目中的份量。黛玉挨着賈母坐不是撒嬌，更不是故意做給薛寶釵看，打從進榮國府那天開始，便被賈母留在身邊，一則賈母可以從黛玉身上感受女兒賈敏的孺慕之情，一則黛玉可以從賈母身上感受母愛親情，這種從血液裡帶出來的感情，其濃度是無法計量的。次則說：**此時寶釵正在這裡**，為什麼在這個節骨眼上，要把寶釵拉出來。作者的用心是很巧妙的，他就是要把對立矛盾的兩造，擺到同一平面上來加以對比。第二十八回元春表態支持「金玉姻緣」，第二十九回便讓林黛玉大鳴大放，到三十回更進一步，讓老祖宗賈母出面表態支持「木石前盟」。

薛寶釵是寶黛愛情中的第三者，當林黛玉大鳴大放，不但沒有出現反禮教的社會輿論，形成壓力，以壓制寶黛的愛情發展，還反常地得到賈母的現場支持。此情此景，落到薛寶釵眼裡，一時間，心理上着實難以平衡。當寶玉指她富肽似楊妃時，便激起她的一腔怒火，正無處發泄，碰上靚兒來索扇子，找到了出氣筒，把一肚皮鳥氣，全傾洩到了靚兒身上。從此，更加增強了寶釵爭強好勝之心，死不罷休。

第四十九回：

黛玉換上掐金挖雲紅香羊皮小靴，罩了一件大紅羽縐面白孤狸皮的鶴氅，系一條青金閃綠雙環四合如意絛，上罩了雪帽，二人一齊踏雪行來。只見眾姊妹都在那裡；都是一色大紅猩猩毡與羽毛緞斗篷。

上述穿着打扮，是誰為黛玉操持的，問都不用問，想都不用想，老祖宗賈母。為什麼不會是鳳姐，因為鳳姐是當家理事人，她若操持為黛玉製作冬裝，只能與迎春三姊妹一樣，以示大公無私。觀乎黛玉所穿戴衣物，與賈氏三姊妹顯然有別，除賈母外別人既不會關心，也缺乏那種審美眼光。黛玉的世同嫌，與賈母的愛不無關係，正如黛玉自己說的，第四十五回：你看這裡這些人，因見老太太多疼了寶玉和鳳姐姐兩個，他們尚虎視眈眈，背地裡言三語四的，何況於我。老祖宗賈母愈是珍愛黛玉，黛玉便愈是被世同嫌。當人面對社會的時候，他面對的是一個群體，上下左右，四面八方都在指向他或她。人品不出眾，又沒有才情，被社會藐視。人品出眾，才藻超群，又被社會忌妒，這便是人與社會的真實關係。要想博得社會的好名聲，只有超真實的不正常關係，如薛寶釵的「豁達大方，隨分從時。」那都是用金錢或利益，換取得來的。

第五十二回：

寶玉又笑道：「正是有句要緊的話，這會子才想起來。」一面說，一面便挨近身來，悄悄道：「我想寶姐姐送你的燕窩——」一語未了，只見趙姨娘走進來瞧黛玉，——寶玉會意，便走了出來。

燕窩改由賈母處每日送一兩過來，黛玉尚矇然不知，正是賈寶玉告知賈母後，立即作出決定，取而代之。說明寶玉與賈母都不願黛玉，領薛寶釵的那份情，因其用心叵測，黛玉不知，寶玉與賈母則深悉之。

第五十四回：

這烟火俱系各處進貢之物，雖不甚大，却極精緻，各色故事俱全，夾着各色的花炮。黛玉稟氣虛弱，不禁「劈啪」之聲，賈母便摟他在懷內。

萬般憐愛的賈母，把黛玉摟在懷內，一點也不令人驚異。再說以黛玉的嬌弱，仙姝般的姿容，又是自己親生女兒的骨血，那能不刻意加倍寵愛。連劉姥姥那種八桿子打不到的親戚，賈母尚憐其貧薄，一宴再宴，厚贈遣歸。可見賈母向來是個惜老憐貧，年高有德的慈善人。

第二十九回：

鳳姐兒的轎子却趕在頭裡先到了，帶着鴛鴦等迎接上來。見賈母下了轎，忙要攙扶，可巧有個十二三歲的小道士兒，拿着個剪筒，照管各處剪臘花兒，正欲得便且藏出去，不想一頭撞在鳳姐兒懷裡，鳳姐便一揚手，照臉打了個嘴巴，把那小孩打了一斤頭，罵道：「小野雜種！往那裡跑？」那小道士也不顧拾燭剪，爬起來往外還要跑，正值寶釵等下車，眾婆娘媳婦正圍隨的風雨不透，但見一個小道士滾了出來，都喝聲叫：「拿，拿！打，打！」

賈母聽了，忙問：「是怎麼了？」賈珍忙過來問。鳳姐上去攙住賈母，就回說：「一個小道士兒剪臘花的，沒躲出去，這會子混鑽呢。」賈母聽說，忙道：「快帶了那孩子來，別唬着他！小門小户的孩子，都是嬌生慣養慣了的，那裡見過這個勢派？倘或唬着他，倒怪可憐見兒的，他老子娘豈不疼呢？」說着，便叫賈珍：「去好生帶了來。」賈珍只得去拉了那孩子，——一手拿着臘剪，跪在地下亂顫。賈母命賈珍拉起來，叫他：「不用怕。」問他：「幾歲了？」那孩子總說不出話來。賈母還說：「可

> 憐見兒的！」又向賈珍道：「珍哥帶他去罷。給他幾個錢買果子吃，別叫人難為了他。」賈珍答應，領出去了。

這裡具體描繪賈母的慈心和善心，不是因人而發，而是見人就發，這才是一顆真正的慈善心，一個真正的慈善人。他連不相干的孩子都不忍心傷害，連孩子的父母都想到了，他老子娘豈不疼呢？他會着意去傷害自己的親骨血嗎？

第五十八回：

> 因此薛姨媽都難住。況賈母又千叮嚀萬囑咐托他照管黛玉，自己素性也最憐愛他，今既巧遇這事，便挪至瀟湘館和黛玉同房。

賈母托薛姨媽照管黛玉是深具用心的，她與王夫人薛姨媽玩的寶玉婚姻主導權遊戲，薛姨媽正是對手主角之一，賈母明知道薛氏母女，視黛玉如眼中釘、肉中刺。還這般不識相，千叮嚀萬囑咐，請薛姨媽照管黛玉，目的是甚麼呢？借着對黛玉的關愛，表明自己對「木石前盟」的立場堅定，不會輕易動搖的決心。

「木石前盟」與「金玉姻緣」的鬥爭，這與賈母對黛玉的愛和責任是分不開的。黛玉具有令人疼愛的本質因素，他單純不憚心機，善良不會玩手段。她早期的尖銳敏感，乃是基於週遭環境的刺激與壓力，在她稚嫩的心靈上，不斷投下蔭影所致。待她稍通人事，尤到寶玉贈帕定情之後，黛玉便恢復了她溫厚有容的本來面目。從幼小到成長，黛玉一直是在賈母的哈護下，獲得愛的滋潤。而賈母對黛玉的愛始終不變的原因，乃是從血液中帶出來的本能，經久不竭。

語說「有容乃大」，賈母正是個容量如海的老祖宗。如果賈母是一個嗜好月旦人物的無聊老太婆，妙玉的行為，已足夠她說上三年五載。小說創作，人物性格是一根標桿，成功的人物性格塑造，為小說成功的基石。曹雪芹寫的前八十回紅樓夢，故事情節外，最突出成功的便是人物性格。因此，林語堂博士稱他為世界第一流的小說家，這正是識者之見。惜乎，林博士却見不到後四十回人物性格之變，變得最多，也最離譜的便是賈母。

高鶚筆下的賈母

高鶚續書的最大誤區，來自他藝術鑑賞的淺薄，把後人視為文學上，達到最高造詣的紅樓夢，視為稗官野史。這個眼界與思想上的偏差，是他續書失敗的基本根源。從而造成人物性格逆向，出現悖情悖理言行，賈母是續書中出現上述異狀，最明顯的一個。其中主要人物都出現類似狀況，續書之不能承接「續」的癥結在此。

第八十三回：

> 賈母聽了，自是心煩，因說道：「偏是兩個『玉』兒多病多災的。林丫頭一來二去的大了，他這個身子也要緊。我看那孩子太是個心細。」

賈母予黛玉以批評的語言，是自高鶚的續書開始的，之前，在曹雪芹筆下是絕無僅有的。賈母批評黛玉，並非黛玉真有什麼可資訾議之處，她唯一被人詬病最多的，是她與寶玉間的風風雨雨，但自三十四回之後，連這風風雨雨都歸於平靜，她不再多疑，雖對婚姻猶抱憂郁，對愛情却充滿信心。再也聽不見有人說她鬧小性兒了，高鶚借賈母的嘴，說林黛玉太是個心細。心細原應是女性的美德，此處乃係貶辭，延續着鬧小性兒的陳腐觀念，這正是暴露出續書者的無識，無視原作者的寫作方向，敗筆耳。

八十四回

我看寶丫頭性格兒温厚和平，雖然年青，比大人還強幾倍。前日那小丫頭子回來說，我們這邊，還都讚嘆了他一會子。都像寶丫頭那樣心胸兒，脾氣兒，真是百裡挑一的！不是我說句冒失話，那給人家作了媳婦兒，怎麼叫公婆不疼，家裡上上下下不賓服呢？

林丫頭那孩子倒罷了，只是心重些，所以身子就不大很結實了。要賭靈怪兒，也和寶丫頭不差什麼；要賭寬厚待人裡頭，却不濟他寶姐姐有耽得、有盡讓了。

高鶚借着賈母的嘴讚美薛寶釵，說她那樣心胸兒。正是因為薛寶釵的心胸狹猛，李紈探春恐其挾怨報復，才不得不在白海棠結社吟詩時，把眾人公認的第一貶為第二，將第一讓與寶釵。如薛寶釵稍具謙讓之心，她就應該遵從眾議，推舉黛玉，以示豁達。又說寶釵脾氣兒，真是百裡挑一的！第三十回，就在賈母的眼皮子底下，因寶玉把寶釵比作楊妃，激起寶釵大怒，適靚兒來向寶釵索扇，寶釵便把一肚皮鳥氣，全都發泄到了靚兒身上。上述寶釵的失德，高鶚可以視而不見，聽而不聞。但榮國府的老祖宗賈母可不是一個只有「忘」心，沒有「記」心的人。續書者對賈母尚未識盧山真面目，便這般大膽地替賈母發言，讚美寶釵詆譭黛玉，曹雪芹有知，將死不瞑日。

又說黛玉待人不如寶釵寬厚、有盡讓。史湘雲於第二十二回把黛玉比作戲子，海棠詩分明眾認黛玉第一，硬被貶為第二，黛玉從未表示過不滿。湘雲曾三番兩次予黛玉難堪，事後黛玉亦從未予以計較。每遇詩會，湘雲凡有好詩好句，黛玉總是讚不絕口。反觀薛寶釵，海棠詩會，李紈探春知其不甘臣下，硬貶黛玉，溢譽寶釵，未見寶釵有何愧色，却默認自己第一。誰才是有盡讓的呢？更有甚者，金蟬脫殼嫁禍黛玉，金釧羞憤投井自盡，寶釵不予同情也就罷了，反說她糊塗，死不足惜。這樣的人，竟是一個寬厚、有盡讓的人，那強盜也成了佛爺了。

第九十回：

那時正是邢王二夫人、鳳姐等在賈母房中說閑話，說起黛玉的病來。賈母道：「我正要告訴你們。寶玉和林丫頭是從小兒在一處的，我只說小孩子們，怕什麼？以後時常聽得林丫頭忽然病，忽然好，都為了有些知覺了。所以我想他們若盡着擱在一塊兒，畢竟不成體統。你們怎麼說？」王夫人聽了，便呆了一呆，只得答應道：「林姑娘是個有心計兒的。至於寶玉，呆頭呆腦，不避嫌疑是有的。看起外面，却還都是個小孩兒形象。此時若忽然或把那一個分出園外，不是倒露了什麼痕跡了麼？古來說的：『男大須婚，女大須嫁。』老太太想，倒是趕着把他們的事辦辦也罷了。」賈母皺了一皺眉，說道：「林丫頭的乖僻，雖也是他的好處，我的心裡不把林丫頭配他，也是為這點子；況且林丫頭這樣虛弱，恐不是有壽的。只有寶丫頭最妥。」王夫人道：「不但老太太這麼想，我們也是這麼。」

賈母說這話的時候，賈寶玉已經十八歲，早已到了娶妻生子年齡，林黛玉也到了出閣成婚的年齡。不設防把他倆個放在一塊兒，正是賈母的蓄謀，這會兒賈母竟說我只說小孩子們，怕什麼？這不是自己打自己的嘴巴子嗎？這還是那個勝過王鳳姐十倍的老精明嗎？寶黛的愛情，不就是因着賈母的一句話，「不是冤家不聚頭」給昇華的嗎？這時候才說所以我想若盡着擱在一塊兒，畢竟不成體統。這些話放到任何一個人嘴裡，都沒有語病，唯獨不能放到賈母的嘴裡。第十七回：前面賈母一片聲找寶玉。眾人回說：「在林姑娘房裡。」賈母聽說道：「好，好！讓他姐妹們一處玩玩兒罷。」是誰造成寶黛間的親密關係，正是榮國府詩禮傳家的象徵，年高德卲的老祖宗賈母。把寶黛放在一起若干年的正是她自己，她又是女人隊裡的頂尖人物，她决不能自揭瘡疤。真正讓人驚異的，是賈母竟在這個節骨眼上，把自己主導的木石前盟忘得一乾二淨，一腦門子的金玉姻緣，這是一種出乎常情的心理轉變，沒有過程，只有結果。這個矛盾如果能夠成立，只有一個假設，除非賈母死過一次再生，這再生的賈母完全變了一個人，忘了她前生做過什麼？說過什麼？不錯，這續書者筆下的賈母。等同於一個死過一次再生的賈母。

王夫人趁機誹謗黛玉，應屬正常的心理反應，她對黛玉的冷漠與反感，早已是有目共睹的。只是賈母說林丫頭的乖僻，既是她的好處，也是她的弱點，所以不把她配與寶玉。好像寶玉的婚姻决定權掌握在賈母手裡，這是續書者最不了解賈母的地方。賈母若握有寶玉婚姻的決定權，就不會有「木石」與「金玉」的鬥爭了。寶玉的婚姻若不從鬥爭中去解決問題，就不是曹著的寶玉婚姻，也就不是曹著的紅樓夢，故續書只能稱之為「高紅樓」或「高樓夢」。第九十六回：

> 襲人道：「寶玉的親事，老太太，太太已定了寶姑娘了，自然是極好的一件事。只是奴才想着，太太看去，寶玉和寶姑娘好，還是和林姑娘好呢？」王夫人道：「他兩個因從小兒在一處，所以寶玉和林姑娘又好些。」襲人道：「不是『好些』。」便將寶玉素與黛玉這些光景一一的說了，還說：「這些事都是太太親眼見的，獨是夏天的話，我從沒敢和別人說。」王夫人拉着襲人道：「我看外面兒已瞧出幾分來了，你今兒一說，更加是了。——倒是這件事叫人怎麼樣呢？」
>
> 賈母正在那裡和鳳姐兒商議，見王夫人進來，便問道：「襲人丫頭說什麼，這麼鬼鬼祟祟的？」王夫人趁問，便將寶玉的心事細細回明賈母。賈母聽了，半日沒言語。王夫人和鳳姐也都不再說了。只見賈母嘆道：「別的事都好說，林丫頭倒沒有什麼。若寶玉真是這樣，這可叫人作了難了。」

短短三百四十個字，暴露了多少問題呢？不妨從正反兩面來看：

正面：一，寫賈母與王夫人，好像一直沒把寶黛間的關係看做一回事，直到襲人來提醒，才覺出問題的嚴重性。那麼？不禁要問，連襲人的年齡閱歷都能發現的問題，老祖宗、王夫人、鳳姐兒都看不到，也想不到。這到底是寫續書的人，觀念上出了問題？還是賈家的當家人視線上出了問題？二，襲人說獨是夏天的話，指的應是寶玉應賈雨村之請，出去會客路遇黛玉，說的一段知心的話，被襲人聽到。事實是比這些話更露骨，更坦率的行為，如第二十九回，第五十七回，都毫不掩飾地大鳴大放了出來。對賈母王夫人這些過來人，還有什麼不明白，想不到，須要丫頭來提醒的呢！三，寶黛間的親密關係，向來不是鬼鬼祟祟，偷偷摸摸進行的。而是明來白去，眾目睽睽之下你儂我儂的。當家的鳳姐兒尚以此捉弄過林黛玉，還用得着襲人來提醒嗎？

反面：一，襲人在第三十四回向王夫人交心以前，早已是千金小姐萬金少奶奶的巴結對象。原因不外乎她是王夫人的心腹。交心之後更上層樓，做了賈寶玉的黑市侍妾。她的責任就是要看住寶黛的言行，第三十二回賈寶玉向林黛玉剖腹示心，被襲人撞個正着，她不及時向王夫人會報進讒，竟留到數年之後來說。真要是這麼個情形，只怕王夫人首先就饒不了她，罰他個延誤軍情之罪。二，寶黛間的親密關係，賈母正是個始作俑者，把他兩放到一塊兒，日則同行同坐，夜則同止同息。賈母又是個出了名的精明能幹，女人隊裡的頂尖人物。她會想不到後果，竟勞動丫頭子來說因果。若不是續書者把精明變成糊塗，賈母會這麼衰嗎？三，賈母與王夫人於寶玉婚姻，本是兩個對立的對頭。忽然變敵為友，由鬥爭變為合作，這完全是拜續書者的盲目之賜，沒有看到原著作者建立的兩條路線「木石」與「金玉」的鬥爭，放棄了更加緊張刺激的寫作方向，一面倒地倒向金玉姻緣。

賈母之所以苦心孤詣地促成寶黛的愛情，原因就是為了向自己女兒賈敏做交代，否則她將死不瞑目。原著作者曾在寶黛的愛情上提過一綱，「不是寃家不聚頭那句話」。這一綱下面所牽動的，是一片網，這片網，便是作者留給讀者的一片想象空間。曹雪芹筆下的賈母，是個年高有德的慈者善者，即令她不如是，她也不會對林黛玉冷酷無情。因為，看到黛玉就會想起自己的女兒賈敏，想到賈敏，她還能對黛玉忍心嗎？她將無顏見自己的女兒賈敏於地下，這是三百年前，賈母其人必具的思想。請別忘了，她是一個宗法社會下成長的老祖宗，三從四德的忠實信徒，她現在的真實身份，是夫死從子，一個有威無權的老祖宗賈母。

第九十七回：

> 賈母看黛玉神氣不好，便出來告訴鳳姐等道：「我看這孩子的病，不是我咒他，只怕難好！你們也該替他預備預備，沖一沖或者好了，豈不是大家省心？就是怎麼樣，也不致臨時忙亂。」

賈母到了續書者的筆下，變成了一具玩偶，愛怎麼玩就怎麼玩，愛怎麼寫就怎麼寫。完全擺脫了原著作者創造的人物性格的束縛，同樣，也擺脫了原著作者規劃的主題主線，於賈寶玉的婚姻，把雙線雙向變成單線單向。因此，在續書者筆下，林黛玉再也不是賈母的心肝兒肉，而是眼中釘，肉中刺，去之而後快的厭物。

第九十七回：

> 紫鵑等看去，只有一息奄奄，明知勸不過來，惟有守着流淚。天天三四趟去告訴賈母，鴛鴦測度賈母近日比前疼黛玉的心差了些，所以不常去回。況賈母這幾日的心都

在寶釵寶玉身上，不見黛玉的信兒，也不大提起，只請太醫調治罷了。

鴛鴦在原著作者筆下，是一個有主見、有志節的女奴。她沒有賈探春幸運，雖說是庶出，畢竟是小姐。但有着與賈探春同樣的抱負，爭取個人尊嚴的勇氣與志氣。似這一類的人，骨子裡都有着正直不阿的秉性。因此，她在榮國府中，一向受到上下人等的信任與敬重，這種人應是一個見義勇為者，決不會是一個落井下石者。她曾闖見司棋與其表兄潘又安的隱私，司棋因恐其泄露，由憂懼而致病。鴛鴦聞訊，還自責不該造孽，並親自往訪司棋，剖心坦腹慰之。續書者隨心所欲地任意調派書中人物性格，這是因為他們把紅樓夢，當作稗官野史的故事小說來寫，人物是圍繞着故事情節而設置的，是為故事情節而服務的。完全不知道他續的紅樓夢，那是一本文學作品，悲乎哉，續書也。

第九十八回：

賈母眼淚交流，說道：「是我弄壞了他了！但只是這個丫頭也忒傻氣！」說着便要到園裡哭他一場，又惦記着寶玉，兩頭難顧。王夫人等含悲共勸賈母：「不必過去，老太太身子要緊。」賈母無奈，只得叫王夫人自去。又說：「你替我告訴他的陰靈：『並不是我忍心不來送你，只為有個親疏，你是我的外孫女兒，是親的了；若與寶玉比起來，可是寶玉比你要親些。倘寶玉有些不好，我怎麼見他父親呢！』說着，又哭起來。」

續書者為什麼盡量把賈母推到一個冷酷無情的方向，說他是有意，未免高抬了他或他們，因他們並不知道自己續的是一部文學作品。這完全是出於無知和無意，因其視紅樓夢為稗官野史，續書是以寫故事小說的理念，寫他所需要的人物。只在情節佈局上着力，故事需要人物怎麼說，書中人物便怎麼說，續書中的賈母，就是在續書的這種需求下，被製造出來的。賈母說：「我怎麼見他父親呢！」同樣她將怎麼見她女兒賈敏呢？這裡又帶出了「重男輕女」的文化傳統心態。上述賈母的言論，無關乎賈母的原有性格，她的一言一語，完全是基於後四十回情節的需要。

同九十八回：

> 薛姨媽聽着，自然也是喜歡的，便將要辦妝奩的話也說了一番。賈母道：「咱們親上做親，我想也不必這麼。若說動用的，他屋裡已經滿了，必定寶丫頭心愛的要你幾件，姨太太你就拿了來。我看寶丫頭也不是多心的人，比不的我那外孫女兒的脾氣，所以他不得長壽。」

王夫人殫精竭智，處心積慮，竄掇金玉姻緣的目的，就是為了薛家的萬貫家財，為賈寶玉的後半生，找一顆大樹遮蔭，賈母以精明練達著稱於時，怎麼會糊塗到拒絕薛姨媽要辦妝奩的話呢！目的是因為惱王夫人製造金玉姻緣橫刀奪愛，故意擋王夫人的財路嗎，看來不像，續書者根本不知道有「木石」與「金玉」的矛盾鬥爭。要之，還是為了借賈母的嘴，詛咒林黛玉，賈母與林黛玉應沒有這麼深的仇，死後還不放過她。有之，便是續書者自己了。

第一百零八回：

賈母會意道：「——大凡一個人，有也罷，沒也罷，總要受得富貴，耐得貧賤才好泥。你寶姐姐生來是個大方的人。頭裡他家這樣好，他也一點兒不驕傲，後來他家裡壞了事，也是舒舒坦坦的。如今在我家裡，寶玉待他好，他也是那樣安頓，一時待他不好，也不見他有什麼煩惱。我看這孩子倒是個有福的。你林姐姐，他就最小性兒，又多心，所以到底兒不長命的。」

續書作者之憎惡林黛玉，已到不能容物的程度。他筆下的賈母，再也不是一個年高有德的貴族老太太，倒像是市井中窮家小户，克薄成性的窮婆子。

有關高鍔筆下的賈母，討論到此為止。明白了木石與金玉的鬥爭，賈母的所行所言，應有其軌跡可尋。高鍔續書偏頗得太離譜了，讀者們只須稍予留意，便能發現其中的乖舛，何其多也。

文學作品，有沒有純客觀的，不含作者個人好惡的作品。從理性的觀點言，這是不可能的。紅樓夢的原著作者，曾經有過這種企圖，盡可能地不把個人情緒牽扯進作品中。但細心的讀者仍然可以看出，作者所隱藏的心思，他對他作品中的人物，是有針砭的。人的性格，既沒有絕對性的好，也沒有絕對性的壞，用這個原則來塑造人物，是曹雪芹與眾不同的地方。傳統戲劇、小說人物刻劃，好壞分明，善惡也分明，全是用的二分法。一部偉大傳世的作品，必有他難以企及的地方，因着這個局限性的限制，高鍔續書失敗，便理所當然了。首先是不能摒除偏見，次則對原著缺乏真知灼見，這是偏見的來源。許多人云亦云的觀念參雜其中，導致謬誤百出。賈母的先慈後酷，不是賈母的性格真有所改變，而是作者改變了賈母，真正變的是作者——高鶚，而不是賈母。

曹雪芹筆下的林黛玉

曹雪芹於人物性格的描寫既是多面的，更是多層次的。他寫黛玉的住處瀟湘館，正是從外向內發展的深層次的描寫。瀟湘館原本題作「有鳳來儀」，元春的第一行幸處所，也即是說，它是一個王者之相的處所。後被賜名「瀟湘館」。隱喻炎帝死後，二妃淚灑竹林，使青竹沫淚成斑。

上述隱喻，有兩個導向，一是隱喻寶玉死在黛玉之前，黛玉效二妃淚灑竹林，淚盡而亡。另一是黛玉聽信誤傳寶玉死訊，尋短自盡，總之，這千竿竹的寓意，有着多層性的蘊涵，一言難盡。

可見作者對黛玉的珍惜、重視。觀其鳳尾森森，龍吟細細，此清幽出世之境也。竹為文人畫中的四君子之一，證諸林黛玉的性格，一如那圍繞在她四週的千桿茂竹，梗直有節，胸無城府。

讀紅樓夢有一個訣竅，是必須要掌握的，曹雪芹筆下用兩雙眼睛來看書中人物。一雙是社會的眼睛，看書中人物的「社會我」。一雙是作者的眼睛，看書中人物的「真實我」。社會的眼睛看林黛玉，孤高自許，目無下塵。作者的眼睛看林黛玉，是「真與純」的化身。

林黛玉是原書作者曹雪芹傾注心力最多的書中人物，給她塑造了一個仙姝般的形象。她的一舉一動，一言一笑，一顰一淚，都傾注了作者全部的感情。如果說紅樓夢是作者的血淚之作，那林黛玉更是作者的嘔心瀝血之作。第三回黛玉進榮國府的第一天晚上，襲人見黛玉鸚哥猶未安歇，悄悄的進來：

笑問：「姑娘怎麼還不安歇？」黛玉忙笑讓：「姐姐請坐。」襲人在床沿上坐了，鸚哥笑道：「林姑娘在這裡傷心，自己淌眼抹淚的，說：『今兒才來了，就惹出你們哥兒的病來。倘或摔壞了那玉，豈不是因我之過！』所以傷心，我好容易勸好了。」襲人道：「姑娘快別這麼着！將來只怕比這更奇怪的笑話兒還有呢。若為他這種行狀，你多心傷感，只怕你還傷感不了呢，快別多心！」黛玉道：「姐姐們說的，我記着就是了。」

這個時候的林黛玉，論年齡不過七歲左右，背父失恃，遠離故土，依坿外祖母家。正是寄人籬下，開始人在矮檐下的生活，其心情之惡劣可想而知。她的慎小謹微，未嘗不是這種心情的反映。她耽心那玉摔壞了，豈不是她之過！落到外人眼中，當下林黛玉的慎小謹微，成了多心或小心眼。這是因為那塊玉沒被摔壞，一旦真的摔壞了，只要賈寶玉稍有風吹草動，就會牽扯到那塊被摔壞的玉上頭去。這時候的看法，被摔壞的就不是玉了，而是賈寶玉的命根子。又一定會牽扯到因林黛玉而摔壞玉的原故，埋怨、指責甚致憎恨。即使賈母不會，王夫人一定會。人的價值觀是隨着時轉與勢易的，事態若朝另一個方向發展，林黛玉的慎小謹微，被放到社會的有色眼鏡下，那時候的輿論將怎麼說呢，林黛玉便變成假猩猩作態了。這便是林黛玉生存的社會，一個欺弱媚強的社會。

第二十三回：

這裡黛玉見寶玉去了，——剛走到梨香院牆角外，只聽見牆內笛韵悠揚，歌聲婉轉，黛玉便知是那十二個女孩子演習戲文。雖未留心去聽，偶然兩句吹到耳朵內，明明白白一字不落道：「原來是姹紫嫣紅開遍，似這般，都付予斷井頹垣——。」黛玉聽了，倒也十分感慨纏綿，便止步測耳細聽，又唱道是：「良辰美景奈何天，賞心樂事誰家院——」聽了這兩句，不覺點頭自嘆，心下自思：「原來戲上也有好文章，可惜世人只知看戲，未必能領略其中的趣味。」想畢，又後悔不該胡想，耽誤了聽曲子。再聽時，恰唱到：「只為你如花美眷，似水流年——」黛玉聽了這兩句，不覺心動神搖。又聽道：「你在幽閨自憐——」等句，越發如醉如癡，站立不住，便一蹲身坐在一塊山子石上，細嚼「如花美眷，似水流年」八個字的滋味。忽又想起前日見古人詩中，有「水流花謝兩無情」之句，再詞中又有「流水落花春去也，天上人間」之句；又兼方才所見（西廂記）中「花落水流紅，閑愁萬種」之句；都一時想起來，凑聚在一處。仔細忖度，不覺心痛神馳，眼中落淚。

這個時期的林黛玉，年齡約當十三四歲，對別人言，正是天真爛漫做夢的年齡。天真爛漫已與黛玉無緣，只是少女的夢尚未破滅，她畢竟正當情竇初開，滿蘊愛的憧憬。她一方面滿懷希望，幻想着美好的未來，一方面又滿懷憂郁，對未來有着無比的恐懼。林黛玉無疑是個愛的唯美主義者，他把自己的一生奉獻給了愛情，固執着對愛的嚮往與堅貞，做到質本潔來還潔去，達到沒有愛勿寧死的境地。

這裡看到了黛玉的詩人性格。什麼是詩人呢？一種具有一具敏感靈魂的人。遇事比別人想的多、想的深、想的遠。這些戲詞或詩詞，對一班同年齡的少女言，聽過便算了。在她們看來，無非是騷人墨客的感時之作，或戲劇家賺人眼淚，為賦新詩強說愁罷了。如從詩人的靈魂觀之，便不覺心痛神馳，眼中落淚，況纏綿悱惻，情動於衷乎。這種人通常都是感性主義者，感情神經特別敏銳，花謝花開，都會牽動她的神思愁緒，人的生老病死，便更足以引致悲鳴了。因為她的精神狀態，往往與眾不同，別人歡樂時，她惆悵，別人興奮時，她暗然。她的一舉一動，都不合「時宜」，也就不大為人所喜。時人看她如瘋似癲，她看時人庸俗粗鄙。不過，這種人通常有他自己的天地，屬於能夠忍受寂寞的人。

第三十一回：

那黛玉天性喜散不喜聚，他想的也有個道理。他說：「人有聚就有散，聚時喜歡，到散時豈不清冷？既清冷則生感傷，所以不如倒是不聚的好。比如那花兒開的時候兒叫人愛，到謝的時候兒便增了許多惆悵，所以倒是不開的好。」故此人以為歡喜時，她反以為悲慟。

這正反映了黛玉詩人的心性與氣質。大觀園正是一塊詩的天地，亭臺樓榭，時花異草，無一處不透着詩情詩性。黛玉徘徊其間，既悲故園之思，亦嘆眼前之興，其詩作之多，冠大觀園群芳。

第二十六回：

却說那黛玉聽見賈政叫了寶玉去了一日不回來，心中也替他憂慮。至晚飯後，聞得寶玉來了，心中要找他問問是怎麼樣了，一步步行來，見寶釵進寶玉的園內去了，自己也隨後走了來。——再往怡紅院來，門已關了，黛玉即便叩門。誰知晴雯和碧痕二人正拌了嘴，沒好氣，忽見寶釵來了，那晴雯正把氣移在寶釵身上，偷着在院內抱怨說：「有事沒事，跑了來坐着，叫我們三更半夜的不得睡覺！」忽又聽有人叫門，晴雯越發動了氣，也並不問是誰，便說道：「都睡下了，明兒再來罷！」

榮國府是一個典型的封建等及社會，連奴僕都是有等級的。第三回派往揚州鹽政衙門迎接黛玉北上的賈府婆子，就是三等的。第一等的如各家奶娘，第二等的大概就是各家陪房了。丫頭中如襲人、晴雯、麝月、秋紋都列在大丫頭裡面，其中的襲人，更是大丫頭中的大丫頭。黛玉扣門，晴雯使性不開，這正是一般大丫頭的通病，或仗勢壓人，或昧於世情，這類人多數吃虧的還是他們自己。晴雯因惱寶釵，遷怒後到的黛玉，幸虧黛玉是個不進讒的，又是個寄人籬下的客居者，若換做薛寶釵，其後果就堪虞。第三十六回海棠社吟詩，李紈因深知寶釵的不甘屈居人下，把大夥讚賞的黛玉，硬壓了下去，排在寶釵之下，原因就是怕她暗地裡掀風作浪。

> 黛玉素知丫頭們的性情，他們彼此玩耍慣了，所以不開門，因而又高聲說道：「是我，還不開門麼？」晴雯偏偏還沒聽見，便使性子說道：「憑你是誰，二爺吩咐的，一概不許放進人來呢！」

黛玉二度扣門，晴雯仍舊不開，還假傳聖旨二爺吩咐的。晴雯為什麼招尤，性格使然。若問晴雯為什麼可愛，也是性格使然。她與怡紅院的所有丫頭一樣，鍾情她們的主人賈寶玉，所不同的是她沒有侈求，語說「無慾則剛」，這正是晴雯的性格，悲劇型性格。

為什麼許多紅樓夢讀者或紅學家，都把晴雯視為黛玉的影子，因倆人的性格形似。故原著作者寫晴雯，也等於在寫黛玉。也正因着這個無慾則剛的個性，黛玉曾在第八回薛姨媽處開罪寶玉的奶娘李嬤嬤。這些看似無關緊要的閑筆，實則都是作者處心積慮要告知讀者的某些內情。

> 黛玉聽了這話，不覺氣怔在門外，待要高聲問他，逗起氣來，自己又回想一番：「雖說是舅母家如同自己家一樣，到底是客邊。如今父母雙亡，無依無靠，現在他家依棲，若是認真慪氣，也覺沒趣。」一面想又滾下淚珠來了。——越想越傷感，便也不顧蒼苔露冷，花徑風寒，獨立牆脚邊花蔭之下，悲悲切切，嗚咽起來。

作者對林黛玉的心理過程，做如許細膩的描繪，除了深入探討黛玉的心理行為，另方面也在為「社會我」，好弄小性兒的林黛玉，做反本還原的工作。人的最大敵人是不認識自己，林黛玉正是能夠清楚地認識到自己寄人籬下的處境，才要慎小謹微，檢點自己的言行。對那些橫逆之來，當她少不更事的時候，在她忍無可忍的情形下，曾有過反擊。待她稍解人事，便不再形之於色，忿之於言，而是藏之於胸，隱之於形。

原來黛玉秉絕代之姿容，具稀世之俊美，不期這一哭，那些附近的柳枝花朵上宿鳥棲鴉，一聞此聲，俱「忒楞楞」飛起遠避，不忍再聽。正是：

花魂點點無情緒，鳥夢癡癡何處驚。

語說情人眼裡出西施，別說黛玉原本就有着絕世的姿容，連王鳳姐都說她「天下真有這樣標緻的人兒，我今日才算看見了！」這樣絕世的美人，花蔭下，悲悲切切，嗚咽一哭，連花鳥都感知美人的悽苦，驚起遠避，不忍足聽，況如人乎。無怪乎曹雪芹要用如許神筆來加以渲染了，從而也透露出其中的隱情，作者與林黛玉的原型，一定有過生死相許，刻骨銘心的感情。

第二十七回：

紫鵑雪雁素日知道黛玉的情性：無事悶坐，不是愁眉，便是長嘆，且好端端的，不知着什麼，常常的便自淚不乾的。先時還有人解勸，或怕他思父母，想家鄉，受委屈，用話來寬慰。誰知後來一年一月的，竟是常常如此，把這個樣兒看慣了，也都不理論了。所以也沒人去理他，由他悶坐，只管外間自便去了。

由外向內深入，這是作者給讀者佈置下的一個重要想象空間，探討林黛玉的內心世界？人的心理活動，與人的性向是息息相關的。在探討黛玉的心理活動之前，有必要先弄清她的性格傾向，才不會被誤導和誤判。

性向有來自先天與後天之分。林黛玉性向的先天成份，一個是她的母親賈敏，一個是她的父親林如海。紅樓夢作者對賈敏其人，除說她是賈母的女兒，林如海的原配外，未再着墨描寫，這又成了讀者的另一個想象空間。黛玉的美與慧有承自其母賈敏的部份，則不難想象其母賈敏一定也是個美人坏子。從賈敏不能不想到賈母，這是個一脈相傳的傳承，那麼賈敏的形象可以勾勒一部份了。她承繼賈母的有外表的美內在的善，也許還有持家管理的才能。林黛玉寄食賈府，雖然輪不到她操心，她對榮國府的靡費，並非漠不關心。

第六十二回

> 黛玉道：「要這樣才好。咱們也太費了。我雖不管事，心裡每常閑了，替他們一算，出的多，進的少，如今若不省儉，必至後手不接。」

讀了上面的一段話，誰還能說林黛玉只是個，不諳世情，被嬌生慣養在象牙塔裡的千金小姐。這類對家計的關心盤算，都有其傳承，不是自生的秉賦。從黛玉看其母賈敏，其中不乏賈母的影子，黛玉具有某些賈母的秉賦，也就不足為奇了。黛玉性向的第二個先天成份是其父林如海，林家五世列侯，林如海榮獲當年皇榜探花，真正的天子門生。看來林家人持家，與賈家大有區別。第一，林家不似賈家靡費，這從林黛玉初進榮國府便有過生動的描寫。咱們也太費了，這句話出自黛玉之口，可見她不是一個貪圖奢侈享受的人，其思想來源，當然是溯自她的家族文化。第二，林家才是真正的詩書之族，林如海以侯府公子，功名場上竟出人頭地，不愧為真才實學之士。即使獲得賈政側目相看的賈雨村，都要自愧不如。榮國府的詩禮傳家，只是徒有虛名，其家族文化實甚糜爛。林黛玉的好學不倦，又博學深思，在與賈寶玉的私情接觸時，猶能拿捏分寸，不讓賈寶玉越雷池一步，此林家秉賦也。

後天的性向與環境有着密不可分的關係，環境中又以人際關係的影響力最大。林黛玉居住揚州鹽政衙門時，自其弟三歲時去世，她便成了林家的獨生女兒，集寵愛於一身。又因其賦性體弱多病，林家人丁單薄，一子業已早夭，黛玉之倍受珍惜，自不待言。七歲以前的林黛玉，可謂得天獨厚，真正嬌生慣養。不知有橫逆，不知有冷暖，包圍在她四週的，充滿了溫情與關愛。離家以後的林黛玉，她的生存環境作了一個南北極的轉移，冷漠取代了溫情，冷眼取代了關愛。她的內心變化，由天真無邪，而敏感猜疑，由無憂無慮，而抑郁自傷。這些本是內抑的情緒，常常會不自覺地向外展延，落到旁人眼裡，便成了作者筆下所描繪的。無事悶坐，不是愁眉，便是長嘆，且好端端的，不知為着什麼，常常的便自淚不乾的。當千金小姐的林黛玉，於一夜之間變成籬下寄客，她能不自傷嗎？丫頭們的解勸，能抵得過現實風刀霜劍的壓力。

> 那黛玉倚着床檻杆，兩手抱着膝，眼睛含着淚，好似木雕泥塑的一般，直坐到二更多天，方才睡了，一宿無話。

這裡寫黛玉內心的掙扎，用的全是無聲的語言。看似木雕泥塑的一般，內心情緒的激蕩，有如波翻浪湧。正因為她全神貫注在內在的思維變化上，一往情深地撲在愛情上，才會忘却外在的肌體變化，形似一具泥塑木雕。作者對黛玉蝕心之苦的描寫，動心處，令人不忍足讀。

第三十二回：

> 原來黛玉知道史湘雲在這裡，寶玉一定趕來說麒麟的原故，因心下忖度着，近日寶玉弄來的外傳野史，多半才子佳人，都因小巧玩物上撮合，或有鴛鴦，或有鳳凰，或玉環金佩，或鮫帕鸞絛：皆由小物而遂終身之願；今忽見寶玉也有麒麟，便恐見此生隙，同湘雲也做出那些風流佳事來，因而悄悄走來，見機行事，以察二人之意。不想剛走進來，正聽見湘雲說「經濟」一事，寶玉又說：「林妹妹不說這些混賬話，要說這話，我也和他生分了。」

現代社會對某一超凡脫俗的人，嘗譬之為具有「靈」氣。什麼是靈氣，指的不是那種不食人問煙火的人，而是不功利庸俗的人。林黛玉正是這一種人，故深得賈寶玉的敬重。林黛玉不功利庸俗，卻也免不了俗世的杞人之憂，因她正墜入情海情天的深淵之中。她情場上的競爭者，除了正面的薛寶釵，還有一個旁敲側擊的史湘雲。愛情－它不只是一張網，而是一張幕、一個密封的包裹，沒有第三者的空間，況第四者乎。黛玉往怡紅院為的是探秘，沒想到正碰上賈寶玉在別人面前，毫不遮掩地褒揚自己，這令黛玉既震驚寶玉的私心護己，復感愧自己的無事猜疑。

同三十二回：

黛玉聽了這話，不覺又喜又驚，又悲又嘆。所喜者，果然自己眼力不錯，素日認他是個知己，果然是個知己；所驚者：他在人前一片私心稱揚於我，其親熱厚密，竟不避嫌疑；所嘆者：你既為我的知己，自然我亦可為你的知己，既你我為知己，又何必有「金玉」之論？既有「金玉」之論，也該你我有之，又何必來一寶釵呢？所悲者：父母早逝，雖有銘心刻骨之言，無人為我主張；況近日每覺神思恍惚，病已漸成，醫者更云：「氣弱血虧，恐致勞怯之症。」我雖為你知己，但恐不能久待；你縱為我的知己，奈我薄命何！

心語，正是個人真情的流露。黛玉在感愧之餘，一方面驅走了往日對寶玉的疑慮，增強了自己的自信。一方面又引發了日積月累的憂鬱與惆悵。因為在黛玉的內心深處，尚堅守着傳統－父母之命、媒妁之言。愛情只能供給她心靈的選擇，不能成為形式上的依靠，對她日祈夜禱的婚姻，仍舊是一個茫茫無序的愿景。健康的日益惡化，更加添增了心理的晦暗，處身大觀園的黛玉，却過着苦熬苦煎的日子。

同三十四回：

晴雯聽了，只得拿了絹子，往瀟湘館來。只見春燕正在欄杆上晾手巾，見他進來，忙搖手兒說：「睡下了。」晴雯走進來，滿屋漆黑，並未點燈，黛玉已睡在床上，問：

「是誰？」晴雯忙答道：「晴雯。」黛玉道：「做什麼？」晴雯道：「二爺叫給姑娘送絹子來了。」

令晴雯送帕是賈寶玉的神來之筆，在這之前，寶黛間的風風雨雨，爭爭吵吵，都是圍繞着一個信用危機，進行着試探性的徵信。一方面受傳統束縛，另一方面，一個怕唐突佳人，一個怕失了小姐身份，兩個人都繞着彎兒說話。話說得愈多，明心見性的距離愈遠，愛情的穩定性，愈不能権定掌握，引發更多的風雨和爭吵。直到贈帕定情，兩個人才真正達到心有靈犀，情定三生石上。

黛玉聽了，心中發悶，暗憩：「做什麼送絹子來給我？」因問：「這絹子是誰送他的，必定是好的，叫他留着送別人罷，我這會子不用這個。」晴雯笑道：「不是新的，就是家常舊的。」黛玉聽了，越發悶住了。細心揣度，一時方大悟過來，連忙說：「放下，去罷。」晴雯只得放下，一路盤算，不解何意。

這黛玉體貼出絹子的意思來，不覺神癡心醉，想到「寶玉能領會我這一番苦意，又令我可喜。我這番苦意，不知將來可能如意不能，又令我可悲。要不是這個意思，忽然好好的送兩塊帕子來，竟又令我可笑了。再想到私相傳遞，又覺可懼。他既如此，我覺每每煩惱傷心，反覺可愧——。」如此左思右想，一時五內沸然，由不得餘意纏綿，便命掌燈，也想不起嫌疑避諱等事，研墨蘸筆，便向那兩塊舊帕上寫道：

眼空蓄淚淚空垂，暗灑閑拋更向誰？尺幅鮫綃勞惠贈，為君那得不傷悲。

拋珠滾玉只偷潸，鎮日無心鎮日閑；枕上袖邊難拂拭，任他點點與斑斑。
彩綫難收面上珠，湘江舊迹已模糊；窗前亦有千竿竹，不識香痕漬也無。
那黛玉還要往下寫時，覺得渾身火熱，面上作燒，走至鏡台，揭起錦袱一照，只見腮上通紅，真合壓倒挑花，——却不知病由此起。一時方上床睡去，猶拿着絹子思索，不在話下。

黛玉在失去父母，失去自己的家之後，愛情便取代了親情，成為她唯一求「生」的目的。在愛情沒有降臨以前，她渴望愛情。一旦愛情落實到她的心與身上時，她對愛情的態度，便如飛蛾撲火般，一頭撲進寶玉送給她的愛情之火裡。燃燒自己，為愛而焚。真正做到為愛而生，為愛而死的「愛情至上」。

古往今來，每個人都有屬於他自己的夢。在曹雪芹筆下，林黛玉少女的綺夢，不是睡着的夢，而是醒着的夢。她永遠是個清醒的夢幻者，君不見前八十回書中林黛玉從未做過睡着的夢。清清楚楚地做着自己的白日愛情夢，因她醒着的時候，比睡着的時候多。當她睡着時，還來不及做夢，就又醒了過來。因此，睡着的夢與林黛玉永遠無緣，要有也只有醒着時，暝思遐想的幻夢。

高鶚筆下的林黛玉

原作者曹雪芹寫林黛玉這個人物，傾注了全部精力，其原型一定是他刻骨銘心過的人。所以才會寫得如此深刻全面，讀來如見其人，悲忿處令人不忍足讀。黛玉之倍受讀者寵愛，因其活生生有血有肉地活在讀者心中之故。欲待詮釋這個人物，一定要特別小心。高鶚是如何認定這個人物的，因缺乏他當年的寫作資料，無從查考，唯一能做的，是從續書中尋踪躡跡，去尋找他寫作的心路歷程。

在分析高鶚的續書之前，擬先介紹一下，黛玉在後大觀園時代的生存環境，是不是仍處於風刀霜劍嚴相逼的困境中。黛玉住進榮國府後，可以分成三個階段，第一階段自進榮國府至寶釵來以前，她與寶玉過着言和意順，似漆如膠的愛情生活。第二階段自寶釵之來至贈帕定情，這是她對愛情失去信心的時期，成日價爭爭吵吵，風風雨雨。也是「金玉陰謀」謀動最積極的時期，也是小人們趁火打刼，落井下石的時期。這一時期中，發生了幾件令黛玉不能釋懷的事，第一件，賈母出資，為寶釵慶十五歲生日，連水晶心肝，玻璃人兒的鳳姐，都揣度不出老祖宗賈母的胸蘊，何況少不更事的黛玉，便更是一頭霧水，這給了小人們拍馬造謠的機會。第二件，元春趁着頒賜節禮，表態支持「金玉姻緣」，這給予黛玉心理上的壓力，更是雪上加霜。第三件，鳳姐的嫌惡黛玉，更加造成下人們的落井下石。黛玉在這一時期內，能夠寄希望援手的人只有兩個，一是賈母，一是寶玉。賈母對黛玉的關懷愛心雖然未變，但於黛玉企盼的婚姻，則不置一詞，似有若無，令人摸不着邊際。剩下的唯一希望，就是寶玉，因此她對寶玉的苛求，確實有些過當。但從她的孤苦心境來看，又不得不令人為之同情憐恤。這一時期，也是她的身體遭受嚴重摧毀的時期。第三階段，自寶玉贈帕之後，黛玉的心與情，才算真正有了歸屬，從這個時候開始，她才有了比較正常的心境與生活，與寶玉的爭爭吵吵，已成過眼煙雲。她才有時間來審視自己的身體，觀察她週圍的世界，雖然仍免不了憂郁，但已不再忿抑或自虐式傷感了。而原本孤立、貶抑、蹧蹋她的社會。因着薛寶釵的形象向下傾斜，黛玉的人格形象往上遞昇，成為一反一正的交互變化。這時候的黛玉，才掙得了心理的平靜與身體的休息，也因此凡事都能以平常心待之。賈母待寶琴的超額寵遇，甚至查詢寶琴的年庚八字，都未引起黛玉的疑慮。為什麼？一，黛玉與寶玉愛情已至成熟階段，兩人之間的緊密關係，連水都潑不進去。二，賈母是在故佈疑陣，言左而實右，玩欲迎還拒的伎倆。目的不在寶琴，而在寶釵，身處其境的旁觀者，都能心領神會。鳳姐向來是個賈母的抬轎人，即時雨，凡能為賈母添補高興的人和事，她一定即時奉上，唯獨在「金玉姻緣」上，她從不敢妄加揣測。悟性奇高的黛玉，能不一葉而知秋嗎。因賈母查詢寶琴年庚八字，更像是項莊舞劍，志在拒絕寶釵。

薛寶釵裝行為豁達，却在老祖宗賈母眼皮子底下，對賈母房中下使的丫頭子靚兒疾言厲色。她裝隨分從時，面對邢岫煙的窮愁困蹙，却視若無睹。榮國府是一個向錢看的社會，小人們輸誠邀寵，目的是獲得金錢上的好處。寶釵者商人女，其用錢施惠，可是講究等值交換的。久而久之，當富家小姐的光環褪盡，其剩餘價值，被擺到黛玉的同一平面上來秤斤計兩時。她的詭詐涼薄（請參看拙著細嚼慢嚥讀紅樓－真實我的薛寶釵一文），與黛玉的表裡如一，兩相比較，後者便顯得難能可貴了。薛寶釵搬離大觀園，並非全是因為抄檢大觀園之故。第一她已不再是大觀園中的鳳凰。第二金玉姻緣已變成金玉陰謀。第三她的年齡已屆二十，金玉姻緣不啻指名道姓的要嫁給寶玉為妻，如今事隔數年，連樓梯的響聲都聽不到了，薛寶釵再怎麼不顧身份，也不能與賈寶玉廝混了。

分析了黛玉與寶釵後大觀園時代的「社會我」，再來看高鍔筆下的林黛玉，便有所甄辨了。

第八十二回：

那婆子進來，請了安，且不說送什麼，只是覷着眼瞧黛玉。看的黛玉倒不好意思起來，因問道：「寶姑娘叫你來送什麼？」婆子方笑着回道：「我們姑娘叫給姑娘送了一瓶兒蜜餞荔枝來。」回頭又瞧見襲人，便問道：「這位姑娘不是寶二爺屋裡的花姑娘麼？」襲人笑道：「媽媽怎麼認的我？」婆子笑道：「我們只在太太屋裡看屋子，不大跟太太姑娘出門，所以姑娘們都不大認得。姑娘們碰着到我們那邊去，我們都模糊記得。」說着，將一個瓶兒遞給雪雁，又回頭看看黛玉，因笑着向襲人說：「怨不得我們太太說：這林姑娘和你們寶二爺是一對兒。原來真是天仙似的！」襲人見他說話造次，連忙岔道：「媽媽，你乏了，坐坐吃茶罷。」

高鍔不是一個小說作者，硬被程偉元拉來充數，偏又是替大作家曹雪芹續貂，不啻是以五十斤的力氣，去挑百二十斤的擔子，其不捉襟見肘者稀矣。上面一節書，值得探究的問題不少。

寫小說亦如拍電影，當人物進入場景時，一定要給進入者一個全景鏡頭，也即是要從進入人的眼睛，看清場景內的一切，使之一目了然。寶釵遣來的婆子進入黛玉房中，第一眼應該是掃瞄房內的人物，這幾乎是每個人的本能反應。不然，高鍔筆下的婆子只顧覷着黛玉看，待與黛玉問答之後，「回頭又瞧見襲人」。這句話給人的感覺是，婆子進來時只看到黛玉，跟本沒看到襲人，待回黛玉話後，回過頭來才看到襲人。高鍔寫婆子的昏聵混球入木三分，不知高鍔有沒有想過，混球的僕人上面，一定有個混球的主人，所謂有其主才有其僕。薛寶釵何許人也，精明幹練不輸鳳姐，腹蘊心機都非鳳姐所及。她要派人與黛玉傳信或饋物，以她對黛玉的瞭解，照賈府的規矩，她會是那麼個昏聵婆子的主人嗎？連襲人都認為婆子說話造次。她曾派人給黛玉送燕窩，按常情論，那送燕窩的婆子曾隨寶釵居住蘅蕪院有年，熟知賈府習慣，且輕車熟路，應該是個最適當的傳遞使者。高鍔為什麼不追踪躡跡，還是根本沒看到或沒想到，還是想標新立異，另寫新紅樓。

婆子為討好黛玉，信口轉述薛母的話說：「怨不得我們太太說：這林姑娘和你們寶二爺是一對兒！」很顯然高鶚寫這一節的目的，是企圖挑起黛玉的婚姻情結，為他接着寫黛玉的夢境做基礎。惜乎高鶚沒弄清楚，薛姨媽說這話的時間地點及動機。薛姨媽是就寶釵收服黛玉，又在寶玉為愛情明志之後（第五十七回慧紫鵑情詞試莽玉），為確實控制黛玉與寶玉間愛情的不致繼續深化，並遲滯黛玉趨向寶玉的脚步，所設的陷阱。明眼人一看都知道，這是母女倆在黛玉面前串演的一齣戲，轉眼間便會忘得一乾二淨。故終八十回書，從未見薛姨媽履行諾言，向賈母提寶黛的婚姻。多虧高鶚提起，只怕薛姨媽早已丟到九宵雲外去了。試想想，她曾向賈家提出，薛寶釵的金鎖要遇有玉的才能婚配，這等於是指名道姓的要將女兒嫁給賈寶玉。她會讓出銜玉的賈寶玉，予不相干的林黛玉嗎？天底下有這麼偉大的薛姨媽嗎？她與林黛玉可是八竿子以外的親戚。「怨不得我們太太說」這句話，根本不可能會是薛姨媽說給婆子們聽的。薛姨媽若說給第三者聽，聽者不但不會相信，反會指薛姨媽狠毒。何苦用這麼無聊的謊話，來欺哄一個不諳世事、孤苦零丁的孩子。忍心嗎？薛姨媽有這麼厚的臉面說給婆子們聽嗎？那她又何以對婆子們解釋她女兒寶釵的金玉姻緣呢？薛家婆子難道沒有聽說過金玉姻緣嗎？金鎖是南京帶來的。這些話在薛姨媽向賈府提出金鎖要遇有玉的才能婚配之前，應已向每個下人包括混球的婆子交代過，否則，便會被這些人「穿帮」，這婆子是不是忘了呢？

不妨看一看薛姨媽的謊話是怎麼說的，第五十七回：「我想你寶兄弟，老太太那樣疼他，他又生得那樣，若要外頭說去，老太太斷不中意，不如把你林妹妹定給他，豈不四脚俱全。」老奸巨滑的薛姨媽，她說的句句都是實話，她說外頭說去，老太太斷不中意，為什麼呢？老太太不正是「木石前盟」的推手嗎！說謊必須「真」裡面滲「假」，才能讓人信以為真。這件公案假在那裡泥，假在沒有人相信薛姨媽會為「木石前盟」做媒妁。因為她自己手上正提着「金玉姻緣」呢！此外，她明知寶玉婚姻決定權不在賈母手中。如迎春婚姻由賈赦主導一樣，寶玉婚姻主導權握在賈政手中，王夫人正是「金玉陰謀」的主謀，薛姨媽便落得大開空頭支票了。

林黛玉聽到婆子的話（應該說是高鍔的話），她會有什麼樣的感受呢？決不會是興奮或欣喜。應是齒冷與寒心，羞愧自己的幼稚無知，竟然把薛母的話當了真，寄予期望。那麼！薛姨媽的話會不會往外傳播呢？薛母說話的地點是在瀟湘館中，當時在場的除了黛玉寶釵，還有紫鵑。此外，候在門外聽傳的下使的小丫頭子婆子們，會不會有人在聆聽呢？聽到的人，會不會說給別處要好的張三李四聽呢？最後，會不會傳進老祖宗賈母的耳根裡面去呢？第五十八回，因老太妃已薨，凡誥命等皆入朝隨班。因托了薛姨媽在園內照管他姊妹丫鬟，賈母又千叮嚀萬囑咐他照管黛玉。賈母——這個女人隊裡的翹楚，勝過王鳳姐十倍的老精明，她明知道薛氏母女敵視黛玉，還這麼牽腸掛肚地托付薛姨媽，照管黛玉。除了一般的情理，有沒有言外之意呢？如猜得不錯，至少，賈母有意讓薛姨媽知道，到目前為止，黛玉在她心中的份量，決不遜於寶玉。這便是讀紅樓夢與眾不同的地方。作者寫此書，沒有閑筆，沒有虛字，筆筆都有所指，字字都有所義。若不深入去看、去讀、去思，便會失之交臂。

依以上的分析，此被寶釵所派的婆子，她絕對聽不到薛姨媽說那句話。因她自稱是薛家看屋子的，不大跟隨薛母寶釵出門，那就更聽不到薛母說這些話了。薛母不可能重述自己的謊言，尤其不會說給自己家的下人聽。高鍔欲借婆子的口挑起黛玉婚姻「情結」，作為黛玉伏夢的先聲，此預設值的可信度不足，不能成立。

> 黛玉進了套間，猛抬頭看見了荔枝瓶，不禁想起日間老婆子的一番混話，甚是刺心。想起，自己身子不牢，年紀又大了，看寶玉的光景，心裡雖沒別人，但是老太太舅母又不見有半點意思，深恨父母在時，何不早定了這頭婚姻。又轉念一想道：「倘若父母在時，別處定了婚姻，怎能夠似寶玉這般人才心地？不如此時尚有可圖。」心內一上一下，輾轉纏綿，竟像轆轤一般。嘆了一回氣，掉了幾滴淚，無情無緒，和衣倒下。

在林黛玉的潛意識裡，確實存在着「婚姻情結」，但不是高鍔佈陳的單純。首先要指明的，高鍔稱：「看寶玉的光景，心裡雖沒別人。」從這兩句話便看出續書者不懂愛情，更不懂寶黛間的愛情，對他倆相互間的堅貞與信賴，可說是毫不知情。接着續書又說：「但是老太太舅母又不見半點意思。」這便更說明續書者的無知了。他對賈母王夫人間的「心結」

簡直就一無所知，遑論兩者間玩的「木石」與「金玉」鬥爭遊戲了。王夫人嫌惡黛玉，黛玉早有體會。第二十八回，王夫人問起黛玉病情，寶玉不知其母的虛情假意，要求王夫人給三百六十兩銀子，為黛玉配藥。

王夫人竟謂寶玉撒謊，雖經鳳姐證實，王夫人仍假裝不信，予以拒絕。王夫人於第七十四回，謂晴雯眉眼兒像黛玉，不值晴雯那輕狂樣子。弦外之意，在場人都能意會神知。王夫人指晴雯輕狂，心目中指的實是黛玉。王夫人所指黛玉的輕狂，無非是與寶玉間的風風雨雨，爭爭吵吵。王夫人又於第七十八回，向老祖宗賈母告狀，指稱晴雯得了女兒癆。這些個毀與謗，沒一件不是冲着黛玉來的。以黛玉的敏感、早熟，處身浴火中的她，會感受不到王夫人的厭惡嗎？在她與寶玉的婚姻路上，最大的絆腳石便是王夫人，黛玉還會在內心中對王夫人有所期待嗎？

黛玉在前八十回書中，從未做過夢。她最應做夢的時期，是她最為蹙額的榮國府第二階段，思鄉思親最熱切的時期，也是她愛情與身體最不穩定的時期。那會兒沒有夢。到了後大觀園身心進入比較平靜的時期，反而會做夢，而且是又長又多變化的惡夢。不能不令人懷疑，作者高鍔對黛玉的心理狀態，是不是搞錯了。黛玉得的是女兒癆，癆病又稱肺結核，直至二十世紀四十年代末，中國尚未有特效治療藥物。癆病一般發病期都在春秋兩季。觀乎黛玉在最近一年的秋季（第七十六回凹晶館聯詩悲寂寞）中，身體似乎比往年好很多。凹晶館聯句當夜，賈母諸人都禁不住寒氣侵襲，紛紛添衣加披。黛玉與湘雲兩人整夜聯句，直到妙玉出現，邀往櫳翠庵飲茶，才得稍避風露。却未因此罹病，可見她的身體已不似以前般脆弱。凡人處於惶恐、病弱，憂患中容易致夢。後大觀園時代的林黛玉，基本上已不存在類似的徵兆。她若做夢，會是什麼樣的一種夢呢？難道一定是高鶚式的惡夢嗎？就沒有美夢嗎？當然，高鶚可以寫黛玉的惡夢，那要看他是不是寫得高明，寫得是否有可信性了。

夢是一種資訊的反饋作用。按每個人的大腦裡面，都有一個記憶體，　儲存龐大的資訊。如知識、經歷、經驗等。這些被儲存的資訊或資料，隨時隨地都可以供人們提取使用，即使是在睡夢中。不過睡夢中提取資料有某些限制：第一，它需要一個觸媒，如惶恐、病弱、憂患等。第二，它是一種意識的複製性顯現，如提取童年時代的資訊，提取者同時也回到童年時代，忘却現存的年齡差。第三，如夢中出現驚恐，伏夢者一定會立被驚醒。第四，它是記憶的合成反射，如某人小時候有過一件特別喜愛的衣服，大了以後，又買到一件類似的衣服，若因而伏夢，兩者很有可能合成為一個新的夢。現在不妨看看高鶚所寫黛玉的惡夢吧。

> 不知不覺，只見小丫頭走來說道：「外面雨村賈老爺請姑娘。」黛玉道：「我雖跟他讀過書，却不比男學生，他見我做什麼？況且他和舅舅往來，從未提起，我也不必見的。」因叫小丫頭回覆：「身上有病，不能出來，與我請安道謝就是了。」小丫頭道：「只怕要與姑娘道喜，南京還有人來接。」

寫續書一如劃人像，最起碼的要求，不能把有的變成沒有，把沒有的變成有。按賈府規矩，小丫頭跟本進不了黛玉的繡房，如何為賈雨村傳話。高鍔這第一着人物安排就錯了，為什麼不是雪雁或紫鵑。試看第五十八回：

因見芳官在側，便遞給芳官道：「你也學些伏侍，別一味傻玩傻睡。」——他乾娘也在門外端飯伺候，向裡忙跑進來，笑道：「他不老成，看打了碗，等我吹吧。」一面說，一面就接。

晴雯忙喊道：「快出去！你等他砸了碗，也輪不到你吹！你什麼空兒跑到到裡隔兒來了？」一面又罵小丫頭們：「瞎了眼的！他不知道，你們也該說給他！」小丫頭們都說：「——你可信了？我們到的地方兒，有你到的一半兒，那一半兒是你到不去的呢！何況又跑到我們到不去的地方兒。」

高鍔動筆寫續書，或整理刪定程偉元購得的續書。之前，似乎對賈家的人際關係還很陌生。小丫頭子非公子小姐的近身丫頭，沒傳話的資格，高鍔都未弄清楚。凡事不去尋踪躡跡，只圖方便，信手亂抓，因此沒法與原著接榫。

黛玉與賈雨村只有師生關係，那是在黛玉六七歲時，她父親林如海的鹽政衙門裡。事隔七八年，黛玉也由幼女，變成窈窕淑女。此時此刻的林黛玉，沒有夢中見賈雨村的觸媒，這麼突如其來的安排一個夢見賈雨村請見情節，看不出伏夢者有感應的任何心理因素。紅樓夢不是科幻作品，更不是意識流作品，它是百分之百的寫實作品。寫實就必須有根有據，曹雪芹寫的寶玉「太虛幻境」一夢，並非海市蜃樓。它是作者經歷的寫照，作者或賈寶玉的原型，確曾經歷過那樣的一場幻夢。所謂「太虛幻境」即「大觀園」。第十七回：說着，大家出來，走不多遠，則見崇閣巍峨，層樓高起，面面琳宮合抱，迢迢複道縈紆。青松拂檐，玉藍繞砌；金輝獸面，彩煥螭頭。賈政道：「這是正殿了。——只是太富麗了些！」——只見正面現出一座玉石牌坊，上面龍蟠螭護，玲瓏鑿就。——寶玉見了這個所在，心中忽有所動，尋思起來，倒像在那裡見過的一般，却一時想不起那年那日的事了。作者添寫這一段文字，目的即是要印証「太虛幻境」的夢境，即眼前寶玉所見的真境。作者以說夢的方式，將一生的經歷和結局，作為預告片，讓讀者先睹為快。從沒把它當作夢來寫，所以也就不能把它當着夢來看來讀，也沒有人把它當着夢來看來讀。

夢是儲存在人們大腦中資訊的反饋活動，白天提取時，人處於清醒狀態，向大腦提取什麼，為什麼提取，完全受到中樞神經的掌控。睡眠中向大腦提取資料，是一種下意識活動，它或受到刺擊，或是冥想。其中的某一點擊中了中樞神經，而把與那一點相關的資訊提了出來，形成夢境。這夢境只能是儲存資料的複製型，也就是說夢境中所顯現的時空，必定是儲存時的時空。幼年的夢，像穿過時光隧道一樣，回到幼年的時空中去。不可能像白天清醒時那樣，作回顧式的追憶，或增補式的冥想。

說着，又見鳳姐同邢夫人、王夫人、寶釵等都來笑道：「我們一來道喜，二來送行。」黛玉慌道：「你們說什麼話？」鳳姐道：「你裝什麼呆？你難道不知道；林姑

> 爺升了湖北的糧道，娶了一位繼母，十分合心合意；如今想着你撂在這裡，不成事體，因托了賈雨村作媒，將你許了你繼母的什麼親戚，還說是續弦，所以着人到這裡來接你回去。大約一到家中，就要過去的。都是你繼母作主。怕的是道兒上沒有照應，還叫你璉二哥哥送去。」說得黛玉一身冷汗。黛玉又恍惚父親果在那裡做官的樣子，心上着急，硬說道：「沒有的事，都是鳳姐姐混鬧！」只見邢夫人向王夫人使個眼色兒：「他還不信呢，咱們走吧。」黛玉含着淚道：「二位舅母坐坐去。」眾人不言語，都冷笑而去。

黛玉之父林如海是在揚州做巡鹽御史，黛玉記憶中的林如海，只有童年時的印象。黛玉夢中鳳姐說的話，要從黛玉的睡眠中反饋出來，除非當年林如海確有升湖北糧道和續弦之議。或者黛玉常在冥思遐想中做此白日夢，正如俗話說的「日有所思，夜有所夢。」翻遍前八十回書，都找不到黛玉有做此夢的根源，因為它缺乏一根合成鏈，讓它們合成為一個新的夢境。

林如海去世之前，黛玉曾由賈璉護送，回揚州探父病，接着料理喪事。這都是黛玉記憶中最傷痛的事，不管她什麼時候對父母作回憶，她心中充滿的只有孺慕與傷痛。說什麼也出現不了林如海續弦，繼母又替她許婚等荒謬的念頭。因為，不論是黛玉記憶中的林如海，或真實的林如海，都不是一個荒唐的父親。

黛玉夢中的王夫人、鳳姐、寶釵等的行為，符合黛玉平日與她們相處的經驗。外熱內冷，親暱中夾雜着嫌惡，甚至仇視的心理。

邢夫人與王夫人妯娌間，向來冷冷的，除了應酬場合兩人會同時出現，平日裡幾曾見她倆這麼親暱過。黛玉的大腦記憶體中，什麼時候儲存過類式這種邢王行為的資料，邢夫人向王夫人使眼色。

> 黛玉此時心中乾急，又說不出來，哽哽咽咽；恍惚又是和賈母在一處的似的，心中想道：「此事唯求老太太，或還有救。」於是兩腿跪下去，抱着賈母的腿說道：「老太太救我！我南邊是死也不去的。況且有了繼母，又不是我的親娘，我是情願跟着老太太一塊兒的。」但見賈母呆着臉兒笑道：「這個不干我的事。」黛玉哭道：「老太太，這是什麼事呢！」老太太道：「續弦也好，倒多得一副妝奩。」黛玉哭道：「我在老太太跟前，決不使這裡分外的閑錢，只求老太太救我。」賈母道：「不中用了。做了女人，總是要出嫁的。你孩子家，不知道。在此地終非了局。」黛玉道：「我在這裡，情愿自己做個奴婢過活，自做自吃，也是愿意。只求老太太作主！」見賈母總不言語，黛玉又抱着賈母哭道：「老太太，你向來是最慈悲的，又最疼我的，到了緊急的時候兒；怎麼全不管？你別說我是你外孫女兒，是隔了一層了；我的娘是你的親生女兒，看我娘份上，也該護庇些！」說着，撞在懷裡痛哭。聽見賈母道：「鴛鴦，你來送姑娘出去歇歇，我倒被他鬧乏了。」

賈母與王夫人玩的「木石」與「金玉」遊戲，對一般讀者言，也許難以感同身受。但對生活在後大觀園時代的林黛玉而言，應深有體會。當黛玉感知自己的年紀大了，那寶釵的年紀不是更大了嗎？既然寶釵能等，我黛玉又何嘗不能等呢！黛玉於贈帕定情之後，己感知自己的病已形成，有不久人世的預感，也曾為此傷感。唯其知道自己的壽數有限，常常會退一步為自己作想，婚姻的企求，應會逐漸淡化。這也是她對寶釵不再設防的原因，第六十二回寶釵以射覆挑逗寶玉，湘雲出頭打抱不平，她都能視若無睹，無動於衷，不能不說是其心境使然。

高鍔把賈母寫得如此鄙吝、冷酷。好似從感化院裡放出來的改造犯，完全變了一個人。前八十回書中，一點都看不出，賈母對黛玉的愛在褪色。黛玉從何感知到賈母會變得如此鄙吝、冷酷。她若不是有此感受，她便不可能有那樣的夢境。賈母在前八十回書中，對黛玉的關愛有甚於寶玉者，如彌補其月例銀不夠使用開銷，另派人送錢貼補，給黛玉的穿着打扮，更勝過迎春三姐妹。況還有個賈寶玉從中穿針引線，將黛玉的煩難告知賈母，將賈母不能已於言的苦衷轉告黛玉，這些都在情理之中，故賈母與黛玉間，不可能發生如高鍔筆下的嚴重裂痕，導致惡夢。

賈母與王夫人間的僵局，榮國府中任何人都看得出來。賈政於第七十二回對趙姨娘說，他看中了兩個丫頭，一個給寶玉，一個給賈環，再等一二年再說。不娶正先納妾，這雖也是那個時代，有財有勢人家的時尚。但婚姻必竟是人倫大事，賈政為什麼不談大事，寶玉早屆訂婚年齡。史湘雲訂婚年齡約十三四歲，事見第三十二回襲人向她道喜，引起她一陣羞赧。賈政於寶玉婚姻，非不為也，是擺不平也。

黛玉情知不是路了，求去無用，不如尋個自盡，站起來，往外就走。深痛自己沒有親娘，便是外祖母舅母與姊妹們，平時何等待的好，可見都是假的。

黛玉曾以「風刀霜劍嚴相逼」自況，這說明她從小就飽經人情冷暖。上述鳳姐、王夫人、寶釵等的冷漠行為，出現在黛玉的夢境中，便不令人覺得奇突。令人奇突的是，黛玉明明對王夫人等早存芥蒂，所以在她夢中出現的王夫人等都是冷漠的。這會兒又說他們「平時何等待的好」，這不是自相矛盾嗎？夢境是在睡眠狀態中產生的，它只能重復過去的經驗，不可能產生新的思維。香菱夢中做詩，那仍然是一種經驗的重復。上述黛玉夢中的矛盾，不是出自黛玉而是高鶚。

又一想：「今日怎麼獨不見寶玉？或見他一面，他還有法兒。」便見寶玉站在面前，笑嘻嘻的道：「妹妹大喜呀！」黛玉聽了這一句話，越發急了，也顧不得什麼了，把寶玉緊緊拉住，說：「好！寶玉，我今日才知道你是個無情無義的人了！」寶玉道：「我怎麼無情無義？你既有了人家兒，咱們各自幹各自的了。」黛玉越聽越氣，越沒了主意。

請先看看黛玉的定情詩：「眼空蓄淚淚空垂，暗灑閑拋更向誰，尺幅鮫綃勞惠贈，為君那得不傷悲。」這是黛玉心目中的賈寶玉。自此以後，她對寶玉的愛情，有了充分的信心，從未再懷疑過。上述夢境中的寶玉，大違他平日做人之道。別說有違兩人的相知之深，其言其行，更非寶玉的性格。

只得拉着寶玉哭道：「好哥哥！你叫我跟了誰去？」寶玉道：「你要不去，就在這裡住着。你原是許了我的，所以你才到我們這裡來。我待你是怎麼樣的？你也想想。」

我待你是怎麼樣的？你也想想。這兩句話迴非寶黛間的日常語言，語言是表達思想的媒介。寶黛的愛情如果能像上述的語言，明說白道，那就不會有爭爭吵吵，風風雨雨的過程了。小說中，語言是人物性格的一大表徵，小說作者創造書中人物時，首先想到的便是該人物的語言。把王鳳姐的話，放到李紈嘴裡說出來，既不是王熙鳳，更不是李紈，變成非驢非馬四不像了。上述賈寶玉對黛玉說的話，便更是荒腔走板，賈寶玉娶林黛玉，儘管黛玉一百個願意，就是不能從賈寶玉的口中說出來。

黛玉恍惚又像果真許過寶玉的，心內忽又轉悲作喜，問寶玉道：「我是死活打定主意的了，你到底叫我去不去？」寶玉道：「我說叫你住下。你不信我的話，你就瞧瞧我的心！」說着，就拿着一把小刀子往胸口上一劃，只見鮮血直流。黛玉嚇得魂飛魄散，忙用手握着寶玉的心窩，哭道：「你怎麼做出這個事來？你先來殺了我罷！」寶玉道：「不怕！我拿我的心給你瞧。」還把手在劃開的地方兒亂抓。黛玉又顫又哭，又怕人撞破，抱住寶玉痛哭。寶玉道：「不好了！我的心沒有了，活不得了！」說着，眼睛往上一翻，「咕咚」就倒了。

黛玉拚命放聲大哭，只聽紫鵑叫道：「姑娘，姑娘！怎麼魘住了？快醒醒兒，脫了衣服睡罷。」

這一節的前半部，倒是說到了寶黛真情的正點子上。黛玉確實相信寶玉為示真情，會那麼做，因寶玉曾多次向黛玉賭咒發誓以明心跡。書中說，黛玉被嚇得魂飛魄散，既如此驚恐，還能不被驚醒嗎？再說，寫戲劇也好，寫小說也好，述情述景，到此已可以結束了，後面的情節已是多餘，劃蛇添足了。

黛玉一翻身，却原來是一場惡夢——。那窗上的紙，隔着屜子，漸漸的透進清光來。

中國人觀察人，從小看大。看紅樓夢續書，更是要從小看大。紅樓夢這本書，寫作時亦如砌城牆，它是一塊一塊的磚，堆砌起來的，一把一把的眼淚，澆灌起來的。若不從細微處看，細微處認知，便看不到其中的精髓。高鍔續書時，因為未能見微，所以就昧於知巨。他說黛玉住處瀟湘館「那窗上的紙」便是一絕好例證。瀟湘館窗上糊的不是「紙」，而是已經停產幾十年的「軟煙羅」。事見第四十回：賈母領着劉姥姥逛大觀園，逛進瀟湘館。

賈母因見窗上紗顏色舊了，便和王夫人說道：「這個紗新糊上好看，過了後兒就不翠了。這院子裡頭又沒有個挑杏樹，這竹子已是綠的，再拿綠紗糊上，反倒不配。」賈母笑向薛姨媽眾人道：「那個紗，比你們的年紀還大呢！怪不得他認做蟬翼紗，原也有些像。——正經名字叫『軟煙羅』。——只有四樣顏色——糊了窗屜，遠遠的看着，就和煙霧一樣，所以叫做『軟煙羅』——那銀紅的又叫做『霞影紗』——明日就找出幾匹來，拿銀紅的替他糊窗户。」

慎重起見，另查証了三個不同版本：一，八家評批紅樓夢—馮其庸纂校訂定，北京文化藝術社，一九九一年版。二，浙江文藝出版社，一九九六年版「紅樓夢」。三，台北聯經文化事業公司校印「紅樓夢」。都寫的是窗上的「紙」。也許有讀者認為這是一件極小的小事，何必吹毛求疵。不然，寫續書就是要要求延續原書的情節氣氛，人物性格。從何處要求呢，曰尋踪躡跡從細微處追起。這紙糊的窗，與用「軟煙羅」中的「霞影紗」糊窗。不只是質量相去甚遠，其中所含老祖宗賈母對黛玉的愛與關心，更是相去十萬八千里。原作敍述賈母為黛玉換窗紗，費辭五百二十餘字。不知道有沒有人想過，惜墨如金的原書作者曹雪芹，為這麼點小事，大費週章地描繪。為了玄耀嗎？聽眾中除了一個鄉巴佬劉姥姥，都是自己人。他就是要避免讀者中，有人產生與高鍔同樣的誤解。看不到「木石」與「金玉」的鬥爭對立，認定賈母移情寶釵，而冷落黛玉。

第八十三回：

話說探春湘雲才要走時，忽聽外面一個人嚷道：「你這不成人的小蹄子！你是個什麼東西，來這園子裡頭混攪！」黛玉聽了，大叫一聲道：「這裡住不得了！」一手指着窗外，兩眼反插上去。

原來黛玉住在大觀園中，雖靠着賈母疼愛，然在別人身上，凡事終是寸步留心。聽見窗外老婆子這樣罵着，在別人呢，一句是貼不上的，竟像專罵着自己的。自思一個千金小姐，只因沒了爹娘，不知何人指使這老婆子來這般辱罵，那裡委屈得來？因此，

肝腸崩裂，哭的過去了。

這一節書，充分暴露了續書的弱點，不管是他自撰的或刪訂的。其對林黛玉性格的扭曲，簡直到了瘋狂的程度。試想林黛玉住進榮國府已有七八年的時間，從未有過因下人言語冒犯的情事發生。一則賈府例有成規，下人們多知守規識矩。如真有類似的情事，破壞家規的罪責遠超過得罪客人，即使黛玉能容他，當家的鳳姐也容不了他。其次，說到黛玉的寸步留心，並非是對下人們的言行，而是自我的約束與限制，不讓自己有任何越軌言行，留人話柄。她的謹言慎行，不但贏不到諒解，反被社會訾為「孤高自許，目無下塵」。她若稍有不慎，飛短流長不知凡幾。

婆子園中喊罵，一定有她的對象，黛玉往昔與她素無嫌隙，沒有理由往自己身上扯是非的道理，這是人之常情。高鍔寫的黛玉，正是失了常情，近乎走火入魔狀態。請再看看高鍔描寫黛玉聽到婆子話後的形象吧，「兩眼反插上去，－－肝腸崩裂」。這那是一個千金小姐應有的教養和氣度，連小家碧玉都不會這麼失常、失態。高鍔是中了眾口鑠金的毒－「社會我的林黛玉」，認定黛玉小心眼好弄小性子。全不看「真實我」的林黛玉是個什麼形象（請參閱細嚼慢嚥讀紅樓－被扭曲的林黛玉一文）。認定她是個不懂事的人，聽不得閑言閑語。事實是她不只忍受過閑言閑語，連風刀霜劍她都熬過來了，她還有什麼沒有經歷過的。第四十五回：寶釵建議黛玉每天以一兩燕窩熬粥，飲食就可以養人了。黛玉嘆道：「——，

那些底下的老婆子丫頭們，未免嫌我太多事了。你看這裡這些人，因見老太太多疼了寶玉和

鳳姐姐兩個，他們尚虎視眈眈，背地裡言三語四的，何況於戒？況我又不是正主子，原是無依無靠投奔了來的，他們已經多嫌着我呢；如今我還不知進退，何苦叫他們咒我。」林黛玉不但知道人多嫌她，還一直隱忍着這種嫌惡，怎麼一到高鍔筆下，便突然變得敏感，自卑、尖銳了。有一個小插曲，不妨記在此處，說明高鍔寫續書，凡事都是信手拈來，不加思索地隨手安插，從不考慮是否得當適體。

高鍔認為黛玉的另一個心態是，「只因沒了爹娘」，所以下人們專沖着她來。在坐的還有個史湘雲，其身世與黛玉雷同，論親戚，她不似黛玉與賈母有直接血緣關係。黛玉與湘雲相與也有好幾年，彼此間的身世也相互瞭解，現下史湘雲正與黛玉同時寄寓大觀園，黛玉值得這麼敏感嗎？她真的會這麼敏感嗎？林家五世列侯。林如海金榜題名，當年中舉是第三名探花，林家的書香味比賈家還要濃。把黛玉寫得這麼敏感、自卑、尖銳、不能容物。這只能說高鍔的紅樓夢根底太膚淺，看不到林黛玉的真情真性，給他的續書添上一筆不小的負數。

第九十七回：

原來雪雁因這幾日黛玉嫌他小孩子家懂得甚麼，便也把心冷淡了；況且聽是老太太和二奶奶叫，也不敢不去，連忙收拾了頭。平兒叫他換了新鮮衣服，跟着林家的去了。

林黛玉進榮國府若七歲左右，雪雁再小不會小於六歲，他跟隨黛玉在榮國府中一住將近十年。這時候的雪雁，也應是婷婷玉立，君子好逑的年齡，已具備足夠的人生處世經驗，應早已非吳下阿蒙。高鶚仍把她當作小孩子看待，這祇有一個可能，高鶚根本不知道曹雪芹的前八十回書，前後的時間差是多少個年頭。他把大觀園中的女孩兒都視為丫頭片子，把賈寶玉也視為黃口孺子。他這一錯，乃是後四十回書的最大失誤。其次是高鶚一直錯把林黛玉的「社會我」，作為她的性格主調，看不到林黛玉的「真實我」，才會認定雪雁便也把心冷淡了。林黛玉與薛寶釵的最大不同處，在一個「情」字，她是一個既重愛情，同時也重感情的人。紫鵑與黛玉的感情，遠超過大觀園中其他的主僕感情，黛玉從家裡帶出來的佣人，除了乳娘王嬤嬤，就是雪雁，這是她客居中唯一最親最近的人，以黛玉的重情重義，要雪雁把心冷淡下來都不可能。高鶚的性格正是功利型小人，以人同此心，心同此理的邏輯，來看林黛玉。殊不知他與出世型林黛玉的性格，根本不是一個屬類。因此，林黛玉到了高鶚筆下，其性格便更加「社會」化了。

曹雪芹寫人物，那怕是他最不喜歡的人，甚至厭惡的人，他都非常珍惜其人的形象。他寫鳳姐與賈蓉的曖昧，也只說她臉上不自覺地一紅，點到為止。寫襲人小產，不寫她下身流血，而說她口中吐血。寫薛寶釵向寶玉出示酥胸，也只寫她解扣寬衣。高鶚把林黛玉的形象寫得這麼狼狽不堪，決非原作者曹雪芹所願。高鶚筆下的林黛玉已失去她的原型，俗說「失之毫釐，謬以千里」。愈往後相去愈遠，論證的目的，無非是指出續書的謬誤。一葉都足以知秋，何況所舉還不只一葉。

曹雪芹筆下的妙玉

小說創作，最重要的是創造人物性格，為什麼說是創造呢？因為人性的複什性，正如俗話說的「人心不同，各如其面。」世上沒有兩個完全相同的面孔，更沒有兩個完全相同性格的人，故小說作者創作人物時，創造出該人物的性格是為首要之務。性格創作不是泛泛其詞，某人是外向型、某人是內向型。而是要從具體行為中，凸顯其人之獨特性與獨立性。故人物性格創作，技術性要求既高，也最難把握。紅樓夢作品中人物性格的描寫，它的反描法有違一般傳统作品的手法，寫續書時若不仔細留意，便會掉入原作的陷阱中。錯置作品中人物的性格，更有甚者，被誤導思路，失去人物性格的完整性，變得支離破碎。

紅樓夢作者對待女性的心態，也是作者的女性觀，是原作人物性格創作的另一重要因素。原書作者曹雪芹對當時代的年青女性，充滿同情與憐惜。對她們的悲慘命運，是以感同身受的心情，為她們鳴不平，為她們吶喊。以是在他下筆寫他書中青年女性人物時，非常注重筆下人物的形象，那怕是身為下賤的丫頭，也不少讓。

原作者曹雪芹筆下的妙玉，十二金釵中正冊人物，着墨不多，却印象深刻。她的冷傲不群，她的出塵脫俗，她的潔僻雅緻，在在都令人賞羨難忘。

第十七回：

> 外又有一個帶髮修行的，本是蘇州人氏，祖上也是讀書仕宦之家，因自幼多病，買了許多替身，皆不中用，到底這姑娘入了空門，方才好了，所以帶髮修行。今年十八歲，取名妙玉。如今父母亡故，身邊只有兩個老嬤嬤，一個小丫頭伏侍，文墨也極通，經典也極熟，模樣又極好。

有關妙玉的身世，僅此一百三十個字。除了出自官宦，就只知她是自幼多病，還愿遁入空門。至於她姓甚名誰，家世根底，都一概不知，也不為人重視，永遠給她蒙上一層神秘色彩。按佛家慣例，入門剃度，先去掉三千煩惱絲。帶髮修行，便意味着不能「捨」，這捨是進入法界的第一層，這裡已點出「云空未必空」了。

> 因聽說「長安」都中有觀音遺迹，並貝叶遺文，去年隨了師父上來，現在西門外牟尼院住著。他師父精演先天神數，于去冬圓寂了。遺言說他：「不宜回鄉，在此靜候，自有結果。」所以未曾扶靈回去。

妙玉隨師父進京，目的在探求佛法，謁見觀音遺迹。沒想到她師父的一通先天神數，決定了她的悲慘命運。若不留在京師，她不會成為賈府的客卿，也許就不會殃及池魚身遭蹇厄。迷信是那個時代的社會文化，紅樓夢既是一本寫實作品，就避免不了會牽涉到迷信。先天神數之類的玄學預言，至今仍有人信奉不絕，為祈福反招致災難者，比比皆是，猶未能警世惕人，可見迷信文化有着堅強的韌性。

王夫人便道：「這樣我們何不接了他來？」林之孝家的回道：「若請他，他說：『侯門公府，必以貴勢壓人，我再不去的。』」王夫人道：「他既是宦家小姐，自然要性傲些。就下個請帖請他何妨？」林之孝家的答應著出去，叫書啟相公寫個請帖去請妙玉，次日遣人備車轎去接。

妙玉與眾不同，她進榮國府，是下請帖被請進來的。進府後，即被安置居住在大觀園的櫳翠庵中，故賈府上下悉尊重其人。此後，櫳翠庵成了妙玉的個人天地，大觀園中的孤島，俗世中的世外桃源。如果說大觀園是男人的禁地，那櫳翠庵除妙玉與她的伏侍者外，便是一塊人間禁地。同時，她也禁錮自己，不接觸櫳翠庵以外的人。

紅樓女性中，不少人是出自蘇州，十二金釵正冊人物便有兩個，一個是林黛玉、一個是妙玉。介紹兩者家世的文字都不多，林家二百八十字，妙玉僅一百三十個字。兩個人在性格上，又似有雷同之處，如世同嫌。兩者之間有沒有內在連繫，外表上雖不着一絲痕跡，還是不免令人遐思遠想。唯妙玉是個自外於榮國府的方外人，她可以不受榮國府的任何拘束。妙玉住進櫳翠庵後，前八十回書中，幾乎是足不出「庵」，唯一的一次例外，第七十六回：中秋開夜宴，林史凹晶館月下聯句。

一語未了，只見欄外山石後轉出一個人來，笑道：「好詩，好詩！果然太悲涼了，不必再往下做。若底下只這樣下去，反不顯這兩句了，倒弄的堆砌牽強。」二人不防，倒嚇了一跳。細看時不是別人，卻是妙玉。二人皆詫異，因問：「你如何到了這理？」妙玉笑道：「我聽見你們大家賞月，又吹得好笛，我也出來玩賞這清池皓月。順脚走到這裡，忽聽見你們兩個吟詩，更覺清雅異常，故此就聽住了。——到我那裡吃杯茶，只怕就天亮了。」

單只聽妙玉的這幾句話，已見到她的「云空未必空」了，修行必須養靜，養靜才能守寂。妙玉顯然是未能靜，當然也就不能寂，才要出來賞這清池皓月。也或許這不是她第一次來凹晶館，因為她說她是順脚來到這裡。不管怎麼說，大觀園中，從未有人在櫳翠庵外，發現過妙玉的脚踪。這至少可以說明一個事實，妙玉對待她週邊的人際關係，她的選擇性是極其嚴苛的。但也並非沒有例外，有一個也是唯一的一個，能自由出入櫳翠庵的人，那便是清貧的邢岫煙。

第六十三回：

袖了帖兒，逕來尋黛玉。剛過了沁芳亭，忽見岫煙顫顫巍巍的迎面走來，寶玉忙問：「姐姐那裡去？」岫煙笑道：「我找妙玉說話。」寶玉聽了，詫異道：「他為人孤癖，不合時宜，萬人不入他的目，原來他推重姐姐，竟知姐姐不是我們一流俗人！」岫煙笑道：「他也未必真心重我，但我和他做過十年的鄰居，只一牆之隔；——我所認識的字，都是承他所授：我和他又是貧賤之交，又有半師之份。因我們投親去了，

> 聞得他因不合時宜，權勢不容，竟投到這裡來。如今又兩緣湊合，我們得遇，舊情竟未改易，承他青目，更勝當日。」
>
> 寶玉聽了，恍如聽了焦雷一般，喜得笑道：「怪道姐姐舉止言談，超然如野鶴閑雲，原本有些來歷。」

岫煙能夠出入櫳翠庵，是因其舉止言談，超然如野鶴閑雲，不似一般流俗，故得妙玉青目。而岫煙的出塵拔俗，正是受到妙玉的潛移默化，不是來自邢家父母的教養。則妙玉之為人，實有其真性情在，並非驕情造作。如果她的結局真如判詞所示，掉入泥淖嘗盡悲苦，那也是受到「時宜」的惡行摧殘，不能看成是她個人的失德，而是當時代女性的集體命運。

妙玉——一個跳出三界外不在五行中的出家人，為什麼會為權勢所不容，不容的理由，說她不合「時宜」。既然跳出三界外，就應該六根清靜，如何還能與「時宜」相合。之所以被「時宜」詬病，正是因為「時宜」不容她跳出三界外，她的美與冷，為「時宜」中的稀有動物。把女人當做玩物，是當時代男性文化的主軸文化，凡女人都得為男性服務。出家為尼也不能例外，正如判詞所說的：「欲潔何曾潔，云空未必空。」由不得人的主觀意志來做決定。因著這個時代文化的暴虐性，紅樓夢作者，才要為女性吶喊，也是他創作紅樓夢的主要動機。

第一回：

> 今風塵碌碌，一事無成，忽念及當日所有之女子，一一細考較去，覺其行止見識皆出

我之上；我堂堂鬚眉，誠不若彼裙釵；我實愧則有餘，悔又無益，——編述一集，以告天下：——然閨閣中歷歷有人，萬不可因我之不肖，自護己短，一並使其泯滅也。

妙玉的悲劇，是時代的，更是文化的。妙玉的不合時宜，還有她的另一面。

第四十一回：

當下賈母等吃過了茶，又帶了劉姥姥至櫳翠庵來。妙玉相迎進去。眾人至院中，見花木繁盛，賈母笑道：「倒底是他們修行的人，沒事常常修理，比別處越發好看。」一面說，一面便往東禪堂來。妙玉笑往裡讓，賈母道：「我們才都吃了酒肉，你這裡頭有菩薩，冲了罪過。我們這裡坐坐，把你的好茶拿來，我們吃一杯就去了。」

妙玉修行的櫳翠庵，並非一個不見天日的庵堂，庵內有院落，且花木繁盛，勝過庵外園林。這說明櫳翠庵除了適合修行，還是一個凡人修身養性的好處所，能守在這樣一個處所的人，一定是一個有道行的人。

賈母訪櫳翠庵，與其說作者是為了寫賈母的興致，還不如說是專為寫妙玉。第一，妙玉既是金陵十二釵中正冊人物，理應讓讀者們識其盧山真面目。妙玉自進入大觀園的那天起，似乎從沒有人見過她這個人，也即是說，作者從未把她從後台推到前台。第二，櫳翠庵亦如其主人一樣，蒙着一層神秘面紗，借此讓人們看清它的真象，同時也讓人們知道，什麼樣的境界，才是一個真正清靜無為的所在。

寶玉留神看他怎麼行事。只見妙玉親自捧了一個海棠花式雕漆填金「雲龍獻壽」的小茶盤，裡面放一個成窰五彩小蓋鍾，捧與賈母。賈母道：「我不吃六安茶。」妙玉笑道：「知道。這是『老君眉』。」賈母接了，又問：「是什麼水？」妙玉道：「是舊年蠲的雨水。」賈母便吃了半盞，笑着遞與劉姥姥，說：「你嚐嚐這個茶。」劉姥姥便一口吃盡，笑道：「好是好，就是淡些！再熬濃些更好了。」賈母眾人都笑起來。然後眾人都是一色的官窰脫胎填白蓋碗。

賈母飲茶，原本是一件極尋常的事，作者為什麼要費這麼多的筆墨。一則表明妙玉不是一個只知傲慢，不懂禮數的顢頇者。二則寫妙玉不卑不亢的自信心，只有充滿自信自尊的人，面對權威時，才會不屈不伸，適中得體。三考究飲食的榮國府，單是品茶，比之妙玉遜色多了。從茶具到茶盤，都是不世精品。四妙玉住進榮國府並非窮途末路，正因其被「時宜」覬覦，不得不找一個避難所棲身。

那妙玉便把寶釵黛玉的衣袖一拉，二人隨他出去。寶玉悄悄的隨後跟了來。只見妙玉讓他二人在耳房內，寶釵便坐在榻上，黛玉便坐在妙玉的蒲團上。妙玉自向風爐上煽滾了水，另泡了一壺茶。寶玉便輕輕走進來，笑道：「你們吃體己茶呢！」

妙玉在盡了主人之儀後，立即恢復她為人行事的本色。賈母，這個榮國府中最有威望，尊榮象徵的誥命夫人，到了櫳翠庵，威望與尊榮，全失去了它的光環。作為榮國府中清客的妙玉，不但不陪侍在側，献殷勤輸誠邀寵，反把賈母一干人晾在一邊，自己與黛玉等去吃體己茶。這種孤傲的態度，這麼不近人情的舉動，慢說是三百年前，放在今天的社會，也會被人物議。

> 妙玉剛要去取杯，只見道婆收了上面茶盞來，妙玉忙命：「將那成窑的茶杯別收了，擱到外頭去罷。」寶玉會意，知為劉姥姥吃了，他嫌腌臢，不要了。

階級觀念是每個社會、每個時代都存在的，妙玉除了有潔僻，還有着強烈的階級意識。那隻珍貴的成窑杯子，她是專為賈母準備的，若非劉姥姥呷了一口，她就不會棄如蔽履了。妙玉棄杯這個小動作，看在眼裡的，除了寶玉，還有黛玉與寶釵。寶玉的反應，也同時是林薛的反應，為什麼作者單提寶玉，而不及林薛。此處，作者是借寫妙玉，同時寫寶玉的素性細心縝密，比女性還要女性化。

> 又見妙玉另拿出兩隻杯來，一個旁邊有一耳，杯上鐫着「𤓰瓟斝」三個隸字，後有一行小真字，是「晉王愷珍玩」；又有「宋元豐五年四月眉山蘇軾見于秘府」一行小字。妙玉斟了一斝遞與寶釵。那一隻形似鉢而小，也有三個垂珠篆字，鐫着「杏犀䀉」，妙玉斟了一䀉與黛玉，仍將前番自己常日吃茶的那隻綠玉斗來斟與寶玉。

作者借品茶寫妙玉的「高雅」，無論是茶杯，或沏茶用的水，都有講究。從收藏品的別緻，不難看出主人的鑑賞力、愛好都高人一等。另方面呢？她却犯了佛家的一個大忌，修行就是要能夠「放下」，要能夠「捨」，不要有牽掛。妙玉邀寶黛品茶，風采故是高雅，但也說明她守不住修行要旨，且還非常之執着，那正是她「云空未必空」的寫照。

> 寶玉笑道：「常言『世法平等』：他兩個就用那樣古玩奇珍，我就是個俗器了？」妙

玉道：「這是俗器？不是我說狂話，只怕你家裡未必找的出這麼個俗器來呢！」

這裡作者用的是比較描寫法，用賈寶玉養尊處優的俗，來襯托妙玉出塵拔俗的雅。賈寶玉就不想一想，以妙玉其人的品好與自負，她自用的綠玉斗，會是一個普通平凡的玉製品嗎！一定也是個大有來歷的珍品。

寶玉笑道：「俗話說：『隨鄉入鄉』到了你這裡，自然把這金珠玉寶一概貶為俗器了。」

妙玉聽如此說，十分歡喜，遂又尋出一隻九曲十環一百二十節蟠虬整雕竹根的一個大盞出來，笑道：「就剩了這一個，你可吃的了這一海？」寶玉喜的忙道：「吃的了。」妙玉笑道：「你雖吃的了，也沒這些茶你遭塌。豈不聞：『一杯為品，二杯即是解渴的蠢物，三杯便是飲驢了。』你吃這一海，更成什麼？」說的寶釵、黛玉、寶玉都笑了。妙玉執壺，只向海內斟了約有一杯，寶玉細細吃了，果覺輕淳無比，賞贊不絕。

賈寶玉挨了「村」，趕快自我轉環，扭轉禿勢。妙玉一時高興，又尋出一隻大盞來，為寶玉斟茶。為此，寶玉又暴露出缺乏品味的俗，再度被妙玉數說一頓，這是大觀園中，除黛玉、晴雯外，絕無僅有的事。

妙玉正色道：「你這遭吃茶，是托他兩個的福，你獨來了，我是不能給你吃的。」寶玉笑道：「我深知道，我也不領你的情，只謝他二人便了。」妙玉聽了，方說：「這話明白。」

這說明什麼呢？說明妙玉與寶玉間，確有其會心處。所謂會心處不在遠，近在眼前，一種高而脫俗的知遇之情。

黛玉因問：「這也是舊年的雨水？」妙玉冷笑道：「你這麼個人，竟是大俗人，水也嘗不出來！這是五年前我在玄墓蟠香寺住着，收的梅花上的雪，統共得了那一鬼臉青的花瓮一瓮，總捨不得吃，埋在地下，今年夏天才開了。我只吃過一回，這是第二回了。——你怎麼嘗不出來？隔年蠲的雨水，那有這樣清淳？如何吃得！」寶釵知他天性怪僻，不好多話，亦不好多坐，吃過茶，便約着黛玉走出來。

曹著寫人物性格從不着痕跡，此處寫妙玉同時兼寫黛玉，一筆帶出兩個人來。妙玉把她珍藏了五年，自己都捨不得吃的梅花上的雪水，來款待黛玉，按說應該是妙玉心目中「心儀」的人了。當她發現黛玉的品味不夠時，立即不假辭色，沒有一點世故老成的「名教」氣息，這正是妙玉的不合時宜處。對好弄小性兒「社會我」的林黛玉，聽了妙玉的不假辭色，理論上應表示出不愉的反感情緒。事實恰好相反，林黛玉不但無動於衷，還無言接受了妙玉的批評，証明自己不是個好弄小性兒的人。還有一個不寫之寫的人，那便是薛寶釵，她坐在一側冷眼旁觀，緘默不語。既享受了梅花上雪水所沏的好茶，又未暴露出自己的弱點，還令人莫測高深。這就叫作世故，心有城府，名教所強調的少年老成。

妙玉邀黛玉寶釵飲體己茶，正是要印証判詞所說「云空未必空」這句話。也許在妙玉心中，對寶黛釵心儀已久，遇着機會，意欲與之訂交。無如寶黛表現出庸俗幼稚見識，與妙玉的「雅僻」嗜好相去甚遠，由失望而至失落。所謂天性怪僻，正是妙玉的雅，雅到曲高和寡。這也難怪，妙玉進榮國府時，年已十八，寶玉若當十三四歲，黛玉十二三歲，兩者間年齡相去一大截，思想見識，更因各人的際遇不同，未能契合，不難理解。當釵黛起身告辭，妙玉也不挽留，任其自去，此後也未再續舊情。釵黛也自知非我族類，難與相與，這也是為什麼海波不掀的原因。

第五十回

「我才看見櫳翠庵的紅梅有趣，我要折一枝來插瓶，可厭妙玉為人，我不理他。」李紈語。連李紈這樣的佛爺，都嫌惡妙玉。她的孤傲不群，已超出一般人能夠接受的程度。即便被她另眼相看的黛玉、湘雲之流，也只是隨聚隨散，終無持續的情誼。以上的孤傲與嫌惡，都不能致妙玉於絕地，她的冷艷才是她的致命傷，成了當時代男性的獵物。

妙玉有沒有旖念呢？從人性來看，正值旖旎年華的妙玉，若沒旖念，那不是太不近人情了嗎！旖念不是千篇一律的，她是隨着人的性向而分野的。襲人想的是做賈寶玉的侍妾，寶釵想的是做賈府的寶二奶奶，黛玉想的是愛情，一份從仙界到人界的真情。那麼妙玉想什麼呢？她入空門是因為自幼多病，找了許多替身都無法替代，最後還是自己獻身，才得平安無事。人的體能與人的意興和意志，是一個有機的結合體。體魄強健的人，懷抱着雄心壯志要有所為，弱質多病的人，期待着健康平安不受折磨。妙玉正是因病魔纏身，才要遁入空門祈求福祉。她兩次邀約黛玉至櫳翠庵飲茶，親切熱情，却不留戀。觀其行止，縱有旖念，至多覓一知己，以慰平生，如是而已。總之，曹著寫妙玉的云空未必空，寫的都是人之常情，未牽及男女間情愫。至於她的孤傲，也非故作驕情，而是天生的那股子「潔僻」與「雅僻」所致。

古代中國的男性，是一種非感性的動物，那怕是儒家最重視的，也是論語上提得最多的「仁」，也不是感性文化。故中國古代的男人，多不懂得什麼是感情，什麼叫做感情。單只賈氏門中的男性已足為表率了，賈赦對待邢夫人，賈政對待他的三個女人，賈珍與尤氏，賈璉與鳳姐，論起感情來都是夠瞧的。凡女性都被視為玩物，所以女性纏腳，以殘虐自己的身體，來取悅男人。男人不但不予悲恤，反謳歌之，讚美之。不如是反譏諷之，醜化之。面對女性為趨奉男性的自殘自虐，聖賢書不見了，那被崇奉的「仁」文化也不見了。更殘虐的是，還要求女子無才便是德，永遠成為思想上的殘廢。捧為女性的最高人格標準，也是儒家對女性標榜的最高道德標準。因著這個愚人與自愚的文化，中國女性便甘心情願地自殘自虐，向男人獻上一雙殘廢的三寸金連，和盲目的崇奉三從四德。薛寶釵曾據此臣服林黛玉，更荒謬的是，今天竟有人視林黛玉為中國文化的叛逆，真是從何說起。

曹雪芹筆下的妙玉，與黛玉一樣，是他最珍惜的描繪對象。他是以悲天恤人的胸壞，道盡女性的不平與悲慘。在曹雪芹筆下，中國的社會，中國的文化，就是一個大「池淖」，凡女性都浴生於此池淖中，何獨妙玉為然。

高鍔筆下的妙玉

創作難，續別人的創作更難。如不能追踪躡跡，緊抓原作的人物性格，那接下來的書中人物，便會變成失去靈魂的軀殼。妙玉在前八十回書中，除了賈母携劉姥姥訪櫳翠庵，中秋夜凹晶舘林史月下吟詩，實寫其人外，餘如寶玉乞紅梅，岫煙訪妙玉，都是虛寫。作者對妙玉這個人是非常之珍惜的，著墨不多，讀來給人的印象是高而且雅，這正是作者所要塑造的妙玉。她的不幸掉入泥淖，也正是作者所要反應的女權的淪喪，女性的悲與苦，它不僅是時代的產物，更是文化的產物。高鍔不同，他是以當時代，男性主義者看妙玉的淪入泥淖，女人的貞操應重於性命，被污苟活是可耻的，不應也不會予以同情的。因此，高鍔筆下的妙玉，不是一個惡劣環境下的犧牲者，更不是原作者筆下高而且雅的處士，而是一個不守婦道的墮落者。

第八十七回：

寶玉聽了聽，那一個聲音很熟，却不是他們姊妹。料着惜春屋裡也沒外人，輕輕的掀簾進去，看時，不是別人，却是那櫳翠庵的「檻外人」妙玉。

曹雪芹筆下的人物性格，到了高鶚筆下，就像今之變「性」人一樣，換成了另外的一個人。賈寶玉已不再是那個憐香惜玉，女性至上的賈寶玉。妙玉也不再是那個「萬人不入他的目」的妙玉了。賈寶玉明知妙玉在惜春房中，擅自闖了進來，這已不符寶玉素昔尊重女性的性格。還大放厥詞，就更非寶玉其人了，下面請看寶玉怎麼說：

同八十七回：

一面與妙玉施禮，一面又笑問道：「妙公輕易不出禪關，今日何緣下凡一走？」妙玉聽了，忽然把臉一紅，也不答言，低了頭，自看那棋。寶玉自覺造次，連忙陪笑道：「倒是出家人比不得我們在家的俗人，頭一件，心是靜的。靜則靈，靈則慧——」寶玉尚未說完，只見妙玉微微的把眼一抬，看了寶玉一眼，復又低下頭去，那臉上的顏色漸漸的紅暈起來。寶玉見他不理，只得訕訕的旁邊坐了。

上一節書，短短一百七十幾個字，暴露的問題就不少，主要還是對人物性格的把握，不夠準確成熟，使書中人物的言行，出現乖舛。

一，賈寶玉是在女人隊裡長大的，其對待女性的細心縝密，可說是與生俱來。在他心目中，尊重妙玉尤勝過黛玉。既知妙玉輕易不出禪關，今日擅闖惜春閨房，不期而遇，已經唐突佳人，還不自尊重，造次下問，這那裡像個「女性至上主義者」的賈寶玉呢。

二，妙玉第一次聽到寶玉問她，緣何步出禪關，把臉一紅，尚能符合其人之身份行止。此時的妙玉，覺得造訪惜春，確實有違清規，深以為愧，便不自覺地把臉一紅。

三，賈寶玉的第二次發言，不止是失態，而是失體。既說出家人的心是靜的，靜由寂生，只有守得住寂寞，才能生靜養靜。眼下的妙玉正是守不住寂寞，才要踏出玄關，進入紅塵與惜春奕棋，這不是指着禿驢罵和尚嗎！以賈寶玉平日尊重女性，愛惜女性的行為性格，決不會說這類令人難堪的話。

四，妙玉第二次聽到寶玉的話，**那臉上的顏色漸漸的紅暈起來**。這一次的臉紅，從心理分析上看，有追踪的必要。她是因寶玉的話，想到自己既未能靜，更不能寂，而心生靦赧呢？還是另起了雜念，無意中泄露了心中祕密。書上說她微微**的把眼一抬，看了寶玉一眼，復又低下頭去**。從這一細微的動作上觀察，似乎是雜念多於羞赧。那麼妙玉的不能靜、不能寂，還不止是行為上的，更是心靈上的了。高鍔這麼寫的目的，在為妙玉的陷身泥淖，而不自拔做預設值。

五，古代才子佳人小說作品，男主角的形容詞，千篇一律，唇紅齒白，玉樹臨風。這後面的一句話，似乎是人的身段描繪，一種近乎女性化的體態語言，說白了，就是女性化傾向的男性。君不見中國傳統戲劇裡的小生，便是古典主義男性的象徵。賈寶玉更是一個女性化了的男性，也正是當時代女性追逐的對象。

六，賈寶玉品茶櫳翠庵，妙玉讓出自用的綠玉斗為寶玉斟茶。這一情節對高鍔的影響很大。高鍔可能就是根據這一細節，佈置了上一節中最後一個鏡頭。曹高都曾敷寫寶玉與妙玉間的微妙關係。曹雪芹筆下場景中，除了寶玉，還有黛玉與寶釵。妙玉在賈寶玉的兩個紅顏知己眼皮子底下，用自用的綠玉斗為寶玉斟茶，她就不怕引發酸性反應嗎？尤其是林黛玉，出了名的「小性兒」，怪就怪在林黛玉竟無動於衷，還出奇的平靜，事後更無半點怨尤。薛寶釵一向工於心計，又具城府，她與賈寶玉間的關係，雖然出於一廂情愿，其排她性應更勝過林黛玉。因一個林黛玉已夠她煞費心機週旋，若再加一個妙玉，那她的橫刀奪愛之路，真將伊於胡底。奇怪的是她也未見慍色，這到底是妙玉高明呢！抑或是她確實沒存這個野心，同時取得林薛兩人的信任。

七，高鶚的最後一個鏡頭，妙玉那微微的一抬眼，潛意識裡面便有了某種東西在萌動，心臟跳動也漸漸地開始加快加速，血壓也開始昇高，臉色也就漸漸的跟着紅暈了起來，說穿了，這就是「性」衝動的象徵。作者在暗示，妙玉是一個性饑渴者，因此，掉入泥淖，却不能自拔。

同八十七回：

惜春還要下子，妙玉半日說道：「再下罷。」便起身理理衣裳，重新坐下，癡癡的向着寶玉道：「你從何處來？」寶玉巴不得這一聲，好解釋前頭的話，忽又想道：「或是妙玉的機鋒？」轉紅了臉，答應不出來。妙玉微微一笑，自合惜春說話。惜春也笑道：「二哥哥，這什麼難答的？你沒有聽見人家常說的，『從來處來』麼？這也值得紅了臉；見了生人的似的！」

賈寶玉何許人也，比女性還要女性化的男人。論庶務可能一竅不通，論女性心機，他可是個大行家。第六回偷嚐禁菓，與襲人成就好事，靠的就是摸透了襲人的心機。大凡兩個人之間對話，觀察對方眼神，是掌握對方心理變化的重要訣竅。妙玉眼裡的那癡癡目光，早已告知賈寶玉，她已被他迷惑，失去修持和定力。這麼明顯的徵候，還能逃過賈寶玉的眼睛嗎？「你從何處來？」這句問話，按說是妙玉沒話找話說，說不上有什麼意義，更談不上有什麼機鋒？竟然把賈寶玉難住，答應不出來。賈寶玉那麼個機伶人，怎麼會突然變得木訥起來呢？高鍔若是寫紅樓夢外傳，他寫的這兩節書，都很精采。放到紅樓夢續書裡面，不但不精采，還是敗筆，因為完全脫離了原著賦予兩人的性格。同八十七回：

> 妙玉聽了這話，想起自家，心上一動，臉上一熱，必然也是紅的，倒覺不好意思起來。因站起來說道：「我來得久了，要回庵裡去了。」惜春知妙玉為人，也不深留，送出門口。妙玉笑道：「久已不來，這裡彎彎曲曲的，回去的路途都要迷住了。」寶玉道：「這倒要我來指引指引，何如？」妙玉道：「不敢，二爺前請。」

惜春說「從來處來」，妙玉想起自家，又引發臉熱臉紅，立即告辭。告辭也就罷了，竟說不知來時路，回程要迷住了，這顯非妙玉孤傲自持的性格。按照續書作者的設計，不用說賈寶玉一定會自告奮勇，這樣兩人便結伴同行。高鍔續書的着眼點非常清楚，目的在寫妙玉的判詞「云空未必空」。高鍔生存年代的男人，他們衡量女性人格的唯一標準，就是「性」。女人的性事是專供男人尋歡作樂的，女人不能有性的衝動，如果有，那便是一種敗德。高鍔正一步一步的，進行製造妙玉的「敗德」。不過，妙玉話中說「久已不來」，這句話令人質疑。曾一再强調，文學作品和武俠小說不同，文學作品強調脈胳一貫，後文必須是前文的延續、補充、或加強，决不能憑空揑造。這「久已不來」，是從何說起，翻遍前八十回書，從不見妙玉訪過惜春，或大觀園中的任何其他個人。同八十七回：

且說妙玉歸去，早有道婆接着，掩了庵門。坐了一回，把「禪門日誦」唸了一遍。吃了晚飯，點上香，拜了菩薩，命道婆子自去歇着，自己的禪床靠背俱已整齊，屏息垂簾，跏趺坐下，斷除妄想，趨向真如。坐到三更以後，聽得房上「嗗喙喙」一片響聲，妙玉恐有賊來，下了禪床，出到前軒，但見雲影横空，月華如水。那時天氣尚不很涼，獨自一個，憑欄站了一回，忽聽房上兩個猫兒一遞一聲廝叫。

看完高鍔的這一節續書，忽然想到曹雪芹的寫作技巧問題。他為什麼對櫳翠庵的描寫，盡量地避實就虛，直到讀到高鍔的這一節書，才觸類旁通，忽然開朗。櫳翠庵是大觀園中的閉鎖禁地，裡面的一草一木，一言一行，外面的世界都不得而知，把它寫實了，不是反而顯得很假了嗎?高鍔好像有了現代化的透視設備，可以從牆外透視到牆內，妙玉的一舉一動，都被他紀錄了下來。曹雪芹曾寫過猫打架，那是第五回，寶玉在秦可卿床上歇午，影射可卿與寶玉間的不才之事，後文據說被刪。曾看過一幅少婦思春圖的春宮畫，傳說是唐寅的手筆。畫面是從窗户看對面屋頂，一年青婦人依窗而立，正面是她的背影，正全神凝視着對面屋脊上兩隻猫兒打架。從美感角度看，這幅畫的藝術意境，比之時下由西方興起的X照片或電影，更富有想象力，高遠深邃多了。

高鍔寫妙玉的春情萌動，似乎就是從猫打架中得到啟發。他忘了猫的腳步是無聲的，因此才能達到偷襲的目的，國術中專有猫爪步，就是要擷取它的輕健無聲。高鍔所述「嗗喙喙」一片響聲，這不是猫爪步，也不會是人的脚步。做賊若沒有練過猫爪步，如何能做賊。要寫引逗妙玉出房觀猫兒打架，不一定要用屋上嗗喙喙一片響聲，用猫的叫聲不是更貼切嗎！「猫嚎春」不正是指猫的「春情」發動嗎！其暗示性不是更強，更具有想象力嗎！

那妙玉忽想起日間寶玉之言，不覺一陣心跳耳熱，自己連忙收攝心神，走進禪房，仍到禪床上坐了。怎奈神不守舍，一時如萬馬奔馳，覺得禪床便恍蕩起來，身子已不在庵中。便有許多王孫公子，要來娶他；又有些媒婆，扯扯拽拽，扶他上車，自己不肯去，一回兒，又有盜賊劫他，持刀執棍的逼勒，只得哭喊求救。

妙玉出家是因為自幼身體不好，多災多病，許愿找替身，也都無效。終是自己的事，還是得自己來了，最後還是自己出家帶髮修行，才掙得平安無事。以她這樣的體質，當春情發動的時候，出現精神狀態異常，不是沒有可能，應不致強烈到失控，甚至醜態畢露。如果是根據判詞上說她「云空未必空」，就認定她春心蕩漾，難以把持，那更是欲加之罪，何患無辭了。按云空未必空這句話，有着多向性的可能，曹著筆下已有過各式各樣的描寫，唯獨未涉及性事。高鍔為什麼硬要用這麼鄙薄的筆觸，來傷害一個無辜被虐的人呢？其心態有進一步探索的必要。

高鶚是從男性的觀照看女性，看妙玉，從男性的「性」心理，看女性的「性」心理，看妙玉的「性」心理。他忽略了兩個問題，第一女性的性心理行為，少女與少婦不同，前者不具性經驗，性是少女的最大禁忌，不敢提、不敢說、甚至不敢想，少婦則否，但也不是百無禁忌的。第二曹雪芹筆下的妙玉，是一個持己極嚴的女性，其喜怒哀樂，都不形於色，如此失形失態，既缺乏心理基楚，也缺乏行為規範，這一段顯然是失真的描寫，逸出了曹著的人物性格與行為旨趣。

同八十七回：

外面那些油頭浪子聽見了，便造作許多謠言，說：「這麼年青，那裡忍的住？況且又是很風流的人品，很乖覺的性靈！以後不知飛在誰手裡，便宜誰去呢！」

櫳翠庵為大觀園中的閉鎖禁地，連大觀園中人，都不可能知道，都聽不到的事，如何會傳到園外的油頭浪子耳中去。

同九十四回：

邢岫煙道：「若說外頭測字打卦的，是不中用的。我在南邊聞妙玉能扶乩，何不煩他問一問？況且我聽見說，這塊玉原有仙機，想來問的出來。」眾人都詫異道：「咱們常見的，從沒有聽他說起。」麝月便忙問岫煙道：「想來別人求他是不肯的，好姑娘，我給姑娘磕個頭，求姑娘就去，若問出來了，我一輩子總不忘你的恩！」說着就要磕下頭去，岫煙連忙攔住。黛玉等也都慫恿着岫煙往櫳翠庵去。

邢岫煙因為生於寒素之家，廁身大觀園這種向錢看的社會，其處境不知道有多麼煩難。因此，她的行事風格一向低調。為人閑靜安祥，甚少涉身大庭廣眾之中，即便與眾相聚，也罕言寡語。賈寶玉曾讚她是閑雲野鶴，大有不食人間煙火的味道。第七十回林黛玉重建桃花社：**正說着，見湘雲又打發了翠縷來說：「請二爺出去瞧好詩。」寶玉聽了，忙梳洗出去；果見黛玉、寶釵、湘雲、寶琴、探春，都在那理。**獨不見岫煙。同一回書，湘雲慫恿黛玉起社填柳絮詞，也不見岫煙。第七十三回：懦小姐不問累金鳳一章中：因迎春的乳娘聚賭犯事被查察，探春、黛玉、寶琴、寶釵等相約到紫菱洲來慰迎春，也不見岫煙。岫煙住進大觀園後，一直與迎春同住，書中沒有交代她是否已經搬出紫菱洲，如果她尚未搬出，為何不見芳踪。

榮國府的奴才，個個如狼似虎。岫煙住在紫菱洲，因下人們的需索，她的二兩月例銀都不夠使，還被邢夫人抽去一兩。便更是捉襟見肘，逼使她不到季節，便把冬衣當了，以應日需。八十回書後，迎春已經出閣，岫煙還能住在紫菱洲嗎？她拿什麼去應付那些個需索無厭的奴才。

高鍔安排岫煙說話的地點，是在怡紅院內，前八十回書中岫煙與寶琴二人，從未踏進怡紅院的門檻。為什麼？因兩人都是未過門的媳婦，情理上都要避嫌。高鍔距紅樓夢成書時代不遠，又是個讀書人，衛道份子。怎麼寫書的時候只揀方便，全不顧禮教規儀，硬把岫煙拉進怡紅院。這不是自己把自己的假道學、偽君子形象，暴露出來了嗎？為了湊合情節須要，禮教不要了，道德也可以不顧了，已文訂的女子，也可以隨意闖進未婚青年公子的臥榻之旁了。

就此問題再做一個比較，被高鶚視為稗官野史的前八十回，對男女授受不清的認知，比之以名教中人自詡的高鶚，要嚴謹得多。無事進入怡紅院的未婚女性，只有三個人，湘雲、黛玉、寶釵。迎春三姐妹只在第三十五回，賈寶玉被賈政笞撻，由李紈領着去探病，有過一次紀錄，尚且是虛寫，這之前與之後，未跨入怡紅院一步。湘雲及黛玉與寶玉同屬從小一塊兒長大，他（她）們是玩慣了的青梅竹馬之交。寶釵不同，一則年齡數她最大，一則她母親薛姨媽曾說過，金鎖要遇有玉的才能婚配的話。論理，她已不能住在大觀園中，與賈寶玉日夕相對，避之為恐不及，正是瓜田李下，有傷名節。薛寶釵不唯不避嫌，還趨之若鶩，做出名教所不容的行為。續書的高鶚却視而不見，這比之寶黛的愛情，更加傷風敗俗。只因為金玉姻緣是出於王夫人與薛姨媽的安排，表面上符合名教的父母之命的要求，致於實質上的行為不堪，便非禮教其名，虛偽其實的「名教」所要論及的了。

此外，除了上述佈局，就沒有更好的設想了嗎？這也看出續書者想象力的貧乏。岫煙的出現已足令人吃驚，還荐妙玉扶乩，就更非岫煙性格了。曹雪芹曾在第六十三回，介紹岫煙與妙玉的半師半友關係。妙玉看重岫煙的，是她不以貧賤自棄的風骨，嶙峋自矜。與人相處不卑不亢，更不套近乎，拉關係。賈母作保山成全她的婚姻大事，也未見她特別致謝，或如寶釵般趁機親近賈母。足見其自尊自重的性格，故能贏得群儕的另眼相看。妙玉是否擅長扶乩，且不管她，鮮為人知則是一不爭的事實。岫煙即令有心推薦，以其為人的縝慎持重，應不致如此隨興冒撞，因其所推荐的人–妙玉，並非一隨份從時的，而是一個孤傲不群的人。再從岫煙的命名看，原著者曹雪對書中人物命名，向有潛在值。「岫」者山峰也，岫煙者山上的孤煙也，這說明岫煙本人，表面平易隨和，骨子裡具有高標自矜的性格，她又熟知妙玉的為人，她豈敢輕言荐舉。

續書中另一令人質疑的地方是?眾人都詫異道：「咱們常見的，從沒有聽他說起。」大觀園中有誰常見妙玉了，櫳翠庵是個人間禁地，除賈母敲開過它的大門，綻出一線佛光外，此後便人踪絕迹。高鍔既說眾人與妙玉常相會見，那妙玉又何孤癖之有，還有什麼不合時宜的，她不但合時宜，且成了大觀園中的交際花了。第一百九回：

> 一日，眾人都在那裡，只見看園內腰門的老婆子進來回說：「園裡的櫳翠庵的妙師父知道老太太病了，特來請安。」眾人道：「他不常過來，今兒特來，你們快請進來。」

第九十四回書中還說：「眾人都詫異道：『咱們常見的。』」怎麼到了這一回書中，變成他不常過來了。兩回書，時間相隔這麼近，說法却迥異。寫書人連自撰的上下文都連貫不起來，怎麼能期待他與前八十回接榫。這兩回書中指的所謂「眾人」，到底是些什麼人?如仙姝般的黛玉，都被妙玉指為大俗人，榮國府中還能有誰堪入妙玉之目。

妙玉不是不常過來，而是根本就沒過來過。第十七回迎接妙玉進大觀園，全都是虛寫。按說客卿進門，禮貌上應先拜候主人，都被作者略過了。妙玉住進櫳翠庵後，那張門便從未對大觀園中人開過，第一次開山門是冲着賈母老祖宗。此後的櫳翠庵，似乎從人們的記憶中消失了，直到第七十六回中秋夜訪凹晶館，妙玉遇林史，才現仙踪。同一百九回：

> 妙玉走到賈母床前問候，說了幾句套話。賈母便道：「你是個女菩薩，你瞧瞧我的病可好的了好不了？」妙玉道：「老太太這樣慈善的人，壽數正有呢。一時感冒，吃幾貼藥，想來也就好了。有年紀的人，只要寬心些。」

第四十一回賈母携劉姥姥訪櫳翠庵，妙玉與賈母沒說上三句話，獻茶後，便把老祖宗晾在那裡。自己與黛玉她們去裡邊飲體己茶，那份孤傲自視，令人激賞。與上述趨奉逢迎的妙玉，判若兩個人。

妙玉在曹高筆下，是兩個界限分明的妙玉，一個高雅，一個鄙薄。妙玉之於寶玉，放到高鶚筆下便成了春心蕩漾，走火入魔。這無關乎妙玉本人，而是作者的人格氣質反應，有以致此。高鶚，一個俗不可奈的世俗男人，滿腦子的男性主義，他是以一種淫褻的眼光來看妙玉，在他的推己及人思維下，他認為世人都和他一樣，虛偽惡濁。高著的妙玉思想行為，變得鄙薄淫媾，也就見怪不怪了。

曹雪芹筆下的花襲人

花襲人與晴雯是榮國府中兩個非家生丫頭，享有半人身自由。第十九回：襲人母親以年節為由，接其回家團聚。實情則是其兄花自芳稍有出息，家境日見寬裕，為彌愧疚，與襲人商量向賈府贖身，令其恢復人身自由。詎料，襲人竟遽予拒絕。這就是說，花襲人寧做榮國府中賈寶玉的黑市侍妾，也不願贖身出去，過元春於省親日，一再向賈母王夫人申羨的，一夫一妻的平凡家庭生活。

王夫人有一個阻擋木石姻緣的眼耳心神組織，那就是花襲人領導的怡紅院狗仔隊，成員包括麝月秋紋及下使的小丫頭子與老婆子等一群人。花襲人這個榮國府的非家生丫頭，她是大觀園中一個被千金小姐、主事奶奶如鳳姐等群相爭取的對象。她的身價地位是怎麼來的，無容置疑，王夫人給的。襲人早在第六回書中，便與寶玉成就好事，這種事如何能瞞得過主子們的鼻子眼睛，之所以東窗事不發，明眼人都盡在不言中。怡紅院中上下婆子丫鬟都被襲人收服，做了金玉陰謀的鷹犬，唯一不被收服的只有一個晴雯。賈寶玉看似糊塗，其實聰明絕頂，他要人送「信物」給黛玉，餘人都不被差遣，唯獨晴雯是個例外。正因襲人與寶玉有過苟且之私，王夫人才能確實掌握其人之心智行為，令其死心塌地，甘為悖逆。這是運用鷹犬的重要訣竅，如被運用者不肯肝腦塗地，隨時都可揭發其罪狀，置之死地。

男女之間的「性事」關係，放到榮寧二府中，只能算是極小的小事，正如賈母說的什麼要緊的事，小孩子們年青，饞嘴猫兒似的，那裡保的住，從小兒人人都打這麼過。王夫人對襲人與寶玉的性事關係，基于上述的家族文化，並非不知道，而是另有打算。第一書上說襲人柔媚嬌俏，寶玉為她取名時，正是從她身具柔媚嬌俏的「性事」天資，想到了「花氣襲人知晝暖」這句詩，給她取名襲人。襲人這個名字，除了進讒偷襲別人，可能還含有主動的「性」挑逗行為。這種人可謂天生尤物，房事具有奇趣，柔媚嬌俏下面還應補上另外四個字「蝕骨消魂」。既然從小兒人人都打這麼過，寶玉當然也可以打這麼過。第二襲人是大觀園中年齡較大的丫頭，女人的性事被稱為「禁果」。既是「禁果」，便不容旁人分享，男人如是，女人更如是。花襲人除了身具異稟，心智的深沉與成熟度，都算得上是大觀園中，能與薛寶釵分庭抗禮，一等一的人才。由她來看守監督寶黛的私情關係，王夫人自是放心得很，有理由相信瀟湘館中，下使的老婆子及丫頭子，都在暗中接受襲人的指控。唯有寶黛的性事關係，才是王夫人真正關心的大事。

另有一個人，那就是大觀園中頭號美豔丫頭－晴雯，若論這些丫頭們，總共加起來，都沒晴雯長得好。鳳姐語第七十四回。王夫人開始也許未曾放在心上，後經過考察（考察三年王夫人語事見第七十八回），發覺她竟是賈母心目中，賈寶玉的侍妾人選，加上花襲人的進讒，於是晴雯也就成為王夫人的另一塊心病。

第三十一回端午節，王夫人治席請薛姨媽，因全桌人各懷心事，一席酒吃的甚是冷冷清清，這與祇愿人常聚不散，花常開不謝的寶玉性格大相徑庭，反倒悶悶不樂，回到房中，長噓短嘆。偏偏晴雯上來換衣裳，不防又把扇子失了手，掉在地下，將骨子跌斷。寶玉說了兩句埋怨的話，引發一場風暴，其中又牽扯出晴雯與襲人的暗鬥明爭。因薛蟠著人來請，便暫時撂下去赴席。

晚間回來，已帶了幾分酒，踉蹌來至自己院內，只見院中早把乘涼的枕榻設下，榻上有個人睡著。寶玉只當是襲人，一面榻沿上坐下，一面推他，問道：「疼的好些了？」只見那人翻身起來，說：「何苦來又招我！」寶玉笑道：「既這麼著，你不洗，就洗洗手，給我拿果子來吃罷。」晴雯笑道：「可是說的，我一個蠢才，連扇子還跌斷了，那裡還配打發吃果子呢！倘或再砸了盤子，更了不得了！」寶玉笑道：「你愛砸就砸。這些東西，原不過是借人所用，你愛這樣，我愛那樣，各有性情；比如那扇子，原是搧的，你要撕著玩兒，也可以使得，只是別生氣時拿它出氣；就如杯盤，原是盛東西的，你喜歡聽那一聲響，就故意砸了，也是使得的，只別在氣頭上拿它出氣。——這就是愛物了。」晴雯聽了，笑道：「既這麼說，你就拿了扇子來我撕。我最喜歡聽撕的聲兒。」寶玉聽了，便笑著遞給他。

晴雯果然接過來，"嗤"的一聲，撕了兩半。接著又聽"嗤""嗤"幾聲。寶玉在旁笑著說：「撕的好，再撕響些。」正說著，只見麝月走過來，瞪了一眼，啐道：「少作點孽兒罷！」寶玉趕上來，一把將他手裡的扇子也奪了遞給晴雯。晴雯接了，也撕作幾半子，二人都大笑起來。麝月道：「這是怎麼說？拿我的東西開心兒！」寶玉笑道：「你打開扇子匣子揀去，什麼好東西！」麝月道：「既這麼說，就把扇子搬出來，讓他盡力撕不好嗎？」寶玉道：「你就搬去。」麝月道：「我可不造這樣孽！他沒折了手，叫他自己搬去。」晴雯笑著，便倚在床上，說道：「我也乏了，明兒再撕罷。」寶玉笑道：「古人云，"千金難買一笑"，幾把扇子，能值幾何？」

撕扇子一節，並非單純地寫「千金難買一笑」，而是實有所指。大觀園中，有兩個最愛跟寶玉頂嘴的人，一個是林黛玉，另一個就是晴雯。晴雯和襲人同是賈母給寶玉使喚的人，不期然襲人做了王夫人的耳眼心神。唯晴雯能潔身自愛，獨立自主，賈寶玉深悉之。在需要與黛玉間私相授受時，只有晴雯能作信使。賈寶玉為了平衡襲人與晴雯間的地位，借著機會寵幸晴雯，目的在回答襲人欲待驅趕晴雯的那句話「也等把這氣下去了，等無事中說話兒回了太太也不遲。」賈寶玉有聰明却缺乏算計，襲人會就此善罷甘休嗎？她上午才飽受晴雯的搶白，更有甚者還被晴雯揭短。連麝月都不可能善罷甘休，慢說襲人早懷歹念，欲去晴雯而後快。寶玉這般不加掩飾地寵幸晴雯，還意氣風發「千金難買一笑」，真是天真得不顧後果，不啻在為晴雯築墳墓，添殺身之禍。

第三十二回

寶玉望著只管發起呆來。原來方才出來忙了，不曾帶得扇子，襲人怕他熱，忙拿了扇子，趕來送給他；猛抬頭看見黛玉和他站著，一時黛玉走了，他還站著不動，因而趕上來說道：「你也不帶了扇子去，虧了我看見，趕著送來。」

寶玉正出了神，見襲人和他說話，並未看出是誰，只管呆著臉說道：「好妹妹，我的這個心，從來不敢說，今日瞻大說出來，就是死了也是甘心的！我為你也弄了一身的病，又不敢告訴人，只好捱著。等你的病好了，只怕我的病才得好呢。睡裡夢裡也忘不了你。」

這裡襲人見他去後，想他方才之言，必是因黛玉而起，如此看來，倒怕將來難免不才之事，令人可驚可畏。却是如何處治，方能免此丑禍？——想到此間，也不覺呆呆的發起怔來。

作為王夫人的耳眼心神，寶黛私情的狗仔隊隊長，花襲人以推己及人的想法，來防備寶黛間發生與自己類似的苟且行為。正是做壞事的人，把別人想得比自己更壞的心理反映，一旦對某人產生歹念，就一定會起而惹事生非。花襲人向王夫人進讒陷害林黛玉，一是私心，鞏固自己的侍妾地位。二是為了遮掩與寶玉間的不才之事，何況黛玉與晴雯一樣，不但知其詳，且揭其短，這還了得，怎能不去之而後快。三是回應王夫人所交付的任務，看住寶黛間的私情。

正因為襲人是金玉陰謀鬥爭中的一個重要成員，才會倍受人們重視。她一直在等待機會，企圖在寶黛的私情上，興風作浪。正苦於無機可乘，不想，寶玉却自動送上門來，無怪乎襲人緊緊抓住時機（第三十四回），立刻向王夫人交心進讒。危言聳聽地加油加醋，似乎寶黛間有了不明不白之舉，引得王夫人坐立難安。同時，她也在第三十六回得到王夫人的回報，被提昇為寶玉的黑市侍妾，遂了自己心愿。

王夫人接受了花襲人的建議，但不是全盤。為什麼？花襲人的讒言，王夫人自然能審度出其中的虛實。她的目的只是要花襲人看住寶黛，別越出雷池，並不想改變現狀。花襲人提議，將寶玉遷出大觀園。這是花襲人個人的心病，她以為大觀園中人多嘴雜，她與寶玉間的苟且行為，保不住有一天會傳到賈政耳中。事情一旦傳開，以賈政的偽道學性格，就是想裝糊塗都不可能，那花襲人真是死定了。致於王夫人呢？將寶玉拉出大觀園，既非她的能力所及，也非她的所願。原因是還不到與賈母攤牌的時刻，王夫人要拉賈寶玉出大觀園，其理由決不能用花襲人的讒言，那麼！何以面對賈母的質疑。

第七十七回：

王夫人又滿屋裡搜檢寶玉之物，凡略有眼生之物，一并命收卷起來，拿到自己房裡去了。因說：「這才干淨，省得旁人口舌。」又吩咐襲人麝月等人，「你們小心！以後再有一點分外之事，我一概不饒！因叫人查看了，今年不宜遷挪，暫且挨過今年，明年一并給我仍舊搬出去，才心淨。」

王夫人可以逐晴雯，驅芳官，唯獨不能改變現狀。要是把寶玉挪出大觀園，可能首當其衝被斬的就是花襲人。大觀園外的人更多，嘴更雜，流言蜚語保不住立即就會傳進賈政的耳中。面對襲人與寶玉的苟且勾當，王夫人將何以自處。她向賈政提出挪移寶玉的唯一理由，只能是防止越軌，而今不但越軌，且已有年。更可能引出一著險棋，賈母趁機以王夫人察事不明，寵信婢僕為由，驅逐襲人並將木石前盟提上日程。因賈寶玉早已屆結婚年齡，這是王夫人薛姨媽不能不考慮的後果，也是她遲疑難決的主因。

賈寶玉外表上，看來漫不經心，實則他是個心細如髮、觀察入微的人。平日裡從不予人褒貶，凡事都得過且過，一個與人無爭的人，也會有不能已於言的時候。

同第七十七回：

寶玉聽如此說，才回來，一路打算，「誰這樣犯舌?況這裡事也無人知道，如何就都說著了？」一面想，一面進來，只見襲人在那裡垂淚。且去了第一等的人，豈不傷心？便倒在床上大哭起來。襲人知他心裡別的猶可，獨有晴雯是第一件大事，乃勸道：「哭也不中用。你起來，我告訴你，晴雯已經好了，他這一家去，倒心淨養幾天。你果然捨不得他，等太太氣消了，你再求老太太，慢慢的叫進來，也不難。太太不過偶然聽了別人的閑言，在氣頭上罷了。」寶玉道：「我究竟不知道晴雯犯了什麼迷天大罪！」襲人道：「太太只嫌他生的太好了，未免輕狂些。太太是深知這樣美人

> 似的人，心裡是不能安靜的；所以很嫌他。像我們這粗粗笨笨的倒好。」寶玉道：「美人似的，心裡就不安靜麼？你那裡知道，古來美人安靜的多著呢！——這也罷了，咱們私自玩話，怎麼也知道了？又沒外人走風，這可奇怪了！」襲人道：「你有什麼忌諱的？一時高興，你就不管有人沒人了。我也曾使過眼色，也曾遞過暗號，被那人知道了，你還不覺。」寶玉道：「怎麼人人的不是，太太都知道了，單不挑出你和麝月秋紋來。」
>
> 襲人聽了這話，心內一動，低頭半日，無可回答，因便笑道：「正是呢。若論我們，也有玩笑不留心的去處，怎麼太太竟忘了？想是還有別的事，等完了，再發放我們，也未可知。」寶玉笑道：「你是頭一個出了名的至善至賢的人，他兩個又是你陶冶教育的，焉得有什麼該罰之處？」
>
> 襲人細揣此話，直是寶玉有疑他之意，竟不好再勸，因嘆道：「天知道罷了！此時也查不出人來了，白哭一會子，也無益了。」

此處將花襲人的奸狡詭詐，寫得淋漓盡至。她知道逐晴雯的禍首責任，決瞞不住玲瓏惕透的賈寶玉。她便猩猩作態地悲痛落淚，做給賈寶玉看，以示物傷其類，証明自己的清白無辜。寶玉未為所動，反悲從中來，以致大慟。襲人見一計不成立生二計，首先是為晴雯重回怡紅院出謀劃策，次則說明晴雯的美艷犯了王夫人的忌，言外之意，並非讒言所害。

生性寬厚的賈寶玉，終於忍不住質問襲人。為什麼人人的不是，王夫人都知道，唯獨不挑出你和麝月秋紋來。寶玉說襲人是出了名的至善至賢的人，說這句話的神態非常重要，書上指寶玉是笑着說的。笑是一種情緒的表達，薛寶釵於第二十八回，被賈寶玉下逐客令趕離他與黛玉共處的現場時，寶釵也是笑着說「我是為抹骨牌才來麼？」這個時候薛寶釵的笑，有好幾種可能的情緒，氣、怒、怨、更或者是一種綜合性情緒。那麼此時此刻的賈寶玉呢，他的笑與他的話連繫起來，决不是對襲人的欣賞或讚美，而是質疑，究問與譴責。賈寶玉口中的至善至賢，這應該是花襲人的社會形象。按人是不可能有至善至賢的，熟諳人情世故的賈寶玉，在如此氣氛下，稱襲人是出了名的至善至賢，不啻就是指她大奸大惡。

襲人聽出寶玉話中含意，也感覺到了自己的危機，為了挽救自己在寶玉心中的失分，當然要為自己辯護。明知自己的理由脆弱，以寶玉的早熟及經歷的世事，當然是缺乏說服力的。最後兩句話，竟是跟賈寶玉賭氣了，意思是說，別說查不出人來，就是查出人來，也是白查。賈寶玉從不出口傷人，細數他口頭上傷人，被傷者大觀園中只有兩個人。一個是社會形象「行為豁達，隨分從時」的薛寶釵，曾被寶玉把她比作楊妃，另一個就是社會形象「出了名的至善至賢」的花襲人。對襲人還不只止於口頭上的撻伐，甚至對她動粗，抬腿踢過花襲人，致其小產（請參閱拙著細嚼慢嚥讀紅樓－殺晴雯的首惡元凶花襲人一文）。這說明甚麼呢？賈寶玉對王夫人為他挑選的一妻一妾，有一種潛意識的深惡痛絕，每每表現在下意識中，似非偶然。

花襲人很早就被薛寶釵發現，屬功利型的女人，可引為得力臂助第二十一回：

> 一語未了，只見襲人進來，見這光景，知是梳洗過了，只得回來自己梳洗。忽見寶釵走來，因問：「寶兄弟那裡去了？」襲人冷笑道：「寶兄弟那裡還有在家的工夫！」寶釵聽說，心中明白。襲人又嘆道：「姐妹們和氣，也有個分寸兒，也沒個黑家白日鬧的！憑人怎麼勸，都是耳旁風。」寶釵聽了，心中暗忖道：「倒別看錯了這個丫頭，聽他說話，倒有些識見。」寶釵便在坑上坐了，慢慢的閑言中，套問他年紀家鄉等語，留神窺察其言語志量，深可敬愛。

襲人有什麼樣的言語志量，值得寶千金深可敬愛的呢？功利型的人有一共同特質，凡事以利字當頭，那怕是女人最重視的愛情。寶釵與襲人之間，有共同利益，兩人同是王夫人挑選的寶玉婚姻對象，一妻一妾。當襲人表現出女性的功利性格時，正合了寶釵的孤意。一是敦促賈寶玉走上仕途經濟，達到封妻蔭子目的。一是排除共同的婚姻障礙，去林黛玉而後快。於襲人則還有一個晴雯，此所以薛寶釵認為花襲人深可敬愛，相與引為臂膀。語說「物以類聚，人以群分。」功利型的薛寶釵遇到功利型的花襲人，一拍即合，相互利用，相互拉攏是很自然的事。

處於禮教文化下的奴婢，連身體髮膚都是屬於主人的，遑論言論自由了。不然，有些奴婢便享有某些特定的言論自由。如襲人她在大觀園中，享有比千金小姐探春等更多的言論自由。比如第六十二回書中，探春論生日，說：「二月沒人。」襲人立刻接話道：「二月十二是林姑娘，怎麼沒人？只不是咱們家的。」只不是咱們家的這句話，大概連探春都不敢說。因為，老祖宗賈母曾在第三十五回書中，對薛姨媽說過這樣的話。

賈母道「提起姐妹，不是我當著姨太太的面奉承，千真萬真，從我們家裡四個女孩兒算起，都不如寶丫頭。」

賈母口中的「從我們家裡四個女孩兒算起」這句話裡的含意，在場諸人無不明白，包括黛玉在內。賈母說這話的地點，正是在怡紅院中，賈寶玉的臥榻之旁，也正是襲人守護工作的地方。襲人會不知道或沒聽見嗎？要非她身後有更高權力的仗持，她敢在精幹如探春的賈府千金面前，大發謬論嗎？

功利型性格的另一特質，是善於體察上意。當薛姨媽丟出金鎖要遇有玉的才能婚配的那一刻開始。全大觀園的人都已知道，寶玉的婚姻對象，王夫人已屬意薛寶釵。否則，林黛玉不會感受到那麼大的壓力，「金玉姻緣」像鬼魅一樣，附着在「木石前盟」上，驅之不能去，拂之不能却。故花襲人於三十四回危言聳聽，向王夫人進讒，攻訐的對象，當然不會是薛寶釵，而是林黛玉。正如邢夫人的陪房王善寶家的攻訐大觀園中的丫頭時，首先便選上王夫人憎惡的晴雯，正所謂惡其所惡。

第三十六回：

王夫人含淚說道：「你們那裡知道襲人那孩子的好處？比我的寶玉還强十倍呢！寶玉果然有造化，能夠得他長長遠遠的伏侍一輩子，也就罷了。」鳳姐道：「既這麼樣，就開了臉，明放他在屋裡不好？」王夫人道：「這不好，一則年輕，二則老爺也不許。」

王夫人口中的「老爺不許」只是一句託辭，王熙鳳提議給襲人開臉，明收在屋裡做妾，正是當時代的文化。她既是出了名的水晶心肝，玻璃人兒，她怎麼會不知道輕重。再說套句老祖宗賈母的話，從小人人都是打這麼過的，賈政也未曾例外，他有什麼可反對的。王夫人不同意是因為她有所顧忌，她的這個決定犯了老祖宗賈母的忌，寶玉婚姻正選黛玉副選晴雯，所以還只能偷偷摸摸地進行。

原來王夫人要襲人為自己所用，早有預謀。別說玻璃人兒、水晶心肝的王鳳姐早有察覺。就是以快言快語，直腸子著稱的千金小姐史湘雲，也有感悟。於第三十二回書中，大熱天裡趕著為襲人送絳紋石戒指，還被襲人支使著為寶玉做鞋子。這不是咄咄怪事嗎？其實，辨明了真象，一點都不怪。現代政治術語中，有西瓜靠大邊說。寶玉的婚姻眾人都以王夫人為大邊，襲人成為眾所矚目拉攏的對象，也就見怪不怪了。一個從未為人想到的是，大邊原來還不是在王夫人這邊，賈母無權却有威。在以孝治天下的當時代，賈母不發話，賈政便只能枯侯，寶玉的婚姻就只能懸宕難決。

第五十四回：

> 寶玉因下席往外走。賈母問：「往那裡去？外頭炮仗利害，留神天上吊下火紙來燒著。」寶玉笑回說：「不往遠去，只出去就來。」賈母命婆子們：「好生跟著。」于是寶玉出來，只有麝月秋紋幾個小丫頭隨著。賈母因說：「襲人怎麼不見？他如今也

有些拿大了，單支使小女孩兒出來。」王夫人忙起身笑說道：「他媽前日沒了，因有熱孝，不便前頭來。」賈母點頭，又笑道：「跟主子，却講不起這孝與不孝。要是他還跟我，難道這會子也不在這裡？這些竟成了例了。」鳳姐兒忙過來笑回道：「今晚便沒孝，那園子裡頭也須看著燈燭花炮，最是擔險的，這裡一唱戲，園子裡的誰不來瞧瞧，他還細心，各處照看，況且這一散後，寶兄弟回去睡覺，各色都是齊全的。若他再來了，眾人又不經心，散了回去，鋪蓋也是冷的，茶水也不齊全，便各色都不便宜，自然我叫他不用來，老祖宗要叫他來，我就叫他來就是了。」

賈母為什麼這麼不滿襲人，王夫人與王鳳姐又為什麼這麼樣曲意維護襲人，這裡面實際上隱藏著寶玉的婚姻鬥爭。王夫人偷偷地將襲人提升為寶玉屋裡人，也即是準侍妾地位，這無疑是針對著賈母的木石安排，妻黛玉妾晴雯而作的戰術卡位。這件事絕對瞞不住賈母，所以賈母說「他如今也有些拿大了」，其中的暗示含意與不滿情緒是很明顯的。

襲人—這個怡紅院中的大丫頭子，她不只是受到奶奶小姐們的重視，她更是金玉陰謀中的一個重要人物，高鍔在續書時却未看出她的重要性，把她看成一個只圖鞏固侍妾地位的普通丫頭。不知道是高鍔低估了襲人，還是高估了自己，襲人在後四十回書中已經面目全非。

高鍔筆下的花襲人

襲人這個名字，給人一種陰森鬼祟的感覺。曹雪芹筆下的襲人，是一個平和有忍性的女人。可也別忘了，俗話說的「忍」字頭上一把刀，這把刀是插向人的心臟的，晴雯便是死在她的這把刀下（請參閱拙著細嚼慢嚥讀紅樓——殺晴雯的首惡元凶一文）。襲人到了續書後四十回，性行突然一變，請看高鍔筆下是怎麼描寫的。

第八十二回：

且說寶玉上學之後，怡紅院中甚覺清靜閑暇，襲人倒可做些活計，拿着針線要繡個檳榔包兒。想這如今寶玉有了功課，丫頭們可也沒有饑荒了，早要如此，晴雯何至弄到沒有結果？兔死狐悲，不覺嘆起氣來。

如果襲人真是這麼個能夠容人，賢良的女人，那她就不會去向王夫人進讒，戳害黛玉、晴雯兩人（第三十四回）。高鍔這麼描繪襲人，是認為她猫哭耗子，有意猩猩作態呢？還是真覺其人温厚純良。

同八十二回：忽又想起自己終身，本不是寶玉的正配，原是偏房。寶玉的為人，却還拿得住，只怕娶了一個利害的，自己便是尤二姐香菱的後身。素來看着賈母王夫人光景，及鳳姐兒往往露出話來，自然是黛玉無疑了。那黛玉就是個多心人。——

紅樓夢全書的時間長度，延續將近十年。空間範圍擴及榮寧兩府，以及週遭的親親眷眷。原作描寫的對象及內容，包涵了個別性、整體性、社會性。其中的社會性，是一個變動性的生態組織。凡被納入這組織中的個體，都不可避免地被社會化，被貼上某種標籤。這標籤對旁觀者言，是其人之性向符號，對其本人言，則是「社會的我」。這個我不是自生的，而是社會賦予的，與自生的「真實我」之間是有落差的。

社會性既是一個變動性的生態組織，便說明它不是鐵板一塊。時間會使某些美的變成醜的，某些看來真實的變成虛偽的，不為人接受的變成受歡迎的。總之，在時間累積下，所有的假面具都會被揭開，所有的偽裝也都會被洗淨，露出本來面目。林黛玉就是在時間累積下，逐漸露出了她的「真實的我」，她的真、她的純，如朝陽般閃耀在後大觀園時代的人際關係中。對黛玉素抱成見的史湘雲，當她被賈母接來大觀園時，便直接投進薛寶釵懷抱，住進蘅蕪院與寶釵共一個屋頂。這應該是兩人更親更近結黨成朋的最好時機。相反，她却時常往瀟湘館訪黛玉，也許她直到住進蘅蕪院，才發現薛寶釵是個面熱心冷的勢利小人，與之難以親近，不似林黛玉，待人接物始終如一。當黛玉居住於碧紗厨時，湘雲每來必與黛玉共衾。待湘雲投進寶釵陣營，每每與黛玉為敵，人前溪落背後訾議，黛玉從未與之計較，更未記仇。當湘雲有了好詩好句，黛玉總是讚不絕口。人常常會一時為勢利所惑，俗話說「事久見人心」，經得起考驗，才是真正的人格性情，黛玉正是這樣的一個人。

高鍔借襲人的心語，說「那黛玉就是個多心人」。他既錯看了黛玉，更看錯了襲人，再看他寫襲人心目中的寶玉婚姻對象，差之何止毫釐，謬之更是千里了。襲人是榮國府中的第二個寶釵，其心智心機都與之並駕齊驅，寶釵母女與王夫人共攘「金玉陰謀」，襲人正是陰謀的同路人，王夫人的眼耳心神，監視寶黛狗仔隊隊長。她會不知道，王夫人心目中，寶玉未來的婚姻對象會是誰，錯得太離譜了。

> （襲人）想到此際，臉紅心熱，拿着針不知戳到那裡去了。便把活計放下，走到黛玉處去探探他的口氣。

花襲人於第六回與賈寶玉發生「性」事關係，到三十回被寶玉踢中小腹流產，三十四回向王夫人進讒，攻擊的對象正是林黛玉，攻擊的理由，正是襲人自己犯下的犯行。她面對王夫人的銳利目光，侃侃而談，她幾曾有過臉紅心跳的反應和感覺。第三十一回端午節與晴雯發生口角，適黛玉來訪，當面稱她嫂子，她也未曾臉紅，還駁黛玉混說。她處心積慮待要謀奪的，就是寶二爺的侍妾位置，唯一有力又是賈母做靠山的競爭者晴雯，已被逐致死。如今，自己穩坐釣魚台，得意都來不及，那會臉紅心熱。

第八十二回：

> 黛玉正在那裡看書，見是襲人，欠身讓坐。襲人連忙迎上來問：「姑娘這幾天身子可

大好了？」黛玉道：「那裡能夠？不過略硬朗些。你在家裡做什麼呢？」襲人道：「如今寶二爺上了學，屋裡一點事兒也沒有，因此來瞧瞧姑娘，說說話兒。」襲人道：「你還提香菱呢！這才苦呢！撞着這位"太歲奶奶"，難為他怎麼過！把手伸着兩個指頭，說起來比他還厲害，這外頭的臉面都不顧了。」黛玉接着道：「他也夠受了，尤二姑娘怎麼死了！」襲人道：「可不是！想來都是一個人，不過名份裡頭差些，何苦這樣毒？外面名聲也不好聽。」黛玉從不聞襲人背地裡說人，今聽此話有因，心裡一動，便說道：「這也難說。但凡家庭之事，不是東風壓倒西風，就是西風壓倒東風。」

黛玉——仙姝也，一個聰明有餘世情不熟的單純少女，自第三十四回寶玉贈帕定情，她原本提到口腔的警惕心，一下子像個洩氣的皮球，傾洩得乾乾淨淨。她不但被薛寶釵的詭詐臣服，還向她輸誠認錯，並被薛氏母女玩弄於股掌之上。她於她的死硬情敵薛寶釵，都不再具戒心，用得着與黑市侍妾襲人計較嗎？作者高鶚的這種錯覺，都歸因搞不清原作者的寫作手法，既多樣又多層次。主要人物性格描寫，都採二元制，一正一反，如黛玉的正面形象，「孤高自許，目無下塵」，好弄小性兒。她的反面恰好相反，寬宏大量，體恤下人。在原作者筆下，她與紫鵑的感情遠勝過寶釵與鶯兒，湘雲與翠縷。

第八十五回：

却說襲人聽了寶玉方才的話，也明知是給寶玉提親的事，因恐寶玉每有癡想，這一提

> 起，不知又招出他多少呆話來，所以故作不知。自己心上，却也是頭一件關切的事。夜間躺着，想了個主意：不如去見見紫鵑，看他有什麼動靜，自然就知道了。次日，一早起來，打發寶玉上了學，自己梳洗了，便慢慢的去到瀟湘館來。只見紫鵑正在那裡掐花兒呢，見襲人進來，便笑嘻嘻的道：「姐姐屋裡坐着。」襲人道：「坐着，妹妹，——掐花兒呢嗎？姑娘呢？」紫鵑道：「姑娘才梳洗完了，等着温藥呢。」原來襲人來時，要探探口氣，坐了一回，無處入話。又想着黛玉最是心多，探不成消息，再惹着了他，倒是不好。又坐了坐，搭赸着辭了出來。

襲人是王夫人設置在大觀園中的一具眼耳心神，作用就是為了監視寶黛的私情，不得逾矩，做出生米煮成熟飯的事情來。要與寶玉提親，對象既不是黛玉，那首先要通知的名單中，决少不了花襲人。因為正是在此緊要關頭，更不能放鬆任務，要求襲人以加倍的精神看住寶黛，怕的是兩人一旦知悉內情，來個先斬後奏，搶先成就好事。此時此刻高鍔筆下的花襲人，要不是太小看了她，便是自己看走了眼。花襲人何許人也，大觀園中，丫頭隊裡的一顆明星，與薛寶釵同屬一格的心機手段人物，炙手可熱，眾所拉攏的對象，高鍔竟然等閒視之，真乃鼠目寸光也。

再從襲人與紫鵑的對話中，又挑出了高鍔的鷄毛蒜皮。而這些個鷄毛蒜皮，正是檢驗續書，是否曹雪芹的前言，對上了高鍔的後語。在這一回書裡：紫鵑見襲人進來，稱其為「姐姐」，襲人則回稱紫鵑為「妹妹」。兩人之間的這種親暱稱呼，曹雪芹筆下從未出現過。兩個丫頭間的稱呼雖是小事，若把它放到人際關係上來衡量，可就不是鷄毛蒜皮的小事了。花襲人雖自知妾身已明，却在性事上，並不甘妾侍。她對黛玉早壞歹念，與湘雲一樣，很早便入了寶釵殼中，與黛玉為敵。紫鵑是黛玉知己，對襲人胡蘆中裝的藥，也早就一清二楚。一則她不善進讒，一則她不願添增黛玉的煩惱，才會隱忍不言，要她與襲人套近乎，稱姐道妹，那是休想。

第三回：黛玉初進榮國府，住進碧紗厨第一天晚上：

他見裡面黛玉鸚哥猶未安歇，他自卸了妝，悄悄的進來，笑問：「姑娘怎麼還不睡？」黛玉忙笑讓：「姐姐請坐。」

第五十七回：

襲人聽了，便忙到瀟湘館來，見紫鵑正伏侍黛玉吃藥，也顧不得什麼，便走上來問紫鵑道：「你才和我們寶玉說了些什麼話？——」

自第三回至前八十回為止，紫鵑與襲人之間，幾時有過稱姐呼妹的近乎？倒是被訾為「目無下塵」的林黛玉，稱襲人為姐姐。

第九十六回：

襲人等却靜靜兒的聽得明白，——心裡想到：「果然上頭的眼力不錯！這才配的是。我也造化！若他來了，我可以卸了好些擔子。但是這一位的心裡只有一個林姑娘，幸虧他沒有聽見，若知道了，又不知要鬧到什麼份兒了！」襲人想到這裡，轉喜為悲，心想：「這件事怎麼好？老太太、太太那裡知道他們心裡的事？——後來因為紫鵑說了句玩話兒，便哭得死去活來。若是如今跟他說要娶寶姑娘，竟把林姑娘撂開，除非是他人事不知還可，倘或明白些，只怕不但不能冲喜，竟是催命了！」

襲人既然認為上頭的眼力不錯，當然是鍾情於寶釵了。且不妨看看目下的薛寶釵是個什麼行景吧？薛寶釵住進榮國府之初，曾紅極一時，其社會形象「行為豁達，隨分從時，不比黛玉孤高自許，目無下塵。故深得下人之心，就是小丫頭們，亦多和寶釵親近。」這類親近，無非是一種貪便宜的心理，總以為擁百萬之富的薛家，都像薛蟠那個傻大少一樣，揮金如土。却不知薛氏母女可是刻吝成性，薛姨媽口裡說要借園子，治酒宴請賈母賞雪（第五十回），終前八十回書，都未見其履行諾言。對老祖宗賈母都能言不顧行，對待下人便更不在話下了。薛姨媽於女兒寶釵，言聽計從，也未見社會形象大方豁達的薛寶釵，與其母重提此事以應前諾。薛氏母女不但刻吝，待下人還很凉薄，香菱不容於夏金鳳，吵到薛姨媽跟前，薛姨媽意欲賣之而後快。金川兒羞憤投井自盡，薛寶釵竟謂其糊塗，死不足惜，加之其兄薛蟠為人暴虐。這些個零零整整加起來，時間愈久，暴露的失德也會愈多，對寶釵的社會形象也愈亦惡劣，這便是後大觀園時代的薛寶釵。

賈寶玉曾在第七十七回晴雯被逐後，暗諷襲人是大奸大惡。到了高鶚筆下，襲人變成名幅其實的大德大賢了。襲人應與王鳳姐一樣，對薛寶釵滿懷戒心，因為他們三個人都是心機深沉，好弄權術的人。襲人為要爭取侍妾地位，不得不投進寶釵陣營，並不惜叛離賈母，向王夫人交心投誠。但在她內心深處，衡量得失，對她最不利的應是寶釵而非黛玉。寶黛間的愛情，襲人是最清楚不過的，在晴雯未被逐之前，她捨黛玉就寶釵，尚屬情理之中，一則晴雯與黛玉素昔交好，二則晴雯是賈母心目中，寶玉未來屋裡人。如今還認為娶寶釵是自己的造化，這不只是認識上大錯特錯，也不像襲人的心性與為人。

談到第五十七回「慧紫鵑情詞試莽玉」，賈寶玉並非哭得死去活來，為爭取婚姻自由，而是借急痛攻心裝死。這一事件，曾在賈母與王夫人間，產生兩個極端不同的反應。一喜一憂，喜的是賈母，她看到了「木石前盟」的遠景，憂的是王夫人，促使她採取逐晴雯驅芳官等，一連串的暴虐行動。這會兒賈母與王夫人，兩個原本在寶玉婚姻上敵對的人，把前事之師忘得一乾二淨，走到同一陣綫上，竟勞動下人來提醒，這不是咄咄怪事嗎（請參閱拙著細嚼慢嚥讀紅樓——木石前盟一文）？

筆者懷疑高鍔在續書之前，他對曹雪芹的八十回書，有沒有仔仔細細的讀過。讀一遍，還是讀過數十遍。他的續書，對原著的人物性格、情節佈局、主線安排、支線襯托，全沒弄清楚，還妄加歪曲。賈母是高鍔筆下最不符原著性格的人物之一，主要是高鍔未能摸清原著的寫作技巧（反描法與隱筆法），只看到了原著的表面文章，沒能抓住神髓。襲人被公認為寶釵的影子，這是從前八十回書中看出來的，世人都看到了，唯有高鍔沒有看到。襲人到了高鍔筆下，原有的深沉心機，精明幹練全不見了，雀金裘氅衣也送到學房裡去穿了，寶玉換衣也不伺候了，自己不伺候，也不使別的丫頭伺候，致寶玉失玉。這些情節安排，不止大違賈府規例，也不符怡紅院的行事規範，更不合襲人的性格取向，這只能說是高鍔安排情節的想象力太過貧乏，有以致之。有關高鍔筆下的花襲人到比為止，餘下的想象空間還很大，留給有心人去品嚐吧。

高鍔筆下的寶、黛關係

原著筆下的寶黛關係有四萬三千餘字，林黛玉被賈寶玉推為知己，原因在黛玉從不勸戒寶玉，屈身揚名，封妻蔭子，光宗耀祖，享富尊榮。到了高鍔筆下，林黛玉也變得功利起來，通篇讀去，似乎書中的每一個人物，都換了一付性情。

第八十二回：

恨不得一走就走進瀟湘館才好。剛進門口，便拍着手笑道：「我依舊回來了。」猛可裡倒唬了黛玉一跳。——黛玉道：「我恍惚聽見你唸書去了，這麼早就回來了？」寶玉道：「噯呀！了不得，我今兒不是被老爺叫了唸書去了麼？心上倒像沒有和你們見面的日子了。好容易熬了一天，這會子瞧見你們，竟如死而復生的一樣。真真古人說，"一日三秋"，這話再不錯的。」

續書作者正是中了曹雪芹原作反描法的陷阱，賈寶玉的社會形象是，不喜讀書，只愛在脂粉隊裡廝混。續書作者便把寶玉上學的心情，寫得如赴刑場或入地獄的一般。試比較一下寶玉與秦鍾第一次赴義學習讀。他是一種什麼樣的心境呢？

第九回：

說着又至賈母這邊，秦鍾早已來了，賈母正和他說話兒呢。于是二人見過，辭了賈母。寶玉忽想起來未辭黛玉，又忙至黛玉房中來作辭。彼時黛玉在窗下理妝，聽寶玉說上學去，因笑道：「好！這一去，可是要"蟾宮折桂"了！我不能送你了。」寶玉道：「好妹妹，等我下學再吃晚飯。那胭脂膏子也等我來再製。」嘮叨了半日，方抽身去了。

原來這義學也離家不遠，原係當日始祖所立，——如今秦寶二人來了，一一的都互相拜見過，讀起書來。

賈寶玉赴義學借讀是自己的决定，這之前賈母還不讓他去呢！賈政提起寶玉讀書便會生氣，這有個原因。賈政本身的智商不高，雖着力用功，成就也只平平。能夠厠身官場，靠的是其父賈代善臨終時上本，聖上憐念先臣，欽賜入部學習，後升員外郎。挾着推己及人的心態，從自己看賈寶玉的吊兒郎當，當然會氣往上衝。

從仙界到人界，原著作者費了大量筆墨，來描繪賈寶玉這個人，目的之一，就是要說明賈寶玉是個天才。天才的智商，是中庸的賈政無法想象的，賈寶玉腹蘊之廣，儒釋道外，他於醫道也有所涉獵。第五十一回「胡庸醫亂用虎狼藥」中，因晴雯與麝月鬧着玩，不慎着了涼，延醫把脈開方。寶玉看時。上面有紫蘇、桔梗、防風、荊芥等藥，後面又有枳實、麻黃。寶玉道：「該死，該死！他拿着女孩兒們也像我們一樣的治法，如何使得？憑他有什麼內滯，這枳實、麻黃如何禁得。」若不讀書，如何有此見識，正因其雜學龐收，才會被時賢所重。

真實我的賈寶玉於第十九回，路謁北靜王時，一經面試，立即被北靜王肯定為「我輩中人」，什麼是我輩中人，即學有所成的讀書人。並命他去王府攻書，與會王府中的時賢俊彥。這裡原作者曹雪芹把賈寶玉的胸中丘壑，不啻作了一番宣示，告示天下，賈寶玉的才華出眾，深受北靜王賞識。言外之意，正是要說明，賈寶玉不是不愛讀書，更不是反對讀書，只是反對為「學而優則仕」讀書。

為什麼原作者曹雪芹從不實寫賈府諸人的舉業，寶玉外還有賈環賈蘭，如猜得不錯，主要是為了隱匿他的反描法。反描法是紅樓夢的獨特風格，在古今世界文壇上，獨樹一幟。他就是要讀者心目中，都存着與續書者同一的印象，賈寶玉只愛在脂粉隊裡厮混。

高鍔筆下的賈寶玉，怎麼看都不像是曹雪芹筆下的賈寶玉，原作寫寶玉不愛讀書，都是虛寫，其實寫的寶玉，能夠被北靜王邀約，與王府的宇內俊彥談談講講，任怎麼看都不像是個視讀書為畏途，不愛讀書或不讀書的人。要之，賈寶玉最不愛的是死讀書或讀死書。

同八十二回：

黛玉道：「你上頭去過了沒有？」寶玉道：「都去過了。」黛玉道：「別處呢？」寶玉道：「沒有。」黛玉道：「你也該瞧瞧他們去。」

上述寶黛的問答，就更非寶黛相處之道了。寶玉訪黛玉，已成兩者間天經地義的事，兩個戀人間的私情。故原著筆下的黛玉，從未問過寶玉訪她之前，有沒有訪過別人。也從未想過寶玉訪她之前或後，應否訪別人。而這別人指的是誰呢？大觀園中，寶玉經常往訪的，除了黛玉還有誰是寶玉往訪過的呢，黛玉這一問，不但問得很奇怪，還很離譜，根本不像兩個具有私情戀人的口吻。什麼是私情？只有寶黛間，才具有的不能為人道的感情。黛玉口中的「你也該瞧瞧他們去」，這他們指的是誰呢？探春？惜春？前八十回中寶玉有單獨訪過她們嗎？不知道續書作者是從那裡得到的靈感，將寶黛的私情滲入社會情結，林黛玉竟會在私情內想到之外的別人，今之林黛玉真非昔比矣。再往下看林黛玉更是面目全非了。

同八十二回：

寶玉接着說道：「還提什麼唸書？我最厭這些道學話。更可笑的，是八股文章，拿他誆功名，混飯吃，也罷了，還要說”代聖賢立言“！好些的，不過拿些經書凑搭還罷了；更有一種可笑的，肚子裡原沒有什麼，東拉西扯，弄的牛鬼蛇神，還自以為博奧。這那裡是闡發聖賢的道理？目下老爺口口聲聲叫我學這個，我又不敢違拗，你這會子還提唸書呢！」黛玉道：「我們女孩兒家雖然不要這個，但小時候跟着你們雨村先生唸書，也曾看過。內中也有近情近理的，也有清微淡遠的。那時候雖不大懂，也覺得好，不可一概抹倒。況且你要取功名，這個也清貴些。」寶玉聽到這裡，覺得不甚入耳，因想：「黛玉從來不是這樣人，怎麼也這樣勢慾勳心起來？」又不敢在他跟

前駁回，只在鼻子眼裡笑了一聲。

真是神來之筆，被賈寶玉奉為知己的林黛玉，竟與之大談八股文功名舉業，放到今天可以上世界新聞頭條了。這不正是薛寶釵苦心孤詣，酬諸滿志的伎倆嗎？她在第四十五回，臣服黛玉之後，左盼右盼所要達到的目的嗎？曹雪芹就是不給薛寶釵這個機會，不期然到了八十回之後，高鍔為之雙手奉上。這樣看起來，高鍔的揣摩寶姑娘蓄意，智商竟高出曹雪芹一籌，不愧姓高了。僅僅這一節書，高鍔便嚴重違反了，寫續書必須追踪躡跡的原則。

第一，原作寫寶玉以「國賊祿蠹」攻擊舉業，全是虛寫，從未落實形諸議論文字。且於第十九回「情切切良宵花解語」中，寶玉對襲人說，「**那是我小時候兒不知天多高地多厚信口胡說的，如今再不敢說了。**」自此至第八十回，書中再未出現過。高鍔不但重新提出，還以寶玉的口吻大加議論，這與原作的創作精神及藝術旨趣，既相違又相背。

第二，寶黛是什麼樣的交情呢？他們是彼此交過心的。有些事有些話，無須要經過吞頭與嘴唇，用眼睛就可以傳遞的，何須高鍔費如許筆墨。所謂神交者，會心處盡在不言中。高鍔寫寶黛間的私情，連曹雪芹的一分功力都達不到。

第三，曹雪芹為什麼虛寫寶玉的舉業，中國古代的學館，可說是乏善可陳。小說讀者讀小說作品，不是為了求學問解惑，而是求休閒消遣。長篇大道為讀者講經論道，只有蠢才才會為之。再說，虛寫正是藝術的意境美，其美感效果帶給讀者無限的想象空間，也為作者自己留下創作空間。高鍔未能省識曹雪芹的創作要領，擅自將曹雪芹虛寫的變為實寫，既堵塞了讀者的想象思路，更堵塞了自己的創作思路。看起來就像是賈政的那張臉，無趣無味得很。

第四，黛玉自稱從雨村先生唸書時，便看過八股文。**內中也有近情近理的，也有清微淡遠的。**八股文是什麼？時人已不知所云，它一直為文壇所詬病，則是一不爭的事實。黛玉從雨村唸書自五歲至六歲多，她確實屬天才型兒童。不過，再怎麼天才，又是個女兒身，以其年齡與所學，賈雨村如何會讓她涉獵八股文，也涉獵不到八股文。又如高鶚所稱「近情近理，清微淡遠」，僅這八個字的意境，便夠十年八年寒窗的了，林黛玉從師才一年多，她如何能領受其中的旨趣。因高鶚看不到黛玉離家後的經歷，便認定她再未入館就讀，腹中所蘊均為賈雨村所授。殊不知黛玉進榮國府後，應與迎春姊妹一樣，就榮國府的家館上學。這雖然也在文字之外，卻在情節之內。賈母吩咐迎春姊妹今天不上學，沒說打今天起不再上學。那麼黛玉進榮國府的第二天開始，迎春姊妹是不是應按往常一樣，往學館上學呢？既然迎春姊妹要上學，那麼黛玉呢？觀黛玉腹蘊之廣，大觀園中，絕不輸予薛寶釵。她若不在榮國府中繼續深造，她如何能兼領釋道儒三家之旨。高鶚見未及此，還讓她回到雨村先生處，蒙生即領授八股文，夠荒腔走板的了。

第五，小說作者為什麼要創作小說呢？謹以曹雪芹一類的作者來說，因為自己心中藏着許多塊壘，借小說中人物把自己心中的塊壘說出來，這是一種最直接，最痛快的宣泄方式。上述林黛玉向賈寶玉說的話，正是作者高鶚所要宣泄的塊壘。錯的是，他沒找對對象，那些喻揚八股文的話，如果是出自薛寶釵之口，就會顯得四平八穩，與人物性格素願完全吻合。放到黛玉嘴裡，便成了渣滓。

第六，高鍔說寶玉聽了黛玉的話，覺得不甚入耳，因不敢在她跟前駁回，只在鼻子眼裡笑了一聲。賈寶玉好大的膽，這鼻子眼裡的一聲笑，比駁回黛玉的話，令黛玉更為難堪。兩個神交的人，別說是鼻子眼裡一笑，就是略帶情緒的一呼一吸，都能令對方心領神會。高鍔無此經驗，與之論情論愛，不啻彈琴對牛也。

第八十六回：

曹著第四十一回薛寶釵論繪畫，所要表達的是什麼呢？第一，薛寶釵不善畫而知畫，謂其雜學龐收，腹蘊極廣。第二，寫薛寶釵的領袖慾與領袖才華，足以領袖群倫。此處黛玉論琴，除了說明賈寶玉是個琴盲，對林黛玉本身既不加分，也不減分，若還有其他作用，便是表現作者自身的腹蘊了。曹雪芹寫榮國府的詩禮傳家，怎麼能不寫琴棋書畫呢！迎春的貼身丫頭叫司棋，探春的貼身丫頭叫侍書，惜春的貼身丫頭叫入畫，這儒家前四藝中的第一藝琴，一定是被元春佔去了。續書作者把賈寶玉寫成琴盲，可能就是根據這個推論，認定元春入宮，把榮國府的琴藝也帶入了宮，現在的榮國府獨缺琴藝了。賈寶玉可能不認識韮菜為何物，或把它當作是稻苗，若說他不識琴譜為何物，等於說他不識四書為何物一樣荒謬。

同八十六回：

兩人正說着，只見紫鵑進來，看見寶玉，笑說道：「寶二爺，今日這樣高興！」寶玉

笑道：「聽見妹妹講究的，叫人頓開茅塞，所以越聽越愛聽。」紫鵑道：「不是這個高興，說的是二爺到我們這裡來的話。」寶玉道：「先時妹妹身上不舒服，我怕鬧的他煩，再者，我又上學，因此顯着就疏遠了似的。」

這裡紫鵑似有責備之意，意思是寶玉這些時日都不來瀟湘館，今日突如其來，是什麼風使寶玉如此高興，吹了過來。從私情上看，紫鵑對賈寶玉說這樣的話，不難令人理解。她對寶黛的關係，比兩個當事人看的更為真切深入，黛玉之企盼寶玉，亦如大旱之望雲霓。

第三十回：

話說林黛玉自與寶玉口角後，也覺後悔，但又無去就他之理，因此日夜悶悶，如有所失。

紫鵑看到了黛玉的心病，曾以勸慰的口吻，責備黛玉毛燥，黛玉口裡雖不承認，心裡實存感激，故知黛玉，莫若紫鵑也。

黛玉與湘雲凹晶舘聯句，兩個人整整折騰了一個夜晚，也未聽說黛玉有什麼不舒服，或鬧出病來。怎麼自續書八十一回開始，似乎林黛玉一直在病況中渡日，賈寶玉還正是因着黛玉的病而疏遠。這與曹雪芹筆下的賈寶玉，完全是兩個不同性向的人。曹著的賈寶玉就是死了，魂也要一天來一百遭，黛玉生病，不能親自到訪，也必遣丫頭來問候。單是賈寶玉口中的這兩句話：「先時妹妹身上不舒服，我怕鬧的他煩」，就不是寶黛素日相處的習慣性語言。且看第四十五回寶玉探黛玉，是如何描寫的。

> 丫鬟報說：「寶二爺來了。」一語未盡，只見寶玉頭上戴著大箬笠，身上披著蓑衣，黛玉不覺笑道：「那裡來的這麼個漁翁？」寶玉忙道：「今兒好？吃了藥沒有？今兒一日吃了多少飯？」一面說，一面摘了笠，脫了蓑，一手舉起燈來，一手遮著燈兒，向黛玉臉上照了一照，覷著瞧了一瞧，笑道：「今兒氣色好了些。」

寫續書，人與人之間語言的把握，是一個極其重要的關鍵，更何況是情人之間的語言。此處所謂的語言，除了對白語言外，還有動作語言。賈寶玉一手舉起燈來，一手遮著燈兒，向黛玉臉上照了一照，覷著瞧了一瞧。這些動作，就是所謂的動作語言，它表達的是什麼呢？賈寶玉對林黛玉的關切，以及他的深情厚意。情人間動作的語言，有時候更勝過兩者之間的對白語言。寶黛關係到了續書者筆下，一切都變了樣。寶玉既知道黛玉正值病中，自己不來探病也就罷了，竟說：**我怕鬧的他煩**。這那裡還是愛黛玉勝過愛自己的那個賈寶玉，了解黛玉勝過了解自己的賈寶玉。這前後兩者間，別說語言所含蘊的感情含量，相去甚遠，其心理的感情含量，更是淡薄得驚人。同時，也反射出作者對寶黛間感情的認識，膚淺庸俗。再看下面寶玉所說的話：**再者，我又上學，因此顯着就疏遠了似的**。這就更非寶黛之間的語言了。賈寶玉第一次與秦鍾同往義學習讀，辭了賈母之後，還特特的跑來辭黛玉，千叮萬囑，叫等他回來一同吃晚飯，怎麼到了續書筆下，寶玉上學竟成了疏遠黛玉的理由了。問題出在那裡呢？一是續書作者太不了解寶黛間的私情關係，二是誤把賈寶玉的舉業，是自八十一回以後，才重新開始的。事實是賈寶玉從未中斷過舉業，曹著雖不直寫，也未曾不寫。

直到七十八回書中，還在暗示他的舉業，只是續書作者因目盲看不出來罷了。曹著筆下上學的寶玉，魂也要一天來一百遭，到了續書作者筆下，我怕鬧的他煩，——因此顯着就疏遠了似的。這個語言上的差異，不是純語言學的問題。語言是思想表達的媒介，真正的差異出自思想，續書作者與原著曹雪芹之間，思維上出現異化，才會導致前後書語言上不同調、不同步。

> 紫鵑不等說完，便道：「姑娘也是才好。二爺既這麼說，坐坐也該讓姑娘歇歇兒了，別叫姑娘只是講究勞神了。」

紫鵑與黛玉是什麼關係呢？生活上她們是主僕，感情上她們是姊妹。紫鵑無時無刻不在為黛玉的婚姻籌劃，五十七回情辭試莽玉中，任何人都看得出，她對黛玉的苦心孤詣。黛玉的寂寞無助，心念嚮往，沒有人比紫鵑更清楚的了。她盼寶玉的來，正是恨不得他一天來一百遭，怎麼會無緣無故的趕他走呢！這嚮非紫鵑的素性與為人。要之，她對寶玉話中透露出的淡薄無情，感到不滿，才要對寶玉下逐客令。難道她就不會替黛玉想一想，寶玉走後，黛玉的心理與精神上，將會如何地枯寂與落漠，衡量之下，孰輕孰重呢！第二十六回寶玉來看黛玉，正值黛玉午睡起身，寶玉要紫鵑沏茶，黛玉命紫鵑先給自己舀水，紫鵑指寶玉是客，應先沏茶後舀水。這裡作者寫的正是紫鵑的苦心孤詣，着意為黛玉留住寶玉。續書作者看不到這些對人物性格的細膩描繪，以及人際關係中的微妙互動，只顧鋪陳故事，完全是章回小說的套數，遠不敷文學的要求。故續書之不能成為續書，已無容諱言。

第八十七回：

正說着，端了飯來。寶玉也沒法兒，只得且吃飯。三口兩口，忙忙的吃完，漱了口，一溜烟往黛玉房中去了。走到門口，只見雪雁在院中晾絹子呢。寶玉因問：「姑娘吃了飯了麽？」雪雁道：「早起喝了半碗粥，懶怠吃飯，這時候打盹兒呢。二爺且到別處走走，回來再來罷。」

賈寶玉在前八十回書中，往瀟湘館訪黛玉，亦如回怡紅院般，從未有人阻擋。尤其是她的兩個貼身丫頭紫鵑與雪雁，都是黛玉的心腹，盼寶玉還盼不過來，怎麼到了續書者筆下，竟然變成一個趕一個拒。從文字表面看，似乎都是為黛玉的健康着想。但從思想層次看，她們深知黛玉的病，病在對寶玉的一往情深。為了緩解黛玉對寶玉的懸念，她們亦如黛玉般，無時無刻不盼着寶玉的出現。因為，她們深知，賈寶玉已成為林黛玉生存的唯一契機，從仙界到人界，林黛玉的唯一生存目的，為寶玉生，為寶玉死。

第十九回：

彼時黛玉自在床上歇午，丫鬟們皆出去自便，滿屋內靜悄悄的。寶玉揭起繡線軟簾，進入裡間，只見黛玉睡在那裡，忙上來推他道「好妹妹，才吃了飯，又睡覺！」將黛玉喚醒。黛玉見是寶玉，因說道「你且出去逛逛，我前兒鬧了一夜，今兒還沒歇過來，渾身酸疼。」寶玉道「酸疼事小，睡出來的病大，我替你解悶兒，混過困去就好了。」

紫鵑雪雁心目中，早已視賈寶玉為黛玉的未來夫婿，對兩人間的親密情愫，已習慣成自然。因此，賈寶玉進瀟湘館穿房入室，向無顧忌。即使是林黛玉本人，也視為理所當然，丫頭們歡迎之不及，豈有拒之門外的。

高鍔把紅樓夢當作「稗官野史」來讀來續，美其名曰「尚不謬於名教」。有關寶黛間的關係，放到高鍔的視野下，正是有干名教的關係。為了不謬於名教，他便不惜竄改，歪曲曹著前八十回中的寶黛關係，令林黛玉與寶釵湘雲一樣，也熱衷於談論仕途經濟，輔國治民的八股文起來。其思想的謬誤，起因於他的閱讀水平，還沒有到達文學欣賞的程度。程偉元犯了一個不識其人的錯誤，他不止讓高鍔糟蹋了寶黛間的關係，更糟蹋了紅樓夢這本不朽的文學作品。

高鍔筆下的寶、釵關係

高鍔筆下的「天方夜譚」也太多了，賈寶玉竟然會想念薛寶釵，這話從何說起。前八十回書中，賈寶玉心心念念的只有一個林黛玉（第二十八回），睡裡夢裡只有一個林黛玉（第三十二回）。賈寶玉往瀟湘館訪黛玉，就是死了，魂也一天要來一百遭（第三十一回）。寶玉第一次訪寶釵，是奉王夫人之命，去執行巧合認通靈（第八回）。住進大觀園後，第一次訪寶釵，是因為黛玉見土儀思故里，為解其愁苦，以致謝為由，提議往訪，且全是虛寫。第二次訪蘅蕪院，實寫其事，但不是為了訪寶釵，而是為了尋黛玉（第七十八回）。

原著作者寫人物性格，往往用的是反描法，曲筆或隱筆，多層次，多角度描寫，稍不留意，便會忽略過去。如寫薛寶釵，她的住處叫「蘅蕪院」。賈政對它的第一印象是「此處這一所房子，無味的很。」因而步入門時，忽迎面突出插天的玲瓏山石來，四面群繞各式石塊，竟把裡面所有房屋悉皆遮住。且一樹花木也無，只見許多異草。第十七回。蘅是一種有香味的草，蕪——雜亂也。即使「蘅草」香味濃都，因其生長結構雜亂無章，終究不能成材。再看外部景觀，沒有樹、沒有花，既單調、又冷漠。房屋景觀全被石塊擋住，使觀者倍感神秘與深沉。證諸薛寶釵其人，腹蘊極廣，雜學龐收。為人才智兩全，城府深，機謀多，惜缺乏依托，終不能成才。**賈政因見兩邊俱是超手游廊，便順着游廊步入，只見上面五間清廈，連着捲棚，四面出廊，綠窗油壁，更比前清雅不同。賈政嘆道：「此軒中煮茗操琴，也不必再焚香了，此造卻出意外。」**琴是一種弦樂器，靠弦線的顫動發聲。因此，其音似波狀向四面擴散，屬長聲波的音。古代中國建築材料中，尚未有吸音設置，如在室內彈奏，音波與迴聲相撞，會造成混音，善彈者彈奏時，多愛選擇空曠處所，或近水處。此造因其疏曠，賈政方會想到彈琴煮茗。這是澹泊無慾的高人逸士趣味，其性近乎孤傲冷癖。若其人功利世俗，便近乎冷酷涼薄了。不幸，薛寶釵正是個功利世俗的人。

曹著筆下的寶、釵關係，是很疏離的，甚至存心與寶釵保持距離。寶釵着人送燕窩與黛玉，事為寶玉所悉，立即稟知賈母，取而代之。理由非常官冕堂皇，寶姐姐也在客中。實則，寶玉深知寶釵送燕窩的居心，不欲單純善良的黛玉被寶釵挾持。寶玉贊同黛玉與寶釵親近釋嫌，那是為了寬黛玉的病，不是認為寶釵真的可親可近。請看曹雪芹筆下真實的寶、釵間關係。

第六十二回：

底下寶玉可巧和寶釵對了點子，寶釵便覆了一個「寶」字，寶玉想了一想，便知是寶

釵作戲，指着自己的通靈玉說的，便笑道：「姐姐拿我作雅謔，我却射着了。說出來姐姐別惱，就是姐姐的諱——『釵』字就是了。」眾人道：「怎麼解？」寶玉道：「他說『寶』底下自然是『玉』字了；我射『釵』字：舊詩曾有『敲斷玉釵紅燭冷』，豈不射着了？」湘雲道：「這用時事却使不得，兩個人都該罰。」香菱道：「不止時事，這也是有出處的。」湘雲道：「『寶玉』二字並無出處，不過是春聯上或有之，詩書記載並無，算不得。」香菱道：「前日我讀岑嘉州五言律，現有一句，說：『此鄉多寶玉』，怎麼你倒忘了？後來又讀李義山七言絕句，又有一句，『寶釵無日不生塵』。我還笑說，他兩個名字原來在唐詩上呢。」眾人笑說：「這可問住了，快罰一杯！」湘雲無話，只得飲了。

薛寶釵隨時隨地都想玩「金玉姻緣」遊戲，連行酒令也不放過。她與寶玉對上點子，立即射個寶字，正如寶玉說的下面就是玉字了，目的不就是想要寶玉射個釵字嗎！「玉和釵」不是成了一對兒了嗎。可見鶯兒在第八回寶玉訪寶釵，那次說的話，寶釵一直未曾或忘。可惜寶玉回敬她的，是一句令她極不順心的話。寶玉說：「舊詩曾有『敲斷玉釵紅燭冷』」。敲斷顯然是人為的破壞，玉釵便意謂着「金玉姻緣」，敲斷玉釵便是金玉姻緣一刀兩斷的意思。接着是「紅燭冷」三個字，紅燭表示什麼呢？唐詩上曾有「昨夜洞房停紅燭」，表示喜慶的意思。不過，此紅燭非彼紅燭。紅燭冷就是說根本沒有點燃，沒點燃的燭當然是冷的，也就不成其為喜慶了。這不等於是示意寶釵「恩斷義絕」嗎。賈寶玉對薛寶釵表面上温文爾雅，內心中却是無比的厭惡。請試看寶玉聽到寶釵射「寶」字時的表情吧？想了一想？他想什麼呢？他想到了寶釵的用心，無非是想探詢他對金玉姻緣的想法。也想到了自己的對策，必須當眾斷然拒絕，為緩和氣氛，他先向寶釵道惱，然後一口氣說了出來。

寶玉既是有意在眾人前，表白自己的心思，在場諸人也都明白。却不料激起寶釵的同路人，史湘雲站出來打抱不平。她認為寶、釵兩人不應以時事射覆，應受罰。更沒想到的是人叢中殺出一個李逵來，香菱說兩人名字都出自唐詩，且前日曾與湘雲說過，湘雲無奈只有受罰。曹雪芹筆下的人物，通常都有一反一正兩面性格，湘雲的「社會我」，向以心直口快著稱，她的口快則是真，心直則未必。要不是香菱反詰得及時，在坐諸人都被她騙過去了。

請再看第六十三回「壽怡紅群芳開夜宴」中：

> 寶釵便笑道：「我先抓，不知抓出個什麼來！」說着將筒搖了一搖，伸手掣出一簽，大家一看，只見簽上劃着一枝牡丹，題着”艷冠群芳“四字。下面又有鐫的小字，一句唐詩，道是：
>
> 任是無情也動人
>
> 眾人都笑說；「巧得很！你也原配牡丹花。」說着大家共賀了一杯，寶釵吃過，便笑說：「芳官唱一隻我們聽罷。」——芳官只得細細的唱了一隻（賞花時）。
>
> 寶玉却只管拿着那簽，口內顛來倒去唸”任是無情也動人“！聽了這曲子，眼看着芳官不語。湘雲忙一手奪了，擲與寶釵。

寶玉手拿着寶釵掣的簽，口中唸唸有辭，眼睛却不看寶釵，只癡癡地看着芳官。敏感又是寶釵同路人的湘雲，窺出寶玉心中秘密，立即一手奪過，擲與寶釵。可惜的是，湘雲可以奪過寶玉手中寶釵掣的簽，却奪不過寶玉的心，奈何。看了上面這則描寫，誰還敢說，寶玉心中有寶釵。

芳官原是賈家小戲班的正旦，放出來給了寶玉，她是大觀園中的第二個性感美人，也是屬於任是無情也動人的嫵媚風流人物。她比寶釵更具吸引力，因為他身上看不到寶釵的世故與詭詐，此所以更為動人。

令人不解的是，寶、釵間關係到了高鍔筆下，完全變了個樣，賈寶玉竟心心念念起薛寶釵來，這不是奇聞怪事嗎？

第八十一回：

> **那寶玉一面口中答應，只管出着神，往外走了。一時，走到沁芳亭，但見蕭疏景象，人去房空。又來至蘅蕪院，更是香草依然，門窗掩閉。**

賈寶玉確實是個喜聚不喜散的人，當他經沁芳亭，過蘅蕪院時，他當然會想起薛寶釵，畢竟她曾是此地居亭主人。「想念」這兩個字，其內涵是個多邊形的。有情人間的想念、有親人間的想念、有仇人間的想念。有愉悅的想念，有怨恨的想念。寶玉在前八十回書中，對寶釵從未存有好感，甚至有惡感（請參閱拙著細嚼慢嚥讀紅樓——寶、釵關係一文）。他會想念薛寶釵什麼呢？嫵媚風流？或是夢中喊罵？

第八十四回：

誰知寶玉自從寶釵搬回家去，十分想念，聽見薛姨媽來了，只當寶釵同來，心中早已忙了——。

寶玉答應了個「是」，只得拿捏着，慢慢的退出。剛過穿廊月洞門的影屏，便一溜烟跑到賈母院門口。——寶玉因問眾人道：「寶姐姐在那裡坐着呢？」薛姨媽笑道：「你寶姐姐沒過來，家裡和香菱作活呢。」寶玉聽了，心中索然。

高鶚把賈寶玉想寶釵的思念之情，寫得如饑似渴。賈寶玉什麼時候開始，對薛寶釵有了這麼大的感情轉變。前八十回沒有跡象，八十回後也沒有徵候，這麼突如其來地，莫明其妙地神來一筆，真有點令讀者不明其所以。作為小說續書作者，不瞻前、不顧後、不尋踪、不躡跡，是不是太不認真了。

同八十四回：

賈母連忙連著問道：「——。我看寶丫頭性格兒温厚和平，雖然年輕，比大人還強幾倍。前日那小丫頭子回來說，我們這邊，還讚嘆了他一會子。都像寶丫頭那樣心胸兒，脾氣兒，真是百裡挑一的！不是我說句冒失話，那給人家作了媳婦兒，怎麼叫公婆不疼，家裡上上下下不賓服呢？」

寶玉頭裡已經聽煩了，推故要走，及聽見這話，又坐下呆呆的往下聽。

這裡寫寶玉想寶釵，似乎已到了一往情深的境界。賈寶玉故是個多情種子，但也只限於僅有的幾個人，而且其情尚有別於愛情。單就愛情而言，黛玉已佔去他的百分之九十九。晴雯、芳官都是寶玉所想念的人，即使是她們兩個，也似乎是喜歡的成份多過愛的成份。寶玉轉情寶釵，不是不可能，而是作者必須說出可能的原因與過程。似這麼空穴來風的寫法，不是寫小說而是寫官書，硬拗了。

小說重描寫，重比興，重刻劃。這樣才能產生可信性，說服力，讓讀者感同身受。高鍔對這方面的技巧，與原著曹雪芹相比，可說是十萬八千里。他在動筆寫寶玉想念寶釵之前，應該先寫寶玉的心理狀態，有了想念寶釵的萌動。然後將萌動轉化為動機，從而衝動到行動，給予讀者一個合理的過程。因為，曹雪芹筆下的寶、釵關係，存在着隱形的潛伏衝突，賈寶玉一方面表現出矜式的禮貌，一方面累累表現出排斥情緒。賈寶玉在高鍔的筆下想寶釵，那只是高鍔的一廂情愿，無關原著賈寶玉的感情與行為。

第八十六回：

又見寶釵也不過來，不知是什麼個原故，心內正自呆呆的想呢，恰好黛玉也來請安，寶玉稍覺心理熹歡，便把想寶釵來的念頭打斷。

兵法上常有「以退作進」的攻擊法，說不定薛寶釵正是要以此法來吊賈寶玉的味口。這麼解釋，高鍔的直接法心理描寫也不算離譜。不過，這也不是一廂情愿的，必須被吊味口的一方，有此意愿才行。否則，反把自己變成了被動式，成為退出情場的敗方了。賈寶玉有沒有這種味口，曹雪芹早就說過「沒有」。看高鍔的續書，他應該說「有」，這樣與曹雪芹的「沒有」，便完全接不上榫。

此外，原著作者寫黛玉在寶玉心目中，是什麼份量呢？是愛黛玉超過愛自己的份量。到了高鶚筆下，黛玉只在寶玉想寶釵不着時，寶玉見到她才打斷想寶釵的念頭。也就是說，林黛玉已成了寶玉想寶釵不着時，聊以解渴的甘露。

第九十二回：

——又聽見薛姨媽過來，想着寶姐姐自然也來，心裡喜歡。

——寶玉雖見寶釵不來，心中納悶，因黛玉來了，便把想寶釵的心暫且擱開。

語說假話說三遍，假的也變成了真的。高鶚筆下的寶玉想寶釵，就是用這種方法來取信於人，看來他成功地做到了。因為三百年來，從未有人質疑過，不是嗎，默認也是一種承認。可惜原著作者已不能說話，否則，他一定會跳出來大聲疾呼，反對！反對！

第九十八回：

賈母聽了這話，那眼淚止不住流下來，因說道：「我的兒！我告訴你，你可別告訴寶玉。都是因你林妹妹，才叫你受了多少委屈！你如今作媳婦了，我才告訴你；這如今你林妹妹沒了兩三天了，就是娶你的那個時辰死的。」

賈寶玉與林黛玉是什麼關係，從太虛幻境到人間的「天人」關係。語說「心有靈犀」，指的正是寶黛間的心意相通。即使處於高鶚佈置的婚姻騙局下，賈寶玉只要聽說林黛玉已死，不用任何言語，他都能領會出黛玉的死因，是因着他與寶釵的婚姻。不告訴寶玉，不等於寶玉就不會知道。正如他在第九十七回對鳳姐說的：「我不傻，你才傻呢！」

第九十八回：

寶玉一到，想起未病之先，來到這裡，今日物在人亡，不禁嚎啕大哭。寶釵知是寶玉一時必不能捨，也不相勸，只用諷刺的話說他。寶玉倒恐寶釵多心，也便飲泣收心。

賈寶玉待人，向來體貼入微，第三十四回：只聽寶釵問襲人道：「怎麼好好的動了氣，就打起來了？」——見襲人說出，方才知道；因又拉上薛蟠，惟恐寶釵沉心，忙又止住襲人道：「薛大哥從來不是這樣，你們別混猜度。」寶釵聽說，便知寶玉是怕他多心，用話攔襲人。因心中暗暗想到：「打得這個形象，痛還顧不過來，還這樣細心，怕得罪了人。」

也許就是因着這一節書的描寫，使高鍔錯認為，賈寶玉對薛寶釵特別體貼入微，從未想過賈寶玉對薛寶釵有過厭惡的時候。退一萬步說，原著早已有言在先「縱然是齊眉舉案，到底意難平。」這兩句話的意思是什麼呢？不管薛寶釵如何，賈寶玉心中都存着意難平的憤慨。他哭林黛玉，不是發洩的正好機會嗎！一個至情至愛的人，死在自己的婚姻路上，其悲慟的程度，可想而知。其不顧一切的程度，也可想而知。怎麼到了高鍔筆下，賈寶玉變得如此反常了呢？面對有奪愛之恨的新婦，不恨她，反存愛憐之心，猶恐其多心不悅，更自我節制，飲泣收心，這算個什麼呢？賈寶玉還能算個情種嗎？曹雪芹的第五十七回白寫了，那沒有林黛玉勿寧死的明志，都是假的了。

第九十八回：

又見寶釵舉動温柔，就也漸漸的將愛慕黛玉的心腸略移在寶釵身上。

寶釵雖說是新婦，對賈寶玉而言，那只是床上的經驗。她平日裡舉動温不温柔，大觀園相處若干年，賈寶玉過去會不知道嗎？寶黛間的愛情，只是因為行動温柔嗎？性格才是最大的因素。賈寶玉最厭惡薛寶釵的，是她的功利主義性格，與賈寶玉的自然主義性格杆格難容。這便牽涉到兩個作者本身的性向問題了，也是他們筆底下，一個重黛玉輕寶釵，一個重寶釵輕黛玉的不同了。曹雪芹無疑是個孤傲不群的自然主義者，高鶚正是賈雨村之流的勢利小人。薛寶釵到了高鶚筆下便由原著的詭詐凉薄，變成了温厚和平，這是多麼大的落差。

第九十九回：

鳳姐才說道：「剛才我到寶兄弟屋裡，——巴着窗户眼兒一瞧，原來寶妹妹坐在坑沿上，寶兄弟站在地下。寶兄弟拉着寶妹妹的袖子，口口聲聲只叫寶姐姐！你為什麼不會說話了？你這麼說一句話，我的病包管全好！寶妹妹却扭着頭，只管躲。寶兄弟又作了一個揖，上去又拉寶妹妹的衣裳。寶妹妹急的一扯，寶兄弟自然病後是脚軟的；索性一栽，栽在寶妹妹身上了。寶妹妹急的紅了臉，說道：『你越發比先不尊重了！』」——鳳姐又道：「寶兄弟站起來，又笑着說：『虧了這一栽，好容易才栽出你的話來了！』」

寫男女間私情，曹雪芹是聖手，高鶚是庸手。有心的讀者不妨看看，曹雪芹於第十九回寫寶玉說香芋的故事，從內容、趣味、私情接觸，與高鍔作一比較。便不難看出，兩者的藝術水平，相去何止千萬里。

賈寶玉一頭栽在薛寶釵身上，寶釵居然會急紅了臉，忘了當年急着認通靈識金鎖那會兒，為賈寶玉解扣寬衣，出示女孩兒的禁區——酥胸的事了。

> 賈母也笑道：「夫妻要和氣，也得有個分寸。我愛寶丫頭就在這尊重上頭。」

不知道是賈母自己忘了，或賈母真的是個老奸巨滑。老祖宗賈母破陳腐舊套一節中（第五十四回）掰謊，不就是針對着薛寶釵解扣寬衣不自尊重，有感而發的嗎。這會子又說她愛寶丫頭就在這尊重上頭，薛寶釵的形象真的是這個樣子嗎？

> 別的丫頭素仰寶釵貞靜和平，各人心服，無不安靜。

薛寶釵剛進榮國府那會兒，為了博取「隨分從時」的社會形象，曾不惜紆尊降貴地與小丫頭子為伍，打成一片，引得小丫頭子都願與她親近。一個千金小姐，與小丫頭子們廝混，還有什麼尊重可言。正是薛寶釵與小丫頭們廝混的行為，受到下人們的歡迎，林黛玉便被攻訐為目無下塵了。待日久天長，薛寶釵裝行為豁達的假面具被揭破，現出她的本來面目—詭詐涼薄。她在大觀園的形象直綫下降，迫使她藉抄檢大觀園搬了出去。

現在的薛寶釵，已脫去她向賈寶玉示愛的紅肚兜，戴上寶二奶奶的鳳冠。恢復她原本冷面鐵心的真面目，丫頭們那有不心生畏懼，禁若寒蟬的。這正是高鍔筆下，各人心服，無不安靜的畫面。

第一百九回：

> 話說寶釵叫襲人問出原故，恐寶玉悲傷成疾，便將黛玉臨死的話與襲人假作閑談，說是：「人在世上，有意有情，到了死後，各自幹各自的去了，並不是生前那樣人死後還是那樣。活人雖有癡心，死的竟不知道。況且林姑娘既說仙去，他看凡人是個不堪的濁物，那裡還肯混在世上？只是人自己癡心，所以招惹些邪魔外祟來纏擾。」寶釵雖是與襲人說話，原說給寶玉聽的。襲人會意，也說是：「沒有的事。若說林姑娘的靈魂兒還在園裡，我們也算相好，怎麼沒有夢見過一次？」
>
> 寶玉在外面聽着，細細的想道：「果然也奇！我知道林妹妹死了，那一日不想幾遍，怎麼從沒夢見？想必他到天上去了，瞧我這凡夫俗子，不能交通神明，所以夢都沒有一個，我如今就在外間睡，或者我從園裡回來，他知道我的心，肯與我夢裡一見。我必要問他實在那裡去了，我也時常祭奠。若是果然不理我這濁物，竟無一夢，我便也不想他了。」

試分析一下高鍔寫這一段書的心路歷程，他自己的以及賈寶玉的。

一，他所寫賈寶玉的心理狀態，屬於世俗的迷信心理，與曹著晴雯死後的寶玉心態大有區別。高鍔之所以把賈寶玉描繪成一個迷信信徒，其根據也就是曹著的第七十八回，他誤把曹雪芹的心理轉化，當成迷信描寫了。

> 傍邊一個小丫頭最伶俐，聽寶玉如此說，便上來說：「真個他糊塗！」又向寶玉說：

> 「不但我聽的真切，我還親自偷着看去來着。」寶玉聽說，忙問：「怎麼又親自看去？」小丫頭道：「我想，晴雯姐姐素日和別人不同，待我們極好。——只親自去瞧瞧，也不枉素日疼我們一場。——所以我拚着一頓打，偷着出去瞧了一瞧。誰知他平時為人聰明，至死不變，見我去了，便睜開眼拉我的手問：『寶玉那裡去了？』我告訴他了。他嘆了一口氣，說：『不能見了！』我就說：『姐姐何不等他回來見一面？』他就笑道：『你們不知道，我不是死；如今天上少了一個花神，玉皇爺叫我去管花兒。我如今在未正二刻就上任去了，寶玉須待未正三刻才到家，只少一刻兒的工夫，不能見面。——我這如今是天上的神仙來請，那裡捱得時刻呢？』我聽了這話，竟不大信。及進來到屋裡，留神看時表，果然是未正二刻，他嚥了氣，正三刻上，就有人來叫我們，說你來了。」寶玉忙道：「你不認得字，所以不知道，這原是有的。不但花有一花神，還有總花神。但他不知做總花神去了，還是單管一樣花神？」這丫頭聽了，一時謅不過來。恰好這是八月時節，園中池上芙蓉正開，這丫頭便見景生情，忙答道：「我已曾問他：『是管什麼花的神?告訴我們，日後也好供養的。』他說：『你只可告訴寶玉一人，除他之外，不可泄了天機。』就告訴我說，他就是專管芙蓉花的。」

金釧、晴雯被逐致死，都是王夫人動的刀，這對傳統道德教養下成長的賈寶玉而言，他確實有承受不了的感覺。他沒有勇氣，也缺乏力量去與自己的親生母親對抗。但在感情上，他對自己不能原諒，有強烈的罪惡感，身心的揹負益顯沉重。正當他困頓於缺乏責任感的自我遣責中，小丫頭子適時適地的說了上述謊言故事，旁觀者都知其荒誕不經，對正處於精神崩潰中的賈寶玉，認同可以聊慰精神衰歇，鬆弛由正義而產生的罪惡感，故他寧信其有，不視其無。賈寶玉因着這種心態的轉化，便產生撰寫芙蓉女兒誄祭文。托花仙誄晴雯，是一種虛擬的解脫，他並未真的相信晴雯做了花仙，與其說他是為誄晴雯，不如說他是為譴責殺晴雯的惡勢力。

賈寶玉確實很愛晴雯，他愛的不是她的美色，而是她的性格。大觀園中，有兩個不為惡勢力所縛的人，一個是黛玉，一個是晴雯。晴雯是大觀園中唯一擁有特立獨行的丫頭。賈寶玉為了逃避蝕心之痛，選擇晴雯的殤逝，不是被逐致死，而是昇仙超脫。這無寧是自憐式的，也是阿Q式的自安自慰。為了進一步自贖心疚，賈寶玉寫了一篇一千六百字的長文，祭奠晴雯。晴雯還不止是賈寶玉曾經愛過的人，也是紅樓夢作者曹雪芹曾經愛過的人。否則，惜墨如金的他，怎肯借賈寶玉的筆，用如許長的篇幅來追憶其人。

一，高鶚認定賈寶玉是個人云亦云缺乏自主意識的人，才會為賈寶玉安排一場妻妾對話，動搖其思念黛玉的意志，賈寶玉竟然中計落入圈套。也許高鶚是有意要為薛寶釵平反，曹雪芹筆下的薛寶釵實在不堪，雖然文字上不着痕跡，但字裡行間常常流露出不屑其人之意。若從寫續書的立場看，高鶚抱上述心態，便大錯特錯了。因為人物是小說作品的主體，性格又是小說人物的主體，錯亂小說中的人物性格，等於錯亂了小說作品中的主體。

二，他更錯的是，沒有看出賈寶玉擇善固執的性格，賈寶玉面對賈政的威攝，都能不屈不撓，侃侃而談，堅持己見，怎麼會突然變成一個人云亦云，隨波逐流的人呢？這一性向上的誤導，把高鶚自己的寫作方向也導誤了。按照前八十回書的脈胳，賈寶玉與薛寶釵倆人即使結褵，其閨房生活，肯定不會愉快。薛寶釵在賈寶玉心目中，早存成見，遠之惟恐不及，因着教養與性格，才不願出以惡言惡色。未結褵之前，倆人之間便很疏離，主要是「自然」與「功利」性向上的背道而馳。即便結褵，情形也不會好到那裡去。首先是「金玉」與「木石」的意難平，次則由對黛玉的思念，產生寶黛情結。時間愈久，對寶釵的怨懟愈深，琴瑟間的對立亦會愈甚，這應該是原著情節發展的方向，高鶚則反是。

三，林黛玉生前曾被寶釵母女作弄，薛姨媽謊稱要向賈母提親，為「木石前盟」作伐，誆騙黛玉。寶玉儘管善良有容忍，黛玉一旦為「金玉姻緣」香消玉損，他還能獨善其身嗎？還能相信寶釵的話嗎？襲人一再逞心機陷害黛玉與晴雯，賈寶玉早知其為蛇蝎，他要晴雯送信物予黛玉，就是背着襲人做的。這麼兩個陰謀份子一搭一檔，串演雙簧，賈寶玉竟會掉入彀中，除非他真的由天才變白癡。

高鶚正是把天才變成白癡，才能成就他的金玉姻緣。高鶚筆下賈寶玉是怎麼樣由天才變白癡的呢？失玉，賈寶玉有玉才是天才，失玉就變成白癡了。這麼說，賈寶玉並不是天才，那塊「通靈玉」才是天才。且看通靈玉是怎麼遺失的，作者高鶚在情節佈局上，合不合理，有沒有疏漏，如果有，該怎麼說。

第九十四回：

且說那日寶玉本來穿着一裹圓的皮襖在家歇息，因見花開，只管出來看一回、嘆一回、愛一回的，心中無數悲喜離合，都弄到這株花上去了。忽然聽說賈母要來，便去換了一件狐腋箭袖，罩一件玄狐腿外褂，出來迎接賈母。匆匆穿換，未將「通靈寶玉」掛上。及至後來賈母去了，仍舊換衣，襲人見寶玉脖子上沒有掛着，便問：「那塊玉呢？」寶玉道：「剛才忙亂換衣，摘下來放在炕桌上，我沒有帶。」襲人回看桌上，並沒有玉，便向各處找尋，踪影全無，嚇得襲人滿身冷汗。寶玉道：「不用着急，少不得在屋裡的，問他們就知道了。」

短短兩百多個字的描寫，問題却一籮筐。一，賈寶玉日常穿着，想都不用想，一定相當考究，他既不是見客，又不是出客，早晚都要晨昏定省，這天穿的家常衣着，早起定省時，賈母已經見過，這第二次再見，有必要另換衣服嗎？二，這種臨時換衣，除了出客見客，前八十回都沒有慣例。三，上述換衣經過，似乎是賈寶玉單獨個人行事，丫頭們都未曾伺候，這就更有違常理了。賈府的大丫頭子，也就是公子小姐的貼身丫鬟，她們的職責，就是專司公子小姐的穿着打扮的。賈寶玉要換衣，襲人或麝月她們若不在身邊，賈寶玉連他要穿的衣服都不知道放在那裡，他怎麼換，怎麼穿。四，賈寶玉的貼身丫鬟原是四個，晴雯死後還有三個，賈寶玉換衣為什麼一個都不見？高鶚把她們發配到那裡去了？五，失玉這件公案，首先脫不了干係的是襲人，她的責任最大，王夫人不是說過嗎，把賈寶玉交給她了嗎。

寶玉的衣物唯一的保管人只能是襲人，因她已是賈寶玉的黑市侍妾，獨沾雨露，儼然是怡紅院的女主人。王夫人可能不會嚴加責備，因其尚有利用價值，賈母也不予責罵，那便是作者高鍔在放水了。賈母早在第五十回元宵開夜宴中，就表示出對襲人的不滿，表面的說辭是說襲人托大，內裡的實情則是不滿王夫人把她昇格——准侍妾地位。遇上這麼大的事，賈母能不大發雷霆，借題發揮嗎？

因為失玉，賈寶玉後來就變得癡癡呆呆，任人擺佈，才能順利掉包成親，完成「金玉姻緣」使命。事實是從「失玉」開始，到掉包成親，作者所佈置的，是一連串的荒誕不經。單只是失玉這一節，就已經漏洞百出，餘下的便更不值置論了。

曹著紅樓夢中，賈寶玉與薛寶釵之間的關係，像極了兩根鐵軌，向前平伸出去，無論走多遠，永遠沒有交集點。高鍔續紅樓夢中，賈寶玉與薛寶釵之間的關係，出現了異化，高鍔為賈薛拆掉了鋪在軌道下的枕木，讓兩根軌道併攏，併攏還不夠，還企圖把他們鎔化成一根，讓薛寶釵取代林黛玉，與賈寶玉言和意順，似漆如膠。這不是高鍔的錯，錯在曹雪芹沒能及身而成，續書者便有權自由心証了。

曹雪芹筆下賈寶玉的女性觀

讀紅褸夢有一個重要步驟，即解開作者的寫作密碼。曹雪芹寫人物，慣於用正反律來描繪其書中人物的性格與行為。作者是透過社會我與真實我的區隔，盡量把社會我作為人物性格的描寫對象。如書中的兩個主要主人翁——林黛玉與賈寶玉，他們的正面社會形象是，「孤高自許、目無下塵。」「不喜讀書、不求上進、脂粉隊裡的混世魔王。」要暸解書中人物真實我的性格與行為，祇有從解密後的反描寫中，才能窺探出其人的真實形象——「善與美」。

不深入觀察看賈寶玉，一定認他是個泛愛主義者。因他對年青貌美的女孩子，似都情有獨鍾。事實卻是，在他泛愛主義的表象下所顯現的，正是不為一般人所理解和接受的「女性至上主義」。最好的註腳莫過於他素常所說的話：「女兒是水做的骨肉，男子是泥做的骨肉，我見了女兒便清爽，見了男子便覺濁臭逼人。」三百年前的中國社會，從文化到道德規範，女人都是悲劇的揹負者。「性」是男人的專屬享受，女人是提供男性「性」享受的工具。從「性」的權利與自由度來審視中國文化，中國男人是如何地自私與狹隘，更是女性悲劇的製造者與推動者，賈寶玉無疑是此男性文化的反叛者。第十九回：

> 誰想賈珍這邊唱的是「丁郎認父」、「黃伯央大擺陰魂陣」更有「孫行者大鬧天宮」、「姜太公斬將封神」等類的戲文。倏爾神鬼亂出，忽又妖魔畢露。內中揚幡過會，號佛行香，鑼鼓喊叫之聲，聞于巷外。弟兄子侄，互為獻酬，姊妹婢妾，共相笑語。獨有寶玉見那繁華熱鬧到如此不堪的田地，只略坐了一坐，便走往各處閑耍。——寶玉見一個人沒有，因想：「素日這裡有個小書房內曾掛著一軸美人，畫的很得神。今日這般熱鬧，想那裡自然無人，那美人也自然是寂寞的，須得我去望慰他一回。」

賈寶玉對女性的尊重與愛護，已超出物我的境界。連一軸美人畫，都是他關注的對象，恨不得也能為她解除寂寞與淒清。賈寶玉的這種情操，別說是三百年前，即便是今天，也沒有人能達此真純的境地。真正是前無古人，後無來者。

> 第三十回；且說寶玉見王夫人醒了，自覺沒趣，忙進大觀園來。只見赤日當天，樹蔭匝地，滿耳蟬聲，靜無人語。剛到了薔薇架，只聽見有人哽噎之聲，寶玉心中疑惑，便站住細聽，果然那邊架下有人。此時正是五月，那薔薇花葉茂盛之際，寶玉悄悄的隔著葯欄一看，只見一個女孩子蹲在花下，手裡拿著根別頭的簪子在地下摳土，一面悄悄的流淚。寶玉心中想到：「難道這也是個癡丫頭，又像顰兒來葬花不成？」因又

自笑道：「若真也葬花，可謂“東施效顰”了，不但不為新奇，而且更是可厭。」想畢，便要叫那女子，說：「你不用跟著林姑娘學了。」話未出口，幸而再看時，這女孩子面生，不是個侍兒，倒像是那十二個學戲的女孩子裡頭的一個，卻辨不出他是生、旦、淨、丑那一個角色來。寶玉把舌頭一伸，將口掩住，自己想到：「幸而不曾造次，上兩回皆因造次了，顰兒也生氣，寶兒也多心，如今再得罪了他們，越發沒意思了。」一面想，一面又恨不得認得這個是誰。再留神細看，見這女孩子眉蹙春山，眼顰秋水，面薄腰纖，裊裊婷婷，大有黛玉之態。寶玉早又不忍棄他而去，只管癡看，只見他雖然用金簪劃地，並不是掘土埋花。竟是向土上劃字。」

寶玉拿眼隨著簪子的起落，一直到底，一劃、一點、一勾的看了去，猜是個什麼字。寫成一想，原來就是個薔薇花的「薔」字。寶玉想道：「必定是他也想做詩填詞，這會子見了這花，因有所感，或者偶成了兩句，一時興至，怕忘了，在地下劃著推敲，也未可知。且看他底下再寫什麼？」一面想，一面又看，只見那女孩子還在那裡劃呢。劃來劃去，還是個「薔」字。——再看，還是個「薔」字。

裡面的原是早已癡了，劃完一個「薔」又劃一個「薔」，已經劃了幾十個。外面的不覺也看癡了，兩個眼睛珠兒只管隨著簪子動，心裡卻想：「這女孩子一定有什麼說不出的心事，才這麼個樣兒。外面他既是這個樣兒，心裡還不知怎麼熬煎呢！看他的模樣兒，這麼單薄，心裡那裡還擱的住熬煎呢？——可恨我不能替你分些過來。」

卻說伏中陰晴不定，片雲可以致雨，忽然涼風過去，颯颯的落下一陣雨來。寶玉看那女孩子頭上往下滴水，把衣裳登時濕了。寶玉想道：「這是下雨了，他這個身子，如何禁得驟雨一激。」因此禁不住便說道：「不用寫了，你看身上都濕了。」那女孩子聽說，倒唬了一跳，抬頭一看，只見花外一個人叫他「不用寫了」，一則寶玉臉面俊秀，二則花葉繁茂，上下均被枝葉隱住，剛露著半邊臉兒，那女孩子只當也是個丫頭，再不想是寶玉，因笑道：「多謝姐姐提醒了我。——難道姐姐在外頭有什麼遮雨的？」

一句提醒了寶玉，「噯喲」了一聲，才覺得渾身冰涼。低頭看看自己身上，也都濕了。說：「不好」只得一氣跑回怡紅院去了，心裡卻還記掛著那女孩子沒處避雨。

作者寫賈寶玉對待女性的癡迷與純真，寫得多麼逼真與傳神，且從不涉及一個「淫」字。他心目中對女性牽腸掛肚的，不是他個人的「性」趣，而是女性的悲與苦。這與當時代的男性如賈璉、薛蟠之流，只知淫樂悅己。從不懂得什麼是愛惜、尊重的庸俗無聊男性主義，從意識形態到思想境界都相去甚遠。

千百年來，中國男人的唯一本事，就是糟蹋女人。拿女性的痛苦取樂，嘔歌之、讚美之。纏腳被尊為女性美，將一雙既美又健康的脚，硬生生地折斷，把一個健康人變成殘疾人，美其名曰「三寸金蓮」。男性生時可以三妻四妾，盡情地放縱自我的「性慾」需求。女性則否，女性若敢於要求正常的「性」生活，立被指為蕩婦淫娃。若然紅杏出牆，立被千刀萬剮。男人若短命早死，首被想到的是如何禁制自己女人的「性」。除了強制性地予以禁固，還賄之以文化的攏絡，申請賜個「貞節牌坊」。中國文化中最嚴肅的就是這個「性」字，最敏感的也是這個「性」字，最荒謬的更是這個「性」字，最虛偽的還是這個「性」字。嚴肅，凡遇到「性」字或「性事」都要正言厲色。敏感，凡遇到「性」字或「性事」都要迴避。荒謬，凡「性」字或「性事」又是男人最熱衷，最勇往直前，「性」無反顧的壯舉。虛偽，禮教是「性」或「性事」的遮羞布。

第三十五回：寶玉聽說，便知是通判傅試家的嬤嬤來了。那傅試原是賈政的門生，原來都賴賈家的名聲得意，賈政也著實看待，與別的門生不同，他那裡常遣人來走動。寶玉素昔最厭男蠢婦的，今日卻如何又命這兩個婆子進來？其中原來有個原故。只因那寶玉聞得傅試有個妹子，名喚傅秋芳，也是個瓊閨秀玉，常聽人說，才貌俱全，雖自未親睹，然遐思遙愛之心，十分誠敬，不命他們進來，恐薄了傅秋芳，因此連忙命讓進來。

那傅試原是暴發的，因傅秋芳有幾分姿色，聰明過人，那傅試安心仗著妹子，要與豪門貴族結親，不肯輕易許人，所以耽誤到如今。目今傅秋芳已二十三歲，尚未許人。怎奈那些豪門貴族，又嫌他本是窮酸，根基淺薄，不肯求配。那傅試與賈家親密，也自有一段心事。

今日遣來的兩個婆子，偏偏是極無知無識的，聞得寶玉要見，進來，只剛問了好，說了沒兩句話，那玉釧兒見生人來，也不和寶玉廝鬧了，手裡端著湯，却只顧聽。寶玉又只顧和婆子說話，一面吃飯，伸手去要湯，兩個人的眼睛都看著人，不想伸猛了手，便將碗撞翻，將湯潑了寶玉手上。玉釧兒倒不曾燙著，唬了一跳，忙笑道：「這是怎麼了？」慌的丫頭們忙上來接碗。寶玉自己燙了手，倒不覺的，只管問玉釧兒：「燙了那裡了？疼不疼？」玉釧兒和眾人都笑了。玉釧兒道：「你自己燙了，只管問我。」寶玉聽了，方覺自己燙了。眾人上來，連忙收拾。寶玉也不吃飯了，洗手吃茶，又和那兩個婆子說了兩句話，然後兩個婆子告辭出去，晴雯等送至橋邊方回。那兩個婆子見沒了人，一行走，一行談論，這一個笑道：「怪道有人說他們家的寶玉是相貌好，裡頭糊塗，中看不中吃，果然竟有些呆氣。他自己燙了手，倒問別人疼不疼，這可不是呆了嗎！」那個又笑道：「我前一回來，還聽見他家裡許多人說，千真萬真有些呆氣；大雨淋的水鷄兒似的，他反告訴別人："下雨了，快避雨去罷。"你說可笑不可笑？」

社會上常有一種人，年青時被稱為怪胎，中年時被稱為怪物，老年被稱為老怪物。因其思想行為超出一般人想象之外，不能為社會大眾所接納，反被排斥訕笑。賈寶玉的生存時代，男性是主宰的象徵，美其名曰「陽剛之氣」，也即是現代人所稱的大男人主義。像賈寶玉那種珍惜女性的陰柔之氣，別說是三百年前，放到今天的社會，也會被人拿來取笑。一個未曾謀面的閨閣瓊芳傅秋芳，傳言中，其人美慧聰明，賈寶玉便對她遐思遙愛之心，十分誠敬。賈寶玉的這種女性觀，是非常特別的，一種不具野心的愛，純然出自愛慕「美」的驅使，這麼高潔的愛情觀，可謂人間絕響。

一個更值得探討的問題，流言蜚語。賈寶玉伸手撥翻了玉釧兒端著的湯，寶玉第一時間想到的不是自己，而是玉釧兒，這正是人類至高至大的愛。所以他問玉釧兒「燙了那裡了？疼不疼？」話到了兩個婆子口中，便變了質。

怪道有人說他們家的寶玉是相貌好，裡頭糊塗，中看不中吃，果然竟有些呆氣。他自己燙了手，倒問別人疼不疼，這可不是呆了嗎！

婆子的話還不只是斷章取義，更是扭曲錯置，把賈寶玉的愛心，變做了糊塗心。更有一種說法，說賈寶玉是叛逆性格，寶黛的愛情是自由戀愛。王夫人逐金釧、驅晴雯，賈寶玉避之唯恐不及，那敢負起責任，向王夫人據理力爭。這麼個軟弱沒一點兒剛性的人，他那來勇氣叛逆。他與林黛玉兩個從心理到行為，都背負着沉重的包袱，禮教的枷鎖。如此不自由的心理與行為，把他倆的愛情硬要扨成自由戀愛。可見社會上的怪胎或怪物，並非出自其人的思想與行為怪誕，多數是被社會扭曲錯置所致。

第三十九回：「村姥姥是信口開河，情哥哥偏尋根底底。」寫賈寶玉物我兩忘境界，寫得真情畢露情趣盎然。那劉姥姥雖是個村野人，卻生來的有些見識，況且年紀老了，世情上經歷過的，見頭一件賈母高興，第二件這些哥兒姐兒都愛聽，便沒話也編出些話來講。因說道：「我們村莊上種地種菜，每年每日，春夏秋冬，風裡雨裡，那裡有個坐著的空兒？天天都是在那地頭上做歇馬涼亭，什麼奇奇怪怪的事不見！就像舊年冬天，接連下了幾天雪，地下壓了三四尺深，我那日起的早，還沒出屋門，只聽窗外柴草響，我想著必定有人偷柴草來了，我巴著窗戶眼兒一瞧，不是我們村莊上的人——賈母道：「必定是過路的客人們冷了，見現成的柴火，抽些烤火，也是有的。」劉姥姥笑道：「也並不是客人，所以說來奇怪。老壽星打量是什麼人？原來是一個十七八歲極標致的個小姑娘，梳著溜油兒光的頭，穿著大紅襖兒，白綾子裙兒——」

寶玉且忙問劉姥姥：「那女孩兒大雪地裡做什麼抽柴火？倘或凍出病來呢？」賈母道：「都是才說抽柴火，惹出事來了，你還問呢，別說這個了，說別的罷。」寶玉聽說，心內雖不樂，也只得罷了。

一時散了，背地裡寶玉到底拉了劉姥姥，細問：「那女孩兒是誰？」劉姥姥只得編了告訴他：「那原是我們庄子北沿兒地埂子上，有個小祠堂兒，供的不是神佛，當先有個什麼老爺——」說著，又想名姓。寶玉道：「不拘什麼名姓，也不必想了，只說原故就是了。」劉姥姥道：「這老爺沒有兒子，只有一位小姐，名字叫什麼若玉，知書兒識字的，老爺太太愛的像珍珠兒。可惜了兒的，這小姐兒長到十七歲了，一病就病死了。」寶玉聽了，跌足嘆惜，又問：「後來怎麼樣？』劉姥姥道：『因為老爺太太痛的心肝兒似的，蓋了那祠堂，塑了個像兒，派了人燒香兒撥火的。如今年深日久了，廟也爛了，那泥胎兒可就成了精咧。』寶玉忙道：「不是成精，規矩這樣人是不死的。」劉姥姥道：「阿彌陀佛！是這麼著嗎？不是哥兒說，我們還當他成了精了呢！他時常變了人出來閑逛。我剛才說抽柴火的，就是他了。我們村莊上的人商量著還要拿榔頭砸他呢。」寶玉忙道：「快別如此，要平了廟，罪過不小！」劉姥姥道：「幸虧哥兒告訴我，明日回家去，攔住他們就是了。」寶玉道：「我們老太太、太太都是善人，就是合家大小，也都好善喜捨，最愛修廟塑神的。我明日做一個疏頭，替你化些佈施，你就做香頭，攢了錢，把這廟修蓋，再裝塑了泥像，每月給你香火錢燒香，好不好？」劉姥姥道：「若這樣時，我托那小姐的福，也有個錢使了。」寶玉又問他地名莊名，來往遠近，坐落何方，劉姥姥便順口謅了出來。寶玉信以為真，回至房中，盤算了一夜，次日一早，便出來給了焙茗幾百錢，按著劉姥姥說的方向地名，著焙茗去先踏看明白，回來再作主意。

那焙茗去後，寶玉左等也不來，右等也不來，急的熱地裡的螞蟻似的。好容易等到日落，方見焙茗興興頭頭的回來了，寶玉忙問：「可找著了？」焙茗笑道：「爺聽的不明白，叫我好找，那地名坐落，不像爺聽的一樣，所以找了一天，找到東北角田埂子上，才有一個破廟。」寶玉聽說，喜的眉開眼笑，忙說道：「劉姥姥有年幾的人，一時記錯了，也是有的。你且說你見的。」焙茗道：「那廟門卻也朝南開，也是稀破的。我找的正沒好氣，一見這個，我說”可好了“！連忙進去，一看泥胎，唬的我又跑出來了，——活像真的似的！」寶玉喜的笑道：「他能變化人了，自然有些生氣。」焙茗拍手道：「那裡是什麼女孩兒？竟是一位青臉紅髮的瘟神爺！」

作者用一千五百餘字寫這麼一段文字，費的是贅筆嗎？當然不是。作者正是要借賈寶玉對女性的這種癡迷，一種反「性愛」的情愛表現。具體地深化他的女性至上主義，超我的，也是超現實的。圍繞在賈寶玉身邊的，都是些嬌俏柔媚，含苞待放的青春少女，也正是青年男性「性」事的對象。賈寶玉身非聖賢，他卻比聖賢還要聖賢。只要他想向這些少女招手，幾乎人人都將心嚮往之，為他解帶寬衣，叫君恣意憐。見証他的行為，的確可以成聖成佛。把那些儒家的假道學放到賈寶玉的位置上，保証都做不到潔身自愛。賈寶玉卻能自由自在地，悠遊其中，不為所動，正是這種出世型的人格氣質，才造就出他的「女性至上主義」。

第四十四回：

「變生不測鳳姐潑醋喜出望外平兒理妝」：寶玉便讓了平兒到怡紅院中來，襲人忙接著，笑道：「我先原要讓你的，只因大奶奶姑娘們都讓你，我就不好讓的了。」平兒也陪笑道：「多謝。」因又說道：「好好兒的，從那裡說起！無原無故白受了一場氣！」襲人笑道：「二奶奶素日待你好，這不過是一時氣急了。」平兒道：「二奶奶倒沒說的，只是那娼婦治的我，他又偏拿我湊趣兒！還有我們那糊塗爺，倒打我！」說著，便又委屈，禁不住淚流下來。寶玉忙勸道：「好姐姐，別傷心，我替他們兩個賠個不是罷。」平兒笑道：「與你什麼相干？」寶玉笑道：「我們弟兄姐妹都一樣。他們得罪了人，我替他賠個不是，也是應該的。」又道：「可惜這新衣裳也沾了！這裡有妳花妹妹的衣裳，何不換下來，拿些個燒酒噴了，熨一燙；把頭也另梳一梳。」一面說，一面吩咐小丫頭子們；「舀洗臉水，燒熨斗來。」平兒素昔只聞人說寶玉專能和女孩們結交，寶玉素日因平兒是賈璉的愛妾，又是鳳姐兒的心腹，故不肯和他廝近，因不能盡心，也常為恨事。平兒如今見他這般，心中也暗暗的敁敠，「果然話不虛傳，色色想的週到。」又見襲人特特的開了箱子，拿出兩件不大穿的衣裳。忙來洗了臉，寶玉一旁笑勸道：「姐姐還該擦上些脂粉，不然，倒像是和鳳姐姐賭氣的似的。況且又是他的好日子，而且老太太又打發了人來安慰你。」

平兒聽了有理，便去找粉，只不見粉。寶玉忙走至妝臺前，將一個萱窯磁盒揭開，裡面盛著一排十根玉簪花棒兒，拈了一根，遞予平兒，又笑說道：「這不是鉛粉，這是紫茉莉花種研碎了，對上料製的。」平兒倒在掌上看時，果見『輕、白、紅、香』四樣俱美，撲在面上，也容易勻淨，且能潤澤，不像別的粉澀滯。然後看見胭脂，也不是一張，卻是一個小小的白玉盒子，裡面盛著一盒，如玫瑰膏子一樣。寶玉笑道：「鋪子裡賣的胭脂不平淨，顏色也薄，這是上好的胭脂擰出汁子來，淘澄淨了，配了花露蒸成的。只要細簪子挑一點兒，抹在唇上，足夠了；用一點水化開，抹在手心裡，就夠拍臉的了。」平兒依言妝飾，果見鮮艷異常，且又甜香滿頰。寶玉又將盆內開的一支并蒂秋蕙用竹剪刀鉸下來，替他簪在鬢上。忽見李紈打發丫頭來喚他，方忙忙的去了。寶玉因自來從不曾在平兒前盡過心，——且平兒又是個極聰明，極清俊的上等女孩兒，比不得那起俗拙蠢物，——深以為恨。今日是金釧兒生日，故一日不樂。不想後來鬧出這件事來，竟得在平兒前稍盡片心，也算今生意中不想之樂；正歪在床上，心內怡然自得。忽又思及，「賈璉唯知以淫樂悅己，並不知作養脂粉。」又想：「平兒並無父母兄弟姊妹，獨自一人，供應賈璉夫婦二人，賈璉之俗，鳳姐之威，他竟能周全妥貼，今兒還遭荼毒，也就命薄的很了！』想到此間，便又傷感起來。復又起身，見方才的衣裳上噴的酒已半乾，便拿熨斗熨了，疊好；見他的絹子忘了去，上面猶有淚痕，又擱在盆中洗了晾上，又喜又悲。」

作者借着替平兒理妝，一步一步昇華賈寶玉的女性至上主義。如何地實踐他的理想－作養脂粉。且他的作養脂粉，完全是出自他對女性的珍惜與不平，一片真誠，一片愚拙。不可否認的，他是以出世的思維對待女性，故能超脫世俗的「慾」念。更為難能可貴的是，他一貫從女性的立場看待女性，時時流露出感同身受的感情和情緒。賈寶玉生存的時代，正是中國女性處於千百年來最悲慘的年代。他是懷着入世的同情心與出世的無我心，才能做到樂為丫鬟們服役，為姊妹們調胭脂。

後　記

歷來紅學家們研究紅學，多數都集中在紅樓夢外部的問題上作研究，如版本問題，作者的身世問題等。很少有人從作品的本身看紅樓夢的問題，作者曹雪芹寫了數十萬字，到底他企圖告訴讀者的是什麼？他的意難平在那裡？為什麼意難平？這些個零零整整，該說的，已說的，都未為人注意，他不想說的反被拿來大作文章。有關後四十回續書的真偽問題，紅學界早已有人認定它是偽作，但一直缺乏一個系統性的鑑定，可以明確指出其作偽的部份來。筆者不揣冒昧，以比較文本的方式，列出幾個主題，分別列出前後作者，對該等課題的直接間接描寫，得出其中的不同或相反敘述，確証後者為非，試解此謎題。

寫小說難，寫別人未完成的小說更難。除非自不量力，否則，不會去嘗試做這種吃力不討好的事。高鍔續書是受程偉元之托，也是受程偉元之累。原作寫了十年，續書至少也得十年．程高花了多少時間，不得而知。總之，決不會長達十年。讀了高鍔續書的序文，才知道他當時還沒有欣賞文學作品的知識和見解，竟把「紅樓夢」視着稗官野史。他之接受程偉元委托續書，以他自己的話說：「予以是書雖稗官野史之流，然尚不謬於名教，欣然拜諾，正以波斯奴見寶為幸，遂襄其役。」高鶚以讀稗官野史的心態。也就是說，高鶚從未以文學的視野，文學的態度，正視過紅樓夢。對紅樓夢的文學價值，更是一無所知。他寫續書，是續他心目中的稗官野史。

高鶚續書的時代，還是一個「文以載道」的時代。文學一辭，恐怕要到三百年以後的新文化運動，才被學術界採用。高鶚把紅樓夢視為稗官野史，是屬於時代性的歸類，並非意謂着個人的偏見或卑視。但這一歸類法，榷實是造成續書乖舛、謬誤、歪曲、錯置等諸多弊病的根本原因。

為什麼說，寫別人未完成的小說更難呢？因為續作者首先要否定自我，去創造一個他我，也即是原書的作者。必須成為原作者的真正替身之後，才能動筆續書。雖說今天的科學已到了複製人的時代，畢竟還停留在傳說階段。即便實驗成功，那個被複製出來的人，是否能百分之百的符合原型，沒有人能打包票。也許外型上酷似，智力呢？人品呢？感情呢？如果這些作為人的本質性要素，不能符合原型，那他還是不能稱之為複製人。今天的科學可以複製人，能不能複製人性，科學還沒有答案。上述寫續書的替身，嚴格的說，就是要複製出原作者的人性。要以原作者同樣的智力、人品、感情去從事未完成的創作。除非科學可以複製人性，否則，單憑人的本身努力，永遠都是一個畫餅。

不管程偉元懷着什麼樣的動機，他搜購紅樓夢後四十回書的努力不能抹刹。雖然把紅樓夢的面目搞得全非，紅樓夢因一百二十回本被推廣，却是個不爭的事實。高鍔程偉元的續書年代，還處於文字獄風行神州大地的時代，其中續書有苦衷，但更多的是力有未逮。原作者曹雪芹不是沒有八十回後書，而是書的內容有問題，看過的人要麼不敢抄錄，也不敢言傳，要麼受作者勸阻，不讓抄錄，此所以至今不見抄本，成為絕響。

續書非高鍔所撰，應無疑議。一是程偉元序中說得非常明白：「不佞以是書既有百二十卷之目，豈無全璧？爰為竭力搜羅，自藏書家甚至故紙堆中無不留心，數年以來，僅積有二十餘卷。一日偶於鼓擔上得十餘卷，遂重價購之，欣然繙閱，見其前後起伏，尚屬接榫，然漶漫殆不可收拾。乃同友人細加釐剔，截長補短，抄成全部。」一是高鍔自道「遂襄其役」，幫着程偉元編纂釐剔，事後由他具名發行，故「高鍔續書」一辭，乃一約定俗成的稱呼，泛指後四十回書，並非指高鍔作品。

據程偉元稱，窮數年之功，搜購得後四十回書，因其來源蕪雜，內容便漶漫不可收拾。其中的作者不知凡幾，作者既眾，便眾說紛云，思想混亂。事實上與程偉元說的恰好相反，前後書根本不能接榫。因程高認知上的膚淺、錯誤，以稗官野史目之，導致視野的狹隘、偏頗。只重故事性，忽略文學性和藝術性。認為只要免強湊成一個完整的故事，便可以對讀者交代。對書中前後人物性格異常，佈局荒謬，變寫實為寫虛，大悲劇縮為小悲劇，均矇然無知，渾然不覺。

本書是循着文本比較的原則，比較前作與後作的異同，提出具體事例，說明高鍔釐訂的後四十回，缺乏「續」的邏輯，應從百二十回中，獨立出去。也就是說，曹雪芹的歸曹雪芹，高鶚的歸高鶚，各歸其所，兩不相干。

筆者論續書的另一心得，大觀園的實與虛的問題。雖不在本書的寫作範圍之內，但也屬個人的一得之愚，願提出來供閱者一粲。有考據家認為，大觀園實有其園，除了「隋園」外，似乎還有人舉証過其他的園林，如恭王府。筆者的看法，大觀園僅是一所紙上園林，它是作者用來作為象徵意義的描寫對象。第一個象徵意義是「太虛幻境」，第十七回賈寶玉隨賈政行至「省親別墅」時，賈寶玉突然覺得，此地曾經來過，只記不得是那年那日的事了。第二個象徵意義是人物性格的寫照，如瀟湘館寫黛玉，蘅蕪院喻寶釵，秋爽齋映探春。把它看實了，反而失去了原作者的創作意圖，減低了環境付予人物的背景效果。